우울의 빛

강계숙 비평집
우울의 빛

펴 낸 날 2013년 6월 28일
지 은 이 강계숙
펴 낸 이 주일우
펴 낸 곳 ㈜문학과지성사
등록번호 제1993-000098호
주   소 121-840 서울 마포구 서교동 395-2
전   화 02)338-7224
팩   스 02)323-4180(편집) 02)338-7221(영업)
전자우편 moonji@moonji.com
홈페이지 www.moonji.com

ⓒ 강계숙, 2013. Printed in Seoul, Korea

ISBN 978-89-320-2417-2

* 이 책은 서울문화재단의 2009년도 문학창작활성화 지원사업의 지원을 받았습니다.
* 이 책의 판권은 지은이와 ㈜문학과지성사에 있습니다.
  양측의 서면 동의 없는 무단 전재 및 복제를 금합니다.

:: 강계숙 비평집

우울의 빛

문학과지성사
2013

일러두기

본문 인용은 시는 원문 그대로, 산문은 한자를 한글로 옮겨 표기하였습니다.
한자 제목은 첫 인용 이후에는 한글로 표기하였습니다.

책머리에

 2년 넘게 글을 쓰지 못했다. 좁은 방 안이 시간이 흐르지 않는 영원한 사막이 되어 공허의 지평선 저쪽으로 한없이 늘어나는 기분…… 그 한복판에 오직 나 혼자 있는 느낌. 황량하고 쓸쓸하고 끝도 없이 헛헛한 마음이 삶을 얼마나 앙상하고 건조하게 만드는지, 어두운 심정으로 보낸 지난 몇 해를 오랫동안 기억에서 지우지 못할 것이다. 글 쓰는 일이 깊은 내상(內傷)을 입힌 것이라고, 안타까운 눈빛으로 건넨 문우의 말에 한참 후에야 고개를 끄덕였다. 글쟁이가 글 쓰는 일에 상처를 입는다는 것. 가령 무용수와 가수가 자기 춤과 노래에 상처를 받고, 사랑에 빠진 자가 사랑하기 때문에 다치는 일. 동굴에 누워 죽어가듯 허무를 앓는 차라투스트라가 곁에서 함께 자고, 일어나고, 먹고, 걷고, 말하고 침묵한 시간이었다고 하는 것이 가장 적합한 표현일지도 모르겠다.
 비평이 시대의 정신과 사유, 인문학적 성찰의 정점을 보여준다는 믿음에는 변함이 없다. 문학이고자 하는 한, 쓰일 데 없는 무용(無

用)함이 태생적 운명이자 근원적 힘이라는 점도 여전히 수긍한다. 그러나 경험과 추상의 괴리는 큰 법이다. 독자 없는 글쓰기, 존재 자체에 관심이 미치지 않는 글쓰기는 종교적 신념처럼 '무용하므로 가치 있다'는 전언에 기대어 관념적 믿음을 유지하는 것만으로 지속할 수 있는 작업은 아니다. 이해하기 힘들면 짜증부터 내고 자기방어적인 신경질을 감추지 않는 지적 천박함이 갈수록 도를 더하는 곳에서, 텍스트를 경유하여 벌인 정신의 고투와 개진을 밤 새워가며 최선을 다해 한 글자 한 글자 적는 일이 이 세계 바깥의 별스러운 행위인 양 이해와 공감을 바랄 수 없고, 생활에도 도움이 되지 않는다는 사실을 거듭 체험하는 것은 견디기 힘든 괴로움이다. 정신의 깊이를 더 깊이 파고, 정신의 높이를 더 높게 쌓는 일을 두고 알 수 없는 무위(無爲)라며 비웃는 소리가 귓가에 들린다. 눈에는 실적 쌓기에 내몰린 고학력 논문 제조자들의 메마른 어깨와 숙인 고개가 보인다. 펼쳐진 적 없는 문예지 더미가 재활용 폐지 수거함에 가득 쌓여 있다 해도 놀랍지 않다. 항간에 유행처럼 번진 비평의 우울이 나에겐 권좌를 내준 고결한 왕의 비통이 아니라 하루치 채소를 싣고 나섰지만 해가 저물도록 절반도 팔지 못한 노점상의 절망에 더 가깝다. 땡볕에 시든 채소를 뒤적이며 오지 않는 손님을 마냥 기다리는 하루벌이 장사꾼의 초조는 목이 옥죄는 답답함이 되어 몸을 짓누른다. 오늘도, 내일도 다르지 않다. 비평의 무용함에 대한 확인과 절감이 내겐 생존의 문제로 다가온다.

    이런 내가 비평가로 살아갈 수 있을까? 대중──어떤 작가들은 이미 대중이다──의 취향에 복무하여 그들이 웃을 때 더 크게 웃고, 그들이 울 때 더 크게 울고, 그들이 비판을 원할 때 구미에 맞는 비판을 하고, 그들이 칭찬을 원할 때 고급한 칭찬을 하는 가면의 표정이 아니라, 대중을 때로 "더운 날" "해면 같"은(김수영,「敵」) 적으로 삼기도 하고, 사회로부터, 제도로부터 유리되어도 용기를 잃지 않으며, 자기 자신을 먼 과거에서 먼 미래로 이어지는 하나의 좌표로 읽을 줄 아는 목소리로, 그것의 현현으로, 그렇게 과연 살 수 있을까?

너무 못난 모양새여서 오래 망설이고 주저하다 두번째 비평집을 낸다. 책을 낼 용기가 생긴 데는 두 가지 계기가 있었다. 하나는 황병승의 시집 『여장남자 시코쿠』에 관한 글을 썼다는 성취감이었다. 비평가의 직함을 얻은 후부터 그에 대한 평문을 쓰는 것은 반드시 풀어야 할 숙제였다. 그의 시는 동시대인으로 내가 생생하게 목격하며 겪은 문학사적 '사건'이었고, '사건'이 중대하고 의미심장한 만큼 글을 쓰겠다는 용기가 쉽게 생기지 않았다. 지난여름 폭염과 싸우며 숨쉬기 힘들 정도의 긴장감 속에 밤마다 전쟁을 치르는 심정으로 '시코쿠의 편지'에 답장을 썼다. 하지만 글을 떠올릴 때마다 짐을 덜었으니 이제 비평을 그만둬도 아쉬울 게 없다는 시원함과 결국 이것밖에 쓰지 못했다는 자책과 부끄러움이 한데 뒤섞여 어지럽고 착잡한 심사가 된다. 그래도 이 책에 황병승 시의 비평문이 실린다는 것이 내겐 큰 위안이다. 다른 하나는 어떤 글쓰기든 먼 훗날엔 당대의 기록으로 읽힌다는 사료적 감각이 되살아났기 때문이다. 1950년대 한국 시의 '신세대'들을 다시 독해하면서 문학적 글쓰기의 역사적 가치는 후대의 독자가 어떻게 읽느냐의 문제임을 새삼 체득했다. 이 시기의 시인들에 대해서는 앞으로도 계속 관심을 기울일 터인데, 고고학적 탐사가 아니라 현재적 횡단으로 '지금 여기'에 기입해 넣고 싶다. 60여 년 전

쓰인 좌절과 불안과 비애의 글들을 '그들의 미래'인 내가 연속된 시대의 흔적으로 읽듯, 여기 실린 글들이 기술 공학적 체계가 시장의 질서와 결합하여 무소불위의 승리를 구가하고 정보의 양적 팽창이 문화의 질적 심화로 착각되는 시절에 남긴 어느 무력한 비평(가)의 내면적 기록이자 자기 반영의 산물로, 거대한 우울의 동굴에서 빠져나오려 애쓴 결과물로 읽힐 수도 있을 것이다. 그런데 문득 한 가지 의문이 떠오른다. 왜 이 글들이 동시대 독자에게 읽히는 장면이 떠오르진 않는 것일까? 이상적 독자의 현재 상(像)이 없다는 게 우울이 초래된 근본 원인일지도 모르겠다는 생각이 든다.

글을 묶고 보니 한 가지 아쉬운 점이 있다. 2000년대 중반 이후 '문학과 정치' '시와 정치'에 대한 논의가 쟁점이 되었을 때, 초기에 평문을 쓰면서 미처 마무리 짓지 못하고 남겨둔 화두가 있었다. 문학의 정치적 실재성이 해석의 문제와 밀접하게 연관되어 있음을 지적한 뒤, 정작 해석이 무엇인지, 해석이 이루어지는 자리는 어디이며 그 주체는 누구/무엇인지, 창작 주체는 해석의 주체와 다른 존재인지, 만일 창작자가 해석자라면 해석은 언제, 어떻게 이루어지는지 등등에 대해 살피겠다는 다짐만 하고 실천에 옮기지 못했다. 이에 대해 쓸 기회가 있을지 모르겠지만, 비평가로 살고자 한다면 이 또한 언젠간 해명해야 할 문제 중 하나다.

내가 잃은 자부심을 나보다 더 든든하게 지니고 계신 부모님은 내 모든 글의 원천이시다. 그분들의 자긍심에 힘입어 비평의 의의, 비평가로서의 삶의 가치에 대한 답을 다시 찾을 수 있으면 좋겠다. 가난한 가족의 삶을 힘겹게 지고 있는 동생의 어깨가 이 책으로 잠시나마

가벼워질 수 있다면 더 바랄 것이 없다.

　한 개인의 내적 심리도 개별 현상에 그치지 않으며, 시대적 징후로 분석되어야 한다는 사실을 한시도 잊은 적이 없다. 텍스트에 비친 자기 응시를 객관화하려는 노력은 비평가의 직업윤리에 속한다. 그럼에도 불구하고 주관적 비유를 빌려 스스로에게 묻는다. 우울도 빛이 날까? 우울에도 빛이 있다면, 나는 빛의 '있음'을 읽고 싶다. 내가 아직 비평가라면, 이 소망이야말로 지금 나의 유일한 존재 증명일 것이다.

2013년 6월
강계숙

차례

책머리에 5

1부 투영

'되삶'의 고통과 우울의 내적 형식――한강의 「여수의 사랑」 다시 읽기 15
'언어의 죽음' 이후의 소설――김태용·한유주 33

2부 자기 응시

우울아, 놀자!――김혜순의 시 61
그녀, 그림자 되다――신영배의 시 81
지우는, 지워지는 나르키소스――이우성의 시 101
두 개의 플레이아데스――박석주·김승일의 시 124
'우리'라는 이름의 낯선 공동체――이근화·김언·강성은의 시 135
'시의 정치성'을 말할 때 물어야 할 것들 151

3부 멀리 보기 혹은 되비추기

그들이 '현대'의 기치를 높이 들어 올렸을 때――1950년대 모더니스트들의 '전위성' 173
김수영은 왜 시작 노트를 일본어로 썼을까? 196
'미적 전위'의 탄생――4·19혁명이 한국 시에 미친 영향 하나 226
'미래로부터 오는' 전통――김수영의 「巨大한 뿌리」 다시 읽기 253

4부 앓는 자의 노래

사랑을 주었으나 똥으로 받는 이에게――시코쿠의 편지 275
간절하지, 돌고래처럼――시로 쓴 자화상 302

1부 **투영**

'되삶'의 고통과 우울의 내적 형식
— 한강의 「여수의 사랑」 다시 읽기

> 내 희망을 감시해온 불안의 짐짝들에게 나는 쓴다.
> 이 누추한 육체 속에 얼마든지 머물다 가시라고
> 모든 길들이 흘러온다. 나는 이미 늙은 것이다.
> —기형도, 「정거장에서의 충고」 부분

> ……오래 못 있을 것 같아요.
> 자흔의 마지막 독백을 들으며 나는 어렴풋한 사실을 깨달았다.
> 그녀에게는 미래가 없는 것이었다.
> —한강, 「여수의 사랑」 부분

소설가 기형도

초판본 해설에서 김병익은 『여수의 사랑』을 가리켜 "전혀 '신세대적'이지 않다"고, "그의 아버지 세대가 지금의 그의 나이로 살았을 1960년대, 혹은 그 이전의 시대에 속해 있을, 어둡고 간난스럽고 한스러운 세계"이며, "유행적인 것을 도모하지 않은 채, 전통의 세계와 정통의 양식 속에서 그의 정서와 문학의 깊이를 더하고 있다"고 말한다. 그리고 "적어도 겉보기로는, 풍요하고 밝고 미래는 한없이 열려 있는 듯한 이 1990년대의 중반에, 이 시절의 풍속에 어울려야 할 나이의 젊은 작가가, 왜 그처럼 지쳐 있"는지, "이 가볍고 환한 세상에서 누가, 발랄해야 할 이십대의 그를 사랑도, 화해도 거부하게, 아니 그것에 다다르기조차 포기하게 만들"[1]었을까 묻는다. 『여수의 사랑』에 관한 한 이 물음은 가장 중요한 질문이자 핵심적인 지적이다. 김병익은 "존재의 피로감, 희망 없음의 좌절감"과 "고전적 낭만주의"[2]에서 답을 찾았지만, 삶의 원초적 고단함에서 발원하는 호소가 세대를 아우르는 정서적 교감을 낳는 보편성의 획득으로 나아간다는 설명에 충분히 긍정하면서, 이 소설집이 자리한 역사적 시간대를 고려하면 다른 답을 찾아볼 수도 있다.

가령, 긴밀히 상호 조응하는 동일한 이미지의 진눈깨비가 있다.

> 진눈깨비 쏟아진다. 갑자기 눈물이 흐른다. 나는 불행하다
> 이런 것은 아니었다. 나는 일생 몫의 경험을 다했다. 진눈깨비
> ─ 기형도, 「진눈깨비」 부분

> 집채만 한 상선과 어선들이 들어오고 나가는 항구 난간에 서 있는 동걸의 모습도 스쳐갔다. 콘크리트 바닥은 갯물로 젖어 있었다. 그의 손에서 그의 바수어진 젊음이 진눈깨비처럼 흩날리는 것을 나는 보았다.
> ─ 「야간열차」(p. 125)

친구의 젊음이 위태롭게 소진되어가는 광경을 「야간열차」의 영현은 접안렌즈로 들여다보듯 날카롭게 스치는 환영 속에서 감각한다.

---

1) 김병익, 「희망 없는 세상을, 고아처럼」, 『여수의 사랑』 해설, p. 307.
2) 김병익, 위의 글, pp. 316~17.

영현의 눈앞에 떠오른 동걸이 그 순간 터뜨릴 독백은 「진눈깨비」의 저 읊조림일 터이다. 아니, 새벽 신문을 돌리다 사고로 식물인간이 되어버린 쌍둥이 동생 곁에서 가장의 역할을 떠맡아 사는 동걸의 암담한 처지를 지켜보며 정체 모를 무력감에 휩싸여 삶을 탕진하는 영현이야말로 흩날리는 진눈깨비를 '바수어진 젊음'의 상징으로, 생의 한 시절이 소멸되고 있다는 불길한 징조로 받아들이는 '기형도적 인물'이다. 동걸의 모습에서 '나는 불행하다, 나는 일생 몫의 경험을 다 했다'는 토로를 읽는다면, 그것은 동걸을 대신한 영현의 뇌까림이다. 실제로 영현은 까닭 모를 우울을 곱씹고 모든 것에 실망한 채 겉늙었으며, 자신의 무력한 젊음이 헐거워 견디지 못한다. 그리고 이렇게 말한다. "나는 여전히 껍데기였다"(p. 112), "나는 인생에 관심이 없었다"(p. 114), "나는 아무것도 준비하지 않았다. 나는 아무것도 사랑하지 않았기 때문이었다"(p. 115). 대체 이 '바수어진 젊음'의 정체는 무엇인가? 무엇 때문에 젊음이 부서지고 있다고 여기는가? 가난한 생활고나 가족의 불행 때문에? 산다는 것이 본래 고행의 연속이어서? 아니면 타고난 성격이 우울질이라서? "무언가 사는 일을 귀찮아하는 듯한 그늘"(p. 87)을 거느린 동걸과 그런 동걸을 자기 분신으로 여기는 영현의 우울은 분명 기형도의 그것과 닮아 있다. 다시, 다음의 장면을 보자.

그리고 새벽녘이 되어 내가 깊이 잠든 사이에 자흔은 떠났다. 밑창이 떨어진 단벌 구두를 꿰어 신고, 두 개의 볼썽사나운 여행 가방과 옷 보퉁이를 싸들고 갔다.
내가 눈을 떴을 때는 사위가 훤하게 밝아 있었다. 아무렇게나 못에 걸리고 바닥에 널려 있던 자흔의 소지품들이 사라진 방은 낯설고 적막했다. 온 방과 세면장이 안개 같은 정적으로 부옇게 젖어 있었다.
—「여수의 사랑」(p. 57)

모든 의심을 짐을 꾸리면서 김은 거둔다. 어둑어둑한 여름 날 아침 창문 밖으로 보이는 젖은 길은 침대처럼 고요하다. 마침내 낭하가 텅 텅 울리면서 문이 열린다. 잠시 동안 김은 무표정하게 거리를 바라본다. 김은 천천히 손잡이를 놓는다. 마침내 희망과 걸음이 동시에 떨어진다. 그 순간, 쇠뭉치 같은 트렁크가 김을 쓰러뜨린다. 〔……〕 주위에는 아무도 없다.
— 기형도, 「그날」 부분

정선의 지나친 결벽증을 가학으로 느낀 자흔이 떠나고 난 뒤의 쓸쓸하고 적막한 방 안 풍경은 정선의 심리적 공황을 그대로 반영하고 있다. 자흔의 외로움과 절망감, 부서질 듯 위태로운 앞으로의 행보까지 예감되는 안타까운 풍경이다. 여기서 「그날」의 '김'을 '자흔'으로 바꿔 읽으면, 방문을 열고 나가는 '김'의 형상은 세상 밖으로 흩어지기 직전의 자흔이 된다. 어둑한 여름날 새벽녘 자흔은 아마도 "잠시 동안 무표정하게 거리를 바라"보았을 것이다. 그녀가 걸어간 "젖은 길"은 정선의 "온 방과 세면장"으로 이어져 "안개 같은 정적으로" 그곳을 '부옇게' 적신다. 자흔과 '김', 자흔이 떠난 후 여수로 향하는 정선에 의해 「그날」과 「여수의 사랑」은 기약 없는 떠돎과 영원히 상실된 미래라는 주제로 한데 이어진다.

『여수의 사랑』 속 주인공들이 영현, 동걸, 정선, 자흔과 비슷한 질환을 앓고 있음을 떠올릴 때, 이 시절 한강의 소설 세계는 1990년대 중반 젊은 시인들의 내면을 차지했던 음울한 집단적 무의식을 연상시킨다. 그러니 다시금 반추해보자. 그때 그 시절, 무슨 일이 있었던가? 기형도의 시가 '상징적 죽음'의 형식으로 이해되었다는 것은 잘 알려진 사실이다. 많은 이들이 그의 죽음에서 특정 개인의 죽음이 아닌 사회적·문화적 죽음을 읽고, 그의 이름을 한 시대를 관류하는 문학적 아이콘이자 결절점으로 보았다. 그의 시와 죽음을 '무엇'의 죽음을 대리한 표상으로 파악하였고, 그 '무엇'이 내포하는 사회적·문화적 함의가 간단치 않음을 감지하였던 것이다. 정과리는 "시가 문학의 죽음이라는 장기 지속적 과정을 예시적으로 비추는 상징 구슬의 기능을 하였다면, 기형도의 시는 그 상징의 상징, 거울의 거울이었다"[3]고 시적한 바 있다. '문학의 죽음'을 예비석 싱후이자 계시석 사선으로 실연(實演)하는 방식을 통해 1990년대 시가 그 죽음을 자신의 몸에 이입시켰다면, 죽음과 더불어 태어난 기형도의 시는 그러한 상징도의 핵을 이루는 미자나빔mise en abyme으로 존재했던 것이다. 이때 '죽음'은 "근대 이래 '문학'이라는 이름으로 행해진 문화적 실천이 함의한 존재론적 의미의 위기"를, 그리고 "현실에 대한 내적 반성의 소멸을 뜻하는 위기"[4]를 부인할 수 없는 실체로 경험한 사태를 함축한다. 한편 그의 시에 내포된 문화적 죽음의 의미를 역사의 진보를 의심하는 자리에서 싹튼 묵시론적 전망과 관련시키면서 이광호는 "80년대 후반 이후 한국의 계몽주의는 자신의 논리를 점검하지 않으면 안 될 상황을 강요받고 있으며, 기형도와 그의 문학적 동지들은 이

---

3) 정과리, 『무덤 속의 마젤란』, 문학과지성사, 1999, p. 7.
4) 정과리, 위의 책, p. 6.

시대적 징후에 가장 예민하게 반응한 자들이다"[5]라고 풀이한다. 기형도의 시는 한국사를 이끌어온 지적, 사상적 패러다임의 중심축이 심각한 위기에 봉착했음을 예견한 시적 직관으로 주목되었던 셈이다.

문학에 관심이 있든 없든, 1990년대 중반 예민한 감수성의 젊은이들은 기형도와 상관없이, 기형도를 알지 못한 채로도, 기형도를 앓았다. 실체는 알 수 없었다 해도 '어떤' 죽음의 파장을 감지한 이들에게 꽤 오랫동안 '기형도적인 것'이 머물다 가기도 했다. 세대적 감성으로든 집단적 무의식으로든, 젊은 축들은 문화적·사회적 죽음이라 칭할 만한 국면을 동시대적 사건으로 맞닥뜨렸던 것이다. 돌이켜보면 역사주의와 진보 사관이 무너지면서 찾아온 '청년'의 몰락을 앓았던 듯하다. 근대적 계몽 주체의 붕괴로 일반화시킬 수도 있겠지만, 계몽주의의 위기와 함께 도래한 주체의 죽음을 1990년대 한국 시는 '청년'의 죽음이라는 형태로 드러내었고, 그 죽음은 몇몇 시에 국한된 현상이 아니라 세대적 공통 감각으로, 역사적 혼란과 상실감의 또 다른 얼굴로 내면화되었다. '청년'의 구호와 호명은 여전했지만, 더 이상 누구도 '청년'이 아니었으며, '청년'으로 살 수 없는 젊은이들은 아팠고, 절망했고, 고독했고, 우울했다. 한국 사회를 이끌어온 거대한 상징체계의 몰락과 그에 따른 정신적 후유증, 방향 상실감, "어딘가 황막하고 버림받은 것 같은 분위기"(p. 183)에 대한 기이한 친화력, "고통은 지속될 것이며 어디에서도 그것을 진정할 수 없으리라는 초조함"(p. 189)은 '시인'의 몫으로만 주어졌던 것은 아니다. 이제 와 보니 『여수의 사랑』은, 그리고 이 시기의 한강은 당시의 어떤 소설가보다

---

5) 이광호, 「묵시(默視)와 묵시(默示): 기형도적인 시 쓰기의 의미」, 『환멸의 신화』, 민음사, 1995, p. 108.

도 이러한 동시대, 동세대의 심성mantalité에 강하게 공명하며 육박하였고, 타고난 감응력으로 죽음이 난무하던 시의 통증을 소설적 버전으로 옮기고 있었던 것이다. 그리고 장르 이월(移越)의 이러한 유비적 조응을 통해 전통적 서사 형태에도 불구하고, 그래서 '신세대'적이지 않고 '아버지 세대'에 속해 있다고 독해되기도 했지만, 동세대의 고통과 절망을 기법이나 형식의 실험으로 환원하지 않고 정신과 감성과 육체의 전 영역—심각한 심인성 장애에 시달리는 '여수'의 주인공들을 떠올려보라!—에 걸쳐 오롯이 체현하는 인물들을, 그들의 삶의 내력과 치열한 아픔의 현장을 구상하고 구축해내었던 것이다. 그러니 감히 이렇게 말하겠다. 『여수의 사랑』의 한강은 단 한 명의 '소설가 기형도'라고.

'되삶', 죽음을 건너는 역설

그럼에도 한강은 기형도가 아니다. 『여수의 사랑』은 '기형도의 문학적 동지'답게 당대의 집단 무의식에 깊이 반향한 데서 비롯한 문학적 소산이지만, 그는 실존적 죽음에 따른 정서적 여파보다 각각의 청춘에 추상적 관념이 아닌 육체적 사건으로 닥친 '상징적 죽음'의 개별적 과정과 낱낱의 사정을, 끝이 보이지 않는 어둠을 통과하는 자들의 사연을 소설화한다. 죽음에 감염된 삶 혹은 삶에 이미 죽음이 내재된 형국은 『여수의 사랑』이 제각각 죽음의 사연을 내포하고 있다는 데서 확연히 드러난다. 그것은 해결의 기미가 없는 심각한 정신적 외상으로 인물들 속에 잠재해 있다. 「여수의 사랑」의 정선은 아버지의 동반

자살로 인해 여동생을 잃고 혼자 살아남고, 「질주」의 인규는 어릴 적 동생이 동네 아이들에게 몰매 맞아 죽은 상처를 안고 있다. 「야간열차」의 동걸에겐 식물인간이 되어 시체처럼 누워 있는 쌍둥이 동생이 있고, 「진달래 능선」의 황씨는 어린 딸의 죽음을 견디지 못해 폐인이 된다. 「어둠의 사육제」의 명환은 교통사고로 아내와 딸을 잃고 괴로워하다 자살로 생을 마감하고, 「붉은 닻」의 동식·동영 형제에겐 익사한 것으로 추정되는 실종된 아버지가 있다. 죽음은 괴로운 이웃으로 인접해 있거나 애초부터 이들의 삶과 동거 중이다. 이러한 이야기로 인해 『여수의 사랑』은 삶이란 죽음의 육체화이거나 그 수행이라는 명제로 나아가는 듯 보인다.

하지만 소설의 언어로 죽음을 사는(生) 것보다 죽음 '이후'의 삶을, 목숨은 끊이지 않은 채 죽음을 거느리고 살아야 하는 영혼의 황폐함이 어떤 삶의 형태를 낳는가에 작가는 더 주목한다. 죽음 자체 혹은 그것의 현현(顯現)이 아니라 삶에 미치는 죽음의 지속적 파장에 관심을 집중하고 있는 것이다. 그 때문에 죽음의 재현이나 현시가 아니라 현재적 영향과 추후의 효과가 사건화된다. 달리 말해 죽음은 억압된 트라우마이고, 이 트라우마가 지금 어떻게 귀환하는가가 서사의 중심을 이룬다. 음울한 베일처럼 서사의 배면에 죽음의 파문이 드리워져 있고, 인물이 앓고 있는 다양한 신경증은 서사의 전면을 차지한다. 가령 『여수의 사랑』 곳곳에서 발견되는 "낯익은 체념과 회한"(p. 13), 무관심과 피로, 외로움, "지독한 여독"(p. 32), "무감각한 희망들"(p. 56), 사는 일의 귀찮음, 조로(早老), "누구에게도 발설할 수 없는 고독감"(p. 195), "불가항력적인 파멸의 냄새"(p. 243) 등은 정신적 외상에 따른 심리적 징후들이다. 『여수의 사랑』에는 이러한 병증과 정서적 장애가 가득하다. 그것은 필연적으로 심인성 질환을 동반한다. 정선은 심한 결벽증과 신경성 위장병을 앓고 있고, 인규는 힘껏 주먹을 쥐는 버릇 때문에 손바닥에 흉터가 있으며 이를 악무는 습관 탓에 성한 치아가 없다. 황씨는 딸에 대한 애도가 지나쳐 기이한 행동을 일삼고, 그를 지켜보는 정환은 위장 장애로 잠을 이루지 못한다. 동걸은 불현듯 엄습하는 이명에 시달리기 일쑤고, 명환의 불면증은 이미 도를 넘어선 상태다. 육체의 타락으로 자신을 내몬 동식 곁에서 동영은 몽유병 환자처럼 밤새도록 떠돈다. 소설의 서사는 이러한 심인성 장애가 무엇에서 기인하는지를 인과적으로 밝힌다. 마치 신경증 환자의 증례가 정신 분석되는 과정처럼 보이기도 한다. 그러나 병인(病因)과 증상의 연관성을 추적하는 것은 인물이 처한 상황을 되짚어보려는 일환일 뿐, 소설의 핵심은 아니다. 그보다는 병적 징후로 가득한 자기 현존을 확인하기 위해 죽음을 대면함으로써 그것의 강력한 영향을 인정하고, 그 영향력 속에서 온 힘을 기울여 현재를 진단하고 파악하고 조망하는 데 초점이 맞추어져 있다. 비록 죽음에 압도되어 밝은 전망 따위는 꿈도 꿀 수 없는 피폐함을 목격한다 하더라도, 그래서 죽든 살든 별 차이 없다는 사실에 직면한다 하더라도.

한 가지 주목할 것은 이러한 트라우마가 가족의 죽음에서 연유한다는 점이다. 왜 굳이 '가족'일까? 앞서 기술한 것처럼 『여수의 사랑』이 시대의 '상징적 죽음'에 대한 반향이라면, 가족의 죽음은 이 모든 병적 징후를 발생시킨 연원으로는 너무나 투명한 인자(因子)이다. 가족의 죽음만큼 우울증을 유발하는 사태가 어디 있겠는가? 그렇다면 『여수의 사랑』을 처음부터 잘못된 역사적 층위에 둔 것인지 모른다. 그러나 이 점이 작가로서 보여주는 한강의 철두철미한 탐색을 역으로 확인시킨다. 1990년대 내내 큰 대중적 호소를 얻었던 '운동권 서사'와 후일담 소설들이 역사와 사회, 민족과 민중 등 거대 서사의 이데올로기로부터 비롯한 집단적 상처를 이야기할 때, 한강은 개인의 개별적 삶을 형성하는 원초적 토대와 내밀한 기원을 파고든다. 죽음이 삶에 미치는 영향력, 그 무소불위의 힘을 이야기하려 한다면, 그것은 역사와 사회, 민족과 민중이라는 추상의 이름 아래서가 아니라 개인을 만들어내는 뿌리의 구체(具體)를 파고드는 데서 시작되어야 한다. 사생활의 영역인 가족의 내력을 다룸에도 불구하고, 『여수의 사랑』이 그 시기 직면한 실존의 위기와 한계 상황을 정면으로 다룬 예로 읽히는 또 다른 이유이다.

한편 가족이 개인을 사회의 상징적 질서로 진입시키는 출발지이자 사회화를 위한 훈련 장소라 할 때, 죽음의 사유가 가족에게서 촉발된다는 것은 두 가지 중요한 의미를 함축한다. 하나는 죽음의 외상 때문에 정상적으로 상징계 내부로 편입하기 힘들다는 점—『여수의 사랑』의 주인공들은 '남들처럼' 사는 일에 곤란함을 느끼는 부적응자들이다—이고, 다른 하나는 이러한 어려움이 새로운 목숨을 얻으려는 일종의 통과 의례initiation로 작용하여 현실 부적응 상태의 자아를 주체화로 이끄는 계기가 된다는 점이다. 가족의 죽음은 정신의 병을 초래하는 씨앗이자 역으로 자아에게 '되태어나기'를 요구하고 활성화하는 촉매제이다.

그 밤에 그 사람은 몇 살이었을까, 몇번째로 이 세상에 다시 태어나고 있었을까.
나는 열세살이었어. 죽은 어머니의 장롱서랍을 정리하던 그해 이른

봄날 [……] 진저리쳤던 때가 처음이었으며, 그 겨울 초입의 밤에 두 번째로 다시 태어나고 있다고 느끼고 있었지.
　이제부터 새 목숨으로 살아가야 할 몇십년의 시간은 지나치게 길게 느껴졌지. 그동안에도 대체 몇번을 더 되태어나야 할지 짐작할 수 없었어. 그러기 위하여 그때마다 다시 죽어야 할 일이 막막하고 두려워져서, 이미 희끗희끗 헐기 시작한 입술 안쪽을 떡니로 악물고 있었지.
　　──「철길을 흐르는 강」(『내 여자의 열매』, 창작과비평, 2000, p. 285)

「철길을 흐르는 강」(1996)은 『여수의 사랑』에는 실리지 않았고, 소설집 상재 직후 발표된 작품이다.[6] 『여수의 사랑』과 연장선상에 있는 이 소설에서 위 인용구는 『여수의 사랑』 전체를 관통하는 중심 테마가 무엇인지를 상호 텍스트적 형태로 밝히는 주석에 해당한다. 요컨대 어머니의 자궁을 뚫고 나오는 생물학적 출생이 사람으로 태어나는 단 한 차례의 사건은 아니며, 몇 번이고 '다시 태어나는 일', '새 목숨으로 살아가는 일'이 때때로 발생할뿐더러, 이를 위해서는 "그때마다 다시 죽어야" 하고 그 같은 죽음의 되풀이가 "막막하고 두려워져서" "입술 안쪽을 떡니로 악물"어야 하는 고통을 감내해야 한다. 이는 상징적 죽음에 이어 도래하는 '상징적 재탄생'에 대한 작가 쪽의 서술이자 자기 성찰적인 의미 부여라 할 수 있다. 이를 염두에 두고 『여수의 사랑』을 재독하면, 이 소설집은 '되삶'을 위해 죽음의 회귀라는 힘든 입사식을 치르는 젊은이들의 내면 풍경을 그린 (무)의식의

---

6) 같은 시기에 쓰인 작품 가운데 유일하게 긍정적으로 끝나는 「흰꽃」(1996)과 함께 '여수(麗水/旅愁)'의 시절은 마감되고, 「내 여자의 열매」(1997)를 기점으로 한강의 소설은 변모하기 시작한다.

드라마라 할 수 있다. 주인공들의 연령대가 이삼십대라는 점도 이러한 정황과 무관하지 않다. 이처럼 죽음의 집요한 귀환은 역설적으로 육체적·정신적 통증을 수반하는 '되삶'의 일환이자 지난한 여정으로 인식된다. 이는 심각한 위기에 봉착한 주체의 자기 갱신을 실존의 절박함으로 파악하고 이 심원한 과제를 문학적으로 풀어가는 소설가 한강의 고유한 방법적 인식으로 자리한다. '새 목숨'에의 바람은 막연한 관념이기 쉽다. 불투명하고 추상적일수록, 생각만의 희구란 편안하고 수월한 해답이다. 그것이 관념의 위안과 유희가 되지 않으려면, 말로만 강조되는 상식과 거짓된 전망이 되지 않으려면 '되삶'은 죽음을 경유해야 한다. 더구나 그 결과가 삶의 긍정이나 행복의 가능성을 열어주지도 않고, 주체는 난치의 병에 포박되거나 더 심각한 지경에 처할 수도 있다. '여수(麗水/旅愁)'의 인물들은 그래서 아프고, 괴롭다. 그들은 주체의 재탄생을 위해 '다시 죽어야' 하는, 아니 '다시 죽고' 있는 스스로를 애도하는 중이다. 이들이 우울한 세번째 이유이다.

반복되는 분신들

'되삶'의 방법으로 죽음의 필연적인 경유만 있는 것은 아니다. 『여수의 사랑』에 실린 소설들이 동일한 인물 관계를 반복하는 서사로 구성되어 있다는 사실은 자아가 주체로서 재정립되기 위한 과정과 긴밀하게 연관된 구조적 특징이다. 「여수의 사랑」의 자흔과 정선, 「질주」의 인규와 진규 형제, 「야간열차」의 영현과 동걸, 「진달래 능선」의 정환과 황씨, 「어둠의 사육제」의 영진과 명환은 서로의 분신alterego이다. 대체로 분신 모티프는 자아의 또 다른 인격화로서 의식(자아)의 분열을 전경화하는 소설적 장치로 나타난다. 분신의 출현 혹은 설정은 개인의 실존이 매우 불안정할뿐더러 개성을 확신하고 강조하는 순간에도 자기 분열의 가능성이 잠재되어 있음을 예견하고 암시한다. 그것은 인간이 이 세계에 '있음being'만으로 존재론적 확실성을 얻을 수 없다는 경고이며, 의식과 무의식, 욕망과 실행, 구체적 현실과 관념적 꿈 사이의 간극을 실체화하는 방법이다. 분신의 등장은 주체가 충족되지 않는 욕망의 결핍 가운데 찢겨 있음을, 그로 인해 주체의 존립이 내적으로 붕괴될 여지가 충분하다는 사실을 무의식이 의식을 향해 알리는 긴급 신호라 할 수 있다. 때문에 분신의 테마는 자주 환상의 형식을 취하고 이중 담화 형태를 띤다. 『여수의 사랑』에도 이러한 특징이 없지는 않다. 가령, "밤 플랫폼의 어둠은 발차(發車)의 연기 속에 뿌옇게 젖어들고 있었다. 그 어둠을 바라보며 차창에 머리를 기대고 있는 동걸의 얼굴은 종종 뭉개어진 낯선 얼굴과 혼동되었다. 흠칫 놀라 상상에서 깨어나면 그것은 나의 얼굴이었다"(p. 89)와 같은 장면은 의식의 혼란 가운데 타자를 '또 다른 나'로 맞닥뜨리는 경우이다. 하지만 이런 예는 극히 드물다. 그렇다면 왜 각각의 인물들이 분신 관계로 읽히는 것일까?

 서사를 이끄는 주동 인물들은 자신의 닮은꼴로 타자의 얼굴을 본다. 『여수의 사랑』은 동일자의 형상을 만나는 것으로 이야기가 시작된다고 해도 과언이 아니다. 정선은 자흔에게서, 영현은 동걸에게서, 정환은 황씨에게서, 영진은 명환에게서 자기 얼굴을 본다. 인규에게 동생 진규는 죽었으되 죽지 않고 함께 사는 내적 동거인이다. 그들은 서로가 서로의 거울이다. 그러나 이들의 관계는 분열적인 자의식의 투영과는 거리가 멀다. 그보다는 자기 내면을 장악하고 있는 어두운 상처의 인격화, 즉 트라우마의 외면화에 가깝다. 자흔과 동걸에게서 정선과 영현이 보는 것은 내면 깊숙이 자리한 자신의 상처이며, 거울 역할을 하는 그들의 모습은 억압된 트라우마의 객관적 상(像)이 된다. 그 역도 마찬가지다. 정선과 영현의 자기 응시는 자흔과 동걸이라는 거울에 비쳐 되돌려진 반사상(像)이며, 자흔과 동걸은 그 반사된 상(像)——정선과 영현이라는 거울——을 자신의 외상이 구체화된 외현으로 본다. 마주 선 거울의 끊임없는 반사가 이들 사이에 오가는 셈이다. 그런데 여기에는 한 가지 중요한 의미가 내포되어 있다. 주체의 자기 대면은 단독자로서의 순수한 자기 응시일 수 없으며, 자아 찾기의 여정에는 '타자'라는 불순물의 개입이 필요하다는 것, '나 아닌 것'의 시선에 노출되는 상황에서만 비로소 타자를 매개로 한 자기 응시가 개시된다는 것이다. 그러므로 자흔, 정선, 동걸, 정환, 영진, 명환은 말없이 상대를 '바라보는' 자들일 수밖에 없다. 심지어 영진은 명환이 어둠 속에서 매일 밤 자신을 보고 있었다는 사실에 진저리를 친다. 영진의 분신인 명환의 응시는 영진에겐 거울에 비친 끔찍한 자기 확인이 되기 때문이다.

한편 이러한 분신 관계는 『여수의 사랑』 전체에 걸쳐 되풀이되는 만큼 또 다른 의미망을 형성한다. 동일자로서 타자의 얼굴을 파악하는 주체의 서사를 이러한 분신의 설정에서 유추할 수도 있고, 상처의 공유라는 감정 이입의 교류가 타자의 아픔을 '내 것'으로 받아들여 진정으로 타자를 이해하고 수용하는 참된 윤리의 길을 트는 유용한 방법이라고 할 수도 있지만, 타자의 응시가 억압된 것의 귀환을 촉발하는 상황은 주체에겐 내면의 병을 더 심화시키는 사태가 될 수도 있다.

정선이 자흔 때문에 결벽증이 도지고 격심한 구토를 일으키는 예나 영현이 동걸의 이명을 똑같이 겪게 되는 예 등은 이를 잘 보여준다. 따라서 이 지점에서 '타자의 윤리학'을 말하는 일은 오히려 주체의 도덕적 우월감에 기인한 자만의 소치일 수 있다. 이들의 독특한 분신 관계가 이를 암암리에 가리킨다. 억압된 것이 타자로부터, 타자를 통해 되돌아오는 과정은 '나'에게 큰 고통이기에 타자의 상처를 어루만질 수 있는 심정적 여유를 갖기란 현실적으로 어려운 일이다. 타자에 대한 윤리를 말하기 이전에 주체는 우선 자신에 내재된 결핍의 흔적을 인정하는 작업이 필요하며, 이를 통해 주체의 정신적 생존이 먼저 이루어져야 한다는 강한 권고와 메시지가 이러한 분신 테마에는 자리하고 있다.

무엇보다 '너우'의 주인공들은 우울한 주체들이다. 우울의 주체란 애도를 과하게 수행 중인 주체이다. 사랑하는 대상의 상실은 자연스럽게 슬픔을 유발하지만, 그 슬픔이 지나쳐 적절한 시점에 애도를 종결짓지 못하면, 상실된 대상은 무의식적인 것이 되고 애도는 주체의 자기 비하로 돌아서게 된다. 자아의 빈곤, 즉 계속적인 자기 비난이 주체 내부에서 심화되고, 해소되지 못한 슬픔의 침전물은 어느덧 자아의 일부가 된다. 친모에게 버림받고 고아처럼 자란 자흔의 짙은 피로와 여독, 아버지의 동반 자살 끝에 홀로 살아난 정선의 죄책감, 동생 진규의 죽음을 기억하는 일에 삶 전체를 소진하는 인규의 분노, 어머니와 동생 정임을 버리고 가출한 정환의 고독감, 아내와 배 속의 아이를 한날한시에 잃은 명환의 원한에 찬 절망은 애도가 지나친 나머지 잃어버린 대상을 자기 안에 '부재하는 현존'으로, 마치 유령인 듯 합체한 우울증의 다양한 변주이다. 애도의 대상을 자기 안에 가두는 일은 우울증적 주체가 형성되는 첫 단계이다. 자아의 일부로서 대상을 보유하는 이러한 방식을 통해 자아는 곧 '상실된 타자'라는 역설이 주체 내부에 성립된다. 우울증은 자아가 타자의 상실을 타자와의 합치를 통해 만회함으로써 상실을 거부하고 대상을 보존하는 방법인 셈이다. 그런데 만약 이러한 주체가 누군가를 자아의 분신이자 거울로 인식한다면, 게다가 그 '누군가'가 우울증적 주체를 형성하는 트라우마의 구체적 외현으로 나타난다면, 주체는 자신의 '애도의 과함(지나침)'을 자각하지 않을 수 없다. 자흔이 떠난 뒤, 정선이 오래전 떠나온 여수를 다시 방문하게 된 것은 이 때문이다. 자흔에게 여수는 우연히 마주친 상상 속의 그리운 고향이지만, 정선에겐 돌이킬 수 없는 참혹한 지옥의 공간이다. 그런 악몽의 장소로 발걸음을 옮기는 이유를 뚜렷이 알지 못하지만, 자흔이라는 분신을 만남으로써 정선은 가족의 상실에 대한 오랜 애도 작업을 이제 끝내야 한다는, 그래야만 남은 삶을 제대로 살 수 있다는 사실을 무의식적으로 감지한다. "거짓말 같은 젊음이, 스스로 기쁨을 저버렸던 저 모든 나날"(p. 53)의 회복을 위해 정선은 "얼음 조각 같은 빗발들"(p. 58)이 내리치는 폭우를 뚫고 영혼을 잠식하는 상처와 맞닥뜨리고자 고향을 향해 간다. 정환이 황씨의 죽은 딸을 향한 기이한 추모 행위에 크게 동요하는 것도, 영현이 동걸의 '야간열차'에 대한 기묘한 집착을 자기 열망으로 환치하는 것도, 동식이 아버지의 실종 이후 동영의 방황을 불안과 초조 속에 제 일처럼 지켜보는 것도 모두 우울의 정체, 즉 애도의 과함을 감지한 데서 기인한다. 그러므로 『여수의 사랑』에 반복되는 분신의 구조화는, 우울증적 주체가 자신이 앓고 있는 병을 목도함으로써 비록 불투명하고 의심스러울지라도 치유의 가능성을 스스로에게 제시해보려는 자기 인식의 능동적 장치라 할 수 있다.

그런 점에서 『여수의 사랑』은 각각의 개인이 치유하기 힘든 마음의 병을 안고 각자의 '여수(麗水)'를 향해 느릿느릿, 그러나 마치 주어진 운명의 수락을 조용히 거부하는 수난자처럼 자기 몫의 고통을 지고 회귀하는 이야기라 할 수 있다. 어쩌면 이들이 앓는 병이야말로 삶에의 의지를 대신 표현하는 것인지도 모른다. '질병으로의 도피'는 자아를 위협하는 외부의 위험으로부터 자신을 지키고자 하는 최선의 방어책이기도 하다. 이들의 병은 생을 파멸로 이끄는 죽음 충동의 소산이 아니라 자기를 파괴시킬지도 모르는 정신적 압박을 이겨내고자 의식과 무의식이 한판 싸움을 벌인 끝에 자아 내부에서 힘겹게 조율된 결과물이다. 그러니 '여수(旅愁)'의 인물들은 죽고자 아픈 이들이 아니라 살고자 아픈 이들이다. "자신의 내부에서 솟구치는 속력"(p. 68)은 의식의 부면으로 솟구치는 상처의 속력이자 상처에 지배받길 원치 않는 욕망의 속력이다. 프로이트는 이를 가리켜 삶의 욕동(欲動)이자 에로스적 충동이라 했을 것이다. 하지만 이들이 되돌아간 '여수(麗水)'는 결코 이들을 반갑게 맞이하지 않는다. "여수, 마침내 그곳의 승강장에 내려서자 바람은 오래 기다렸다는 듯이", "어깨를 혹독하게 후려"(p. 58)친다. 이들의 여정이 해피 엔딩으로 끝나기엔 치러야 할 삶과 죽음의 다툼이, 목숨의 치명적 회전(會戰)이 아직도 많이 남아 있는 모양이다.

그러나 우리에겐 젊은 영혼들의 이 길고 지루한 도정(道程)이 값지기만 하다. 『여수의 사랑』이 시간의 풍화 작용에도 그 빛을 잃지 않고 튼튼히 살아남을 것임을 확신하는 까닭은 삶의 대립 쌍이 죽음이고, 죽음 곁에 있는 삶은 사랑의 상실을 피할 수 없는 숙명으로 짐지는 일이며, 상처는 죽음을 동반하는 '되태어나기'를 강요하기에 가장 두려운 적이자 장애물이지만, 동시에 그러한 '되삶'의 가치란 인간을 '인간'으로 살게 하는 힘이라는 사실을 심원하고 도저한 정신의 층위에서 성찰하도록 이끌기 때문이다. "오오 계절이여! 오오 성(城)이여! 흠 없는 영혼이 어디 있으랴"라고 랭보는 노래했지만, 흠 있는 영혼들, 상처받은 영혼들은 살기 위해 때로 죽어야 한다. 그것이 존재를 위협하는 죽음으로부터, 엄혹한 상처로부터 자유로워지는 길이다. 『여수의 사랑』은 그러한 역설의 진실을 소설의 진정한 육체로써 실현한 우리 시대의 가장 젊은 '고전(古典)'이다.

'언어의 죽음' 이후의 소설
── 김태용·한유주

1

　김태용의 소설[1]에 나타나는 인물의 행동 유형은 크게 세 가지로 나뉜다. 첫째, 아버지가 '아버지임'을 거부함으로써 아들과의 혈연관계를 부정하고('나는 너의 아버지가 아니다') 그런 아버지를 아들은 죽어 마땅하다고 생각하거나 혹은 자신이 죽였다고 믿는다. 둘째, 대부분의 주인공──대개는 아들을 부정한 아버지이거나 거꾸로 부정당한 아들──이 말하고 싶은 속내를 단지 생각만 할 뿐 직접 말하지 않으며, 대신 글을 쓰거나 책을 읽는 일에 강박적으로 몰두한다. 셋째, 아버지로부터 거부당한 아들(들)은 패륜 혹은 불륜을 행하는데, 그것은 의도되지 않은 우연의 형태를 띠지만 그 자체가 이미 가장된 형식으로서, 주인공은 그러한 자기기만을 처음부터 의식하고 있다. 이러한 행동 유형은 서로 무관하지 않으며 일련의 인과 관계를 이룬다.

---

[1] 이 글에서 다루는 김태용의 소설은 『풀밭 위의 돼지』(문학과지성사, 2007)에 실린 작품과 「포주 이야기」(『현대문학』, 2007년 11월호), 「쏠개」(『문학동네』, 2008년 봄호)이다.

글을 쓰거나 책을 읽는 것, 그리고 이복형제의 아내나 배다른 누이를 탐하는 것은 모두 첫번째 양상에서 비롯된 결과이다. 전자가 관념과 상상의 영역에서 이루어지는 아버지에 대한 반항이라면, 후자는 현실에서 감행되는 아버지를 향한 간접화된 복수로 이 둘은 동일한 원인에서 파생된 두 가지 국면에 해당한다. 즉 부친 살해 욕망이 투영되거나 그것을 대리한 행위들로서 이 두 갈래는 상호 간에 동전의 양면을 이루고 있다. 김태용의 소설은 대부분 '나는 너의 아버지가 아니다'라는 명제가 대전제를 이룬 바탕 위에 두번째, 세번째 행동 패턴이 다양하게 변주되는 형식을 취한다.

'저주받은 가문'을 주로 다룬 고전 비극이나 프로이트의 원초적 아버지의 죽음을 둘러싼 가상적 신화를 떠올린다면, 세번째 패턴이 부친의 자리를 찬탈하기 위한 아들들의 거역과 반항에 가깝고, 그것이 때로 자기를 버린 아버지에 대한 복수가 될 수 있다는 점은 쉽게 짐작할 수 있다. 가령 「검은 태양 아래」의 주인공은 이복형제임이 분명한 '친구'의 아내(형수이거나 제수)와 불륜에 빠지고, 「쓸개」의 '나'는 자신의 이복 남매에게 접근하여 패륜을 범한다. 이러한 근친상간의 기원은 분명하다. 「검은 태양 아래」에서 '나'는 아버지를 납골당에 안치한 뒤 수음을 하면서 아버지를 용서할 수 있는가를 물으며 결코 용서할 수 없다고 다짐한다. 그가 용서할 수 없다고 여긴 것은 아버지가 자신이 아닌 배다른 형제를 친자(親子)로 여겼다는 사실 때문이다. 「쓸개」에서는 이러한 사정이 직접 서술되는데, "아버지는 나를 불필요한 물건쯤으로 여겼다. 남들에게 자신의 체력을 과시하기 위해 발목에 차고 산에 오르기 시작했지만 곧 후회하게 만든 모래주머니가 나였다"(「쓸개」, p. 219)라고 술회된다. 게다가 아버지는 자신의 사망 보험금과 재산의 상당 부분을 숨겨두었던 정부(情婦)에게 상속한다. 이로 인해 아버지에게 버림받았다는 아들의 의식은 더욱 강해진다. 이러한 전후 상황을 고려할 때, 아버지의 죽음 이후 벌이는 아들의 패악은 아버지의 친자(혹은 그의 여자)와 성적 관계를 맺음으로써 혈연적 질서를 파괴하는 방식으로 자신을 버린 아버지에 대한 복수를 감행한 것이라 볼 수 있다.

  이것은 오이디푸스 단계가 정상적으로 이루어지지 못한 데 따른 결과이기도 하고, 동일시의 대상인 아버지로부터 거부당한 뒤 이를 대체할 아버지-모델을 찾지 못한 데서 비롯된 도착적 행동이기도 하다. 그러나 더 중요한 사실은 과연 아버지가 아들을 친자로 인정하지 않았는가, 아니면 아들이 아버지가 자신을 친자로 인정하지 않았다고 믿고 있는가를 물을 때, 진실은 알 수 없는 상태에서 다만 심리적 정황만이 그러한 진실을 대신한다는 점이다. 즉 아들은 자신이 믿는 바— 아버지로부터 친자임이 거부되었다는 것—가 사실인지 아닌지를 밝히려 하지 않고 그것을 부인할 수 없는 진실로 받아들인다. 김태용 소설의 주인공들은 자신이 '진짜' 친자인지를 확인하려 하지 않는다. '진짜' 아들로 인정받지 못했다는 심리적 추측만을 부동의 진실로 삼는다. 마찬가지 맥락에서 '나는 너의 아버지가 아니다'라는 아버지의 전언도 반드시 진실은 아니다. 왜냐하면 아들이 친자인지 아닌지를 아는 이는 아버지가 아닌 어머니이고 어머니만이 그들 간의 혈연관계를 분명히 할 수 있는데, 그에 대한 확인 없이 이루어지는 아버지의 '선포'는 일방적 주장이지 믿을 만한 실증은 아니기 때문이다. 그럼에도 불구하고 아버지도 아들도 이에 대해 묻지 않는다. 이는 아버지의 선언 또한 그가 그렇게 믿는 바를 사실로 등치시킨 것과 다를 바 없음을 뜻한다.

이들이 진실을 알고자 하지 않는 본래 이유는 자신들이 '진짜' 부자지간임을 확인받고 싶지 않다는 데 있다. 말하자면 '가짜' 부자지간으로 스스로를 기만하거나 오해되도록 내버려둔다. 여기에 숨은 무의식적 욕망의 구도는 꽤나 복잡하다. 간략히 요약하면, '나는 너의 아버지가 아니다'라는 말은 아들이 정말 친자가 아님을 밝힌 것이 아니라 아버지가 자신의 '아버지임'을 부정하고자 한 데 따른 것이며(그런 점에서 「풀밭 위의 돼지」는 '아버지임'을 부정하고 싶은 아비의 욕망을 그리고 있다), 아버지에게 버림받았다는 아들의 짐작은 거꾸로 아버지에게 버림받고 싶은 자신의 욕망, 즉 아버지를 아버지로 인정하고 싶지 않은 욕망을 버림을 행하는 주체와 버림을 당하는 객체를 상호 역전시킨 형태로 드러낸 것이라 할 수 있다. 그렇다는 것은 김태용 소설의 주인공들은 모두 아버지가 되고 싶지 않거나 아버지를 두고 싶지 않은 아들들인 셈이다. 왜 이렇듯 그의 소설에는 '아버지 혐오증'에 사로잡힌 아들들로 가득한 것일까?

답은 두 가지 층위에서 찾을 수 있다. 우선 동일시 모델로서의 아버지가 부재하거나 혹은 현존하는 아버지는 전혀 닮고 싶지 않은 대상인 까닭에 아들들은 그러한 아버지와의 동일시를 통해 주체가 되는 것을 무의식적으로 거부하고 있다고 할 수 있다. 이것은 현재 한국 사회에는 자아가 주체화되기 위해 필요한 '아버지의 법' 혹은 '아버지의 이름'이 부재하거나 제대로 작동하지 못하고 있음을 소설의 내적 주제로 반영한 것이라 볼 수 있다. 말하자면 아버지-되기를 거부하는 아들들의 만연은 한국 사회에서 아버지-주체가 된다는 것—즉, 상징적 질서와의 동일시—은 윤리적으로 볼 때 끔찍한 패덕이자 인간적 파탄으로 인식되며 그로 인해 아버지는 결코 닮지 말아야 할 표상으로 간주되고 있음을 함축한다. 이때 아버지는 생물학적 아버지를 뜻하지 않는다. 김태용 소설의 아버지는 종래의 권력, 이데올로기, 그것의 제도화 및 작동 메커니즘, 그에 따른 기성의 모든 사회적·상징적 질서를 통칭하는 총칭어이다. 그리고 그것은 '아버지'라는 위치에 있는 것만으로도 정당하지 못하고 부도덕하며 추잡하고 더러운 악덕이 배태되는 것이자, 기존의 사회 질서에 편입되는 순간 어떤 개인도 예외 없이 그렇게 결정된 아버지의 역할에서 자유로울 수 없음을 가리킨다.

'아버지'의 성격은 처음부터 정해져 있다. 때문에 김태용 소설의 아버지는 '아버지임'에도 권위가 없고, 위엄도 없으며, 어처구니없을 만큼 표리부동하고, 때로는 실소를 금치 못할 만큼 무력하다. '아버지임'은 바람 빠진 허수아비처럼 비루하게 펄럭인다. 그렇다면 김태용 소설의 주인공들이 범하는 패륜과 불륜은 표면적으로는 버림받은 아들의 원한이 빚은 악행으로 비치지만, 그 이면에는 '아버지임'을 포기한 아버지, 그리하여 자아의 주체―되기를 원천적으로 봉쇄한 비윤리적 아버지에 대한 항의를 담고 있다고 볼 수 있다. 다만, 그것은 성공적으로 주체화를 이루지 못한 자아의 행동이라는 점에서 병적이다. 김태용의 소설은 우리 시대의 아버지―되기 혹은 '아버지임' 자체를 윤리적 파산으로 여기는 세대의 비판적 (무)의식을 아버지와 아들 간에 벌어지는 은밀한 욕망의 축도(縮圖)로 그려 보이고 있는 것이다.

한편 자아가 아버지―주체가 되는 과정에서 반드시 언어를 경유해야 한다는 점을 상기할 때, 김태용 소설의 '아버지 혐오증'은 "언어에 대한 혐오증"(「편백나무 숲 밖으로」, p. 233)과 곧장 연결된다. 그의 소설에서 '언어 혐오증'은 '아버지 혐오증'의 다른 말이다. 이는 앞서 언급한 인물의 두번째 행동 패턴과 불가분의 관계에 있다. 얼핏 보기에, 강박적인 글쓰기나 책 읽기가 부친 살해를 의도한 상징적 대리 행위라는 것은 쉽게 이해되지 않는다. 하지만 그에게 부친 살해는 언어의 죽음과 등가 관계에 있다. 소설 속 인물이 언어의 죽음을 통해 부친 살해의 욕망을 구현하는 것은 김태용의 소설만이 보여주는 독특한 방식으로, 강박적인 글쓰기와 책 읽기는 그것의 구체적인 실현태이다. 예컨대 「벙어리」의 주인공은 어머니가 죽은 뒤 아버지가 새어머니를 들이자 계모가 등장하는 책을 탐독한 뒤 근친 살해가 자행되는 끔찍한 이야기를 매일 밤 노트에 적어 내려간다. 대신 그는 말을 버린다. "글을 쓰는 사람이 되겠다는 악의에 찬 희망"(p. 207)은 이 복동생이 생기면서 포기하지만, 그는 수화라는 형식을 빌려 자신만의 글쓰기를 이어간다. 배덕한 동화 쓰기와 일부러 잘못 전달하는 수화는 자신에게 '제대로 된 말'을 가르쳐주지 않은 아버지를 향한 거부를 대신한다.

「중력은 고마워」의 경우 "아버지는 언제 죽지요"(p. 115)라는 자신의 질문이 아버지를 죽였다고 믿는 주인공은 발설된 말이 주술이 되었다는 강박에 사로잡혀 "언어란 정말 몹쓸 것이며, 악덕의 근원이라고 생각"(p. 118)한다. 그는 아버지를 죽인 말, 장래 희망으로 잘못 튀어나온 말에 대한 보복으로 책을 읽는다. 그것이 보복 행위인 까닭은 말의 더미인 책이 현실에서 힘을 발휘하지 못하는 무력(無力)한 것임을 확인함으로써 책을 한낱 무용(無用)한 것으로 전락시키려는 의도를 담고 있기 때문이다. 계부에 의해 책이 던져지게 내버려두는 것도 책의 살해를 대리하려는 데서 연유한다. 그런데 이것은 겉으로는 자신의 말이 아버지를 죽였으니 그러한 아버지를 애도하기 위해 언어의 집적물인 책을 처단하는 것처럼 보인다. 그러나 책이 내던져짐으로써 이루어지는 말의 상징적 척결은 아버지가 죽었다는 사실, 즉 아버지의 죽음을 되풀이하는 것과 같다. 책이 던져질수록 아버지의 죽음은 지금 여기의 사건으로 현재화된다. 따라서 내동댕이쳐지는 책은 아버지의 죽음이 반복적으로 회귀되는 사태의 상징물이다.

「풀밭 위의 돼지」는 또 다른 변주를 보여준다. "어느 순간 아들에게 나는 너의 아버지가 아니다, 라고 선포할 날을 미루고 미루며 이 지경에 이른 것"(p. 54)이라고 말하는 화자는 그렇게 '선포'하지 못했던 것을 실행하고자 아들이 쓴 글과 책을 읽는다. 그리고 매번 그것을 내던지고 싶은 욕구에 사로잡힌다. 아들의 책에는 자신이 아이의 생부(生父)임을 믿고 싶지 않았던 '내'가 아이를 위험천만하게 땅에 내동댕이쳤던 사건이 기록되어 있다. 그러한 내용을 적은 아들에 대해 아버지는 극심한 혐오감을 갖는데, 이는 표면적으론 아버지가 아들에 대해 근친 살해의 욕망을 품고 있는 것으로 읽힌다. 그러나 '나는 너의 아버지가 아니다'라는 '선포'는, 역으로 해석하면 자신의 '아버지임'을 부정하는 것과 같다는 점에서 아버지로서의 자기 살해와 다를 바 없다. 친자 살해 욕망을 뒤집으면 친부 살해 욕망이 된다. 그 둘은 사건의 효과라는 측면에서 볼 때 동일한 결과를 낳는다.

「포주 이야기」는 '친부 찾기'라는 가족 로맨스적 상상과 글쓰기의 욕망을 하나로 결합시킨 매혹적인 작품이다. '나'는 평생 글을 멀리한 문맹이다. "나는 너의 아버지가 아니다, 너의 아버지를 찾아 이 집을 떠나라"(p. 105)라는 말을 들은 뒤 유언 같은 그 말대로 아버지를 찾아 나선다. 하지만 그가 만난 아버지는 '포주'였고, 그 아버지 밑에서

'아들'로 자란다. 하지만 '나의 아버지'라고 믿은 이는 '나'에게 글을 가르치지 않는다. 오히려 집을 떠나면서 품고 나온 '아버지의 책'을 갈기갈기 찢어버린다. 그런 '내'가 글을 배운 이유는 '나'를 돌보러 오는 한 아이 때문이다. 그는 난생처음으로 글을 쓰기 시작한다. "나는 포주였다"가 그 글의 첫 문장이다.

이 작품에서 주목되는 것은 '과연 진짜 아버지는 누구인가'라는 질문에 대한 답이다. 그것은 다름 아닌 '책'이다. "나는 너의 아버지가 아니다"라고 말했던 아버지가 머리맡에 베고 있던 책, '나의 아버지'라 믿었던 사람이 찢어 없앤 책, 꿈속에서 피로 물들어가는 것을 보자 울음을 터뜨리고 만 바로 그 책이 나의 '진짜 아버지'이다. 때문에 '나'는 글을 터득하자마자 잃어버린 책을 찾기로 결심한다. 그렇다면 "책=아버지"라는 발견이 이 소설이 말하고자 하는 바일까? 그렇지 않다. 글쓰기를 통해 '내'가 상징적 질서의 내부로 진입하는 순간, '나'를 기다리고 있는 것은 죽음이다. 죽어야만 '나'의 '아비―찾기'와 주체화는 완성된다. 그것은 현실적으로 무용한 완성이다. 게다가 자신이 쓰고 있는 이야기가 사실인지 거짓인지조차 혼란스럽다. 하지만 글쓰기가 곧 죽음의 이행이며, 그것에 의해서만 모든 거짓―아버지로부터 자신이 자유로워질 수 있다는 사실은 매우 의미심장한 전언을 담고 있다. 여기에는 모든 예술적 창조 행위의 목적과 가치와 메커니즘이 무엇인지가 함축되어 있다. 죽음의 실천으로서의 예술은 비록 어떤 현실적 힘도 발휘할 수 없는 무용한 것이라 해도, 개인이 모든 거짓-아버지로부터 벗어나 진정한 단독자로서 존재할 수 있게 하는 최상의 방법이자 그러한 길로 나아가게끔 인도하는 유일한 지표이다. 그러나 죽음을 각오해야 한다는 점에서 그것은 치명적이다. 소설의 결말에서 주인공이 "자신의 인생을 망친 첫 남자를 기억하는 창녀처럼 아이의 모습"(「포주 이야기」, p. 114)을 떠올리며 그리워하는 것은 예술적 창조에 자신을 거는 일은 행복의 윤리학과는 전혀 무관한 것임을 압축적으로 보여준다.

김태용의 소설에서 책 읽기와 글쓰기는 이렇듯 부친 살해의 목적을 지닌 무의식적 욕망을 대리하고 있다. 여기에는 두 가지 중요한 의미 층위가 숨어 있다. 첫째, 인물들의 책 읽기 혹은 글쓰기는 모두 언어를 통해 자신의 욕망을 표현하거나 피력하는 데 목적이 있는 것이 아니라 자신들이 사용하는 언어가 얼마나 쓸모없는 것인가를 확인하는 데 바쳐진다는 점이다. 언어에 대한 불신을 소설적으로 실천하는 작가라는 점에서 김태용을 가리켜 '데리다주의자'[2]라고 칭한 사례도 있지만, 기존의 언어, 즉 "의미를 품은 언어" – "수다스럽고 수치스러운 언어"(「편백나무 숲 밖으로」, p. 232)라는 등식이 소설 속 인물들이 책 읽기와 글쓰기를 통해 언어의 한계를 자각함으로써 얻은 절대적 참 명제라는 점은 기존 언어 체계에 대한 부정이 얼마나 격렬하고 급진적인 성격의 것인가를 보여준다. 특히 '언어의 자살'이라 할 만한 다음 장면은 자기 삶의 위태로움을 기존의 언어적 질서에 포섭되지 않은 데 따른 결과로 보고, 그만큼 언어는 그 쓸모없음에도 불구하고 용납할 수 없는 위력으로 삶을 망치고 있음을 상기하면서 그러한 언어를 죽임으로써 언어 없는 존재 혹은 언어를 갖지 않은 존재로서의 자신을 가까스로 지키는 상황을 보여준다.

---

2) 김형중, 「차라리, 글쓰기」, 『풀밭 위의 돼지』 해설, p. 280.

그것은 개와 비슷해 보이면서 딱히 개라고 말할 수 없었다. 원래 개였는데 퇴화되거나 진화된. 개의 언어와 개의 윤리와 개의 욕망을 간직하고 있으나 다시 개로 돌아갈 수 없는 짐승이라고 할 수 있었다. 우리 둘은 서로를 빤히 쳐다보며 경계했다. 자신만의 은밀한 자살 장소에 다른 누군가가 자살하러 나타났을 때의 황당함과 무참함이 나와 짐승의 거리 사이에서 읽혔다. 〔……〕 짐승은 고막을 찢어놓을 듯한, 몹시 거슬리는 소리로 울음을 길게 토해낸 뒤 나에게 달려왔다. 순식간이었다. 〔……〕 짐승은 나를 훌쩍 뛰어넘어 그대로 해안 절벽 아래로 떨어졌다. 나도 모르게 눈이 감겼다. 눈을 떴을 때는 환각으로 인한 두통이 일어났다. 환각을 실제로 믿고 다시금 실제를 환각으로 받아들이기 위해 과도하게 의식을 집중해 생긴 두통이었다. 〔……〕 생각의 견고한 껍질을 깨고 입 밖으로 쏟아져 나오려는 말들을 억제하기 위해 손으로 입을 가렸다. 절벽을 내려오면서 환각의 실체가 무엇인지 깨달았다. 짐승은 나의 언어였다. (「벙어리」, pp. 218~19)

환각을 빌려 언어를 죽여야 할 만큼 언어의 한계에 대한 김태용의 작가적 인식은 처절하고, 철저하다. 그것은 결코 어떤 이론적 사유의 소설적 표현이 아니다. 그에게 기존의 언어란 의미를 담고 있다고 위세를 부리면서 정작 진짜 의미를 은폐한 채 비껴나가는 온갖 허위와 거짓의 담지체다. 「풀밭 위의 돼지」의 아버지가 "녀석이야말로 나에게 존재의 혹 같은 존재다"(p. 53)라고 느끼는 본래 이유는 그의 아들이 "나는 어른들이 어떤 현상과 단어의 뜻을 알지 못하기 때문에 또 다른 언어로 무지를 숨긴 채 도망치고 있다는 것을 깨달았다. 언어는 현상의 의미나 사건의 진실을 밝혀주는 것이 아닌 오히려 의미와 진실을 은폐시키기 위해 사용하는 도구에 불과할지도 모르겠다는 생각이 들었다"(p. 52)라고 말하기 때문이다. 즉 아버지가 아들에게 가르치는 언어의 '악덕'을 지적하고 그것을 부정하는 것은, 곧 '아버지의 법'을 부인하는 것이자 그러한 아버지 자체를 부정하는 것이라 할 수 있다. 김태용이 부친 살해 욕망과 '언어 혐오증'을 등가적으로 결합하고 있는 것은 바로 이 때문이다. 그에게 '아버지의 죽음'은 '언어의 죽음'을 경유함으로써만 성취된다. 성인-주체가 되는 과정에서 벌어지는 개개인의 무의식적 작업과 그것에 내포된 욕망의 드라마를 떠올릴 때, 김태용 소설의 이러한 방법적 사유와 통찰은 날카롭고 적확하다.

'아버지의 죽음'과 '언어의 죽음'이 동일한 목적을 겨냥한 두 갈래 사태라는 전에 내포된 두번째 의미 층위는 작가가 기존 언어의 죽음을 소설 형식을 구성하는 미학적 방법으로 삼고 있으며, 이를 위한 다양한 실험을 그토록 염오(厭惡)하는 언어를 통해 시도하고 있다는 점이다. 김태용의 소설을 가리켜 서사의 해체 혹은 반(反)-서사라 일컬으며 기표만 남고 의미는 사라진 중얼거림의 연속이라고 평하는 경우도 많지만, 언어를 통해 언어의 한계를 돌파한다는 의식, 언어를 씀으로써 언어로부터 해방되려는 역설적 의식이야말로 가장 현대적인 시(詩)의 정신이다. 서사가 해체된 끝에서 '시적인 것poésie'의 현현이 감지되는 까닭도 언어를 씀으로써 언어가 아닌 언어 혹은 "발화되기 이전, 문자화되기 이전의"(「편백나무 숲 밖으로」, pp. 231~32) 언어를 그가 의식적으로 겨냥하고 있기 때문이다. 이것은 소설의 문체나 비유법 등등 단순히 수사학적 차원의 문제가 아니다. 인물의 (무)의식이 의식된 바 그대로 서술된 듯한 그의 문장들은 지속적으로 반복되는 일정한 구조를 따라 모였다 흩어지기를 되풀이한다. 예컨대 그의 소설에서 자주 등장하는 구문 형식은 "~라고 말하고 싶었지만 말하지 않았다" "~라고 말하는 대신 ~라고 말해주었다"이다. '말하려다가 그만두었다' '~라고 말하고 싶었다' '~라고 생각했지만 꾹 참았다' '잠자코 있었다' '그런 말은 하지 않는다' 등등은 모두 동일한 형태의 변용으로, 진심, 속내, 기원(祈願), 욕망이 생각 속에 머물다 사라지는 반면, 사실 아님, 거짓, 욕망에 반(反)함, 원치 않는 바는 구체적으로 발설된다. 선형적 서사의 흐름이 부재하는 가운데 인물의 내면이 비선형적으로 서술되는 상황에서 관념(/욕망)과 표현(/언어)이 이렇게 지속적으로 엇갈리는 것은, 그리고 그 엇갈림을 독자가 알아챌 수 있도록 강박적으로 반복하는 것은 예기치 않은 효과를 낳는다. 즉 관념(/욕망)과 표현(/언어)이 상치되는 서술은 독자 앞에 놓인 문장들의 뜻을 불투명하게 만든다. 다시 말해 생각한 바가 진짜 생각인지, 이야기된 바가 믿어도 되는 이야기인지 확신할 수 없고, 그 가운데 각각의 문장들이 가리키는 바는 의미 확정이 불가능한 모호성을 띠게 된다. 이것은 무의미나 난센스와는 다르다. 오히려 각각의 단어와 기술된 문장이 의미를 지연하기도 하고, 확장시키기도 하며, 부재하게 만들기도 한다. 그리고 이 과정은 동시적으로, 한꺼번에 일어난다.

김태용의 소설이 현실인 듯 현실이 아닌 초현실적 분위기와 부조리에 휩싸여 때로 이상한 환각 상태로 부유하는 인상을 주는 것은 어긋난 관념(/욕망)과 표현(/언어)의 충돌 속에 형성된 낯선 느낌, 비틀린 시공간, 형용할 수 없는 심연이 실재the real의 대면으로 우리를 이끌기 때문이다. 이때 실재는 가족과 혈연관계를 통해 드러나는 개인의 원초적인 바탕의 이면을, 자기 기원의 출발점이기에 가장 숨기고 싶은 내밀한 욕망의 정체를 응시하는 시선에 의해 감지된다. 그 형형한 눈초리는 우리가 결코 알고 싶지 않은 어두운 비밀—아버지와 아들의 존재 부정으로 대표되는 개인 주체의 파산과 현존 불가능성을, 그리고 그것을 조장하고 방치하고 은폐하는 지금 이 세계의 총체적인 윤리적 파탄—을 매만진 뒤 그것을 옮겨 적을 적합한 언어를 찾는다. 이 언어가 기존의 상징체계를 복사한 언어일 수 없음은 당연하다. 언어는 현재의 체계와 질서를 벗어나 자기의 허위성을 그 형태 그대로 드러내야 한다. 김태용이 같은 말을 지루할 정도로 반복적으로 사용하여 그 말을 오히려 낯설게 만들고, 말하고 싶은 바를 말하지 않는 이상한 의지의 소유자를 내세움으로써 욕망과 언어의 불일치를 가시화하는 것은 언어 그 사체뿐만 아니라 언어가 가리고 있는 삶과 세계와 우리의 진실을 적시(摘示)하고자 하기 때문이다. 그러나 이는 언제나 죽음을 등지고 있다. 기존의 상징적 체계를 용인하지 않는 글쓰기란 결코 죽음으로부터 자유로울 수 없다. 그 죽음은 희생도, 헌신도, 박애도 아닌 '홀로-죽음'이다. 때문에 김태용 소설의 주인공에겐 언제나 깊은 슬픔이 따라다닌다. 악행과 패륜과 비정상적 관계가 언어의 일탈적 변용과 한데 어우러진 기괴한 분위기 속엔 가시지 않는 슬픔의 여운이 깊이 담겨 있다. 이로 인해 김태용 소설의 부조리는 딱딱하고 메마른 비판이 아닌 눅눅하고 습한 비애와 연민을 거느린다. 알 수 없는 심연은 바로 거기에 둥지를 틀고 있다. 이러한 모든 형태와 관계와 속성이 동시에 어우러져 있다는 점이야말로 '시적인 것poésie'의 현기(眩氣)라 할 수 있다. 아마도 '언어의 죽음'으로부터 김태용이 의도한 자기 소설의 궁극적 경지는 산문 아닌 산문,

산문 너머에서 부상하는 시적 상태에 대한 희구일지 모른다. 지금까지 그것은 충분히 성공적이었고, 여전히 실험 중에 있다.

2

'언어의 죽음' 이후의 소설이 '시적인 것'의 현현과 맞닿아 있다는 점을 한유주의 소설[3]만큼 잘 보여주는 경우도 없다. 보들레르는 『파리의 우울』에서 자신이 시도한 새로운 스타일의 시 쓰기를 가리켜 "모든 것이 동시에 머리이며 꼬리인" "뱀 전체"로서, "이 구불구불한 환상의 조각은 무리 없이 서로 연결될뿐"더러 "그 조각들은 각기 따로 존재할 수 있다는 것"을 분명히 보여주는, "리듬과 각운이 없으면서도 충분히 음악적이고 영혼의 서정적 움직임과 상념의 물결침과 의식의 경련에 걸맞을 만큼 유연하면서도 동시에 거친 어떤 시적 산문의 기적의 꿈"이라고 말한다. 흔히 '산문시'로 통용되는 이러한 스타일의 미적 본질을 논한 이 구절은 놀랍게도 한유주의 소설에도 그대로 적용된다.[4] 가령「세이렌 99」의 다음 구절은 어디를 떼어내든 독립적 조각이 되어 '각자 따로 훌륭히 존재하면서' 동시에 머리가 곧

---
3) 이 글에서 다루는 한유주의 소설은 『달로』(문학과지성사, 2006)에 실린 작품과 「유령을 힐난하다」(『창작과비평』, 2006년 가을호), 「K에게」(『문학과사회』, 2006년 겨울호), 「흑백 사진사」(『작가세계』, 2007년 여름호), 「재의 수요일」(『세계의문학』, 2008년 여름호)이다.
4) 진은영은 보들레르의 이러한 새로운 상상력을 가리켜 '에세이적 상상력'이라 부르는데, 한유주의 작품에서 나타나는 문학적 상상력은 그런 점에서 '에세이적 상상력'이라 부를 만하다. 진은영, 「에세이적 상상력: 논의를 위한 참고 문헌」, 『문예중앙』, 2007년 겨울호 참조.

꼬리인 하나의 '전체'로서 구현된다.

무엇이 당신들의 두 귀를 꺼놓았나요. 닳고 닳은 북소리에는 벽돌이 두 장 들어 있고요. 벽돌이 주머니를 하나 가지고 있는데요. 주머니는 하나니까 둘이 되었거든요. 그래서 그 주머니 안에는 잎이 천 개인 꽃이 툭툭 벌어지고요. 사막은 만개해서 개화하고요. 낙타한테는 모래주머니가 두 장 들어 있는데요. 나는 낙타를 한번 플러그에 꽂아본 적이 있었거든요. 곱사등이 낙타는 타닥타닥 불꽃이 튀어올랐고요. 낙타의 불꽃은 육각형인데요. 육각형을 쪼개면 오각형이 되거든요. 내 손가락은 사각형이었고요. 내 심장은 삼각형이었으니까요. (「세이렌 99」, p. 91)

밤사이마다 거짓말처럼 모래는 흘러가고요 모래가 움직이고 나면 그 밑에서 자고 있던 보물 같은 백골들이 태양처럼 떠오르거든요 나는 지금 어디에 와 있는 것일까요 내가 돌아가면 사막에 악어를 풀겠어요 악어의 각막은 사다리처럼 단단해서 손톱으로는 뚫을 수가 없거든요 빨간 악어 파란 악어 검은 악어들이 모래를 헤치고 지나가면은요 2월은 입을 벌려서 여자를 다시 뱉어버리는데요 여자는 얼굴에 금칠 은칠을 하고 태양을 끌어내리려고 하늘을 기어오르다가요 우리, 열 명은 구름처럼 모여들었다가 연기처럼 흩어집니다 (「세이렌 99」, pp. 92~93)

이것의 이름은 시(詩)다. 소설이라는 장르적 명칭에 의거한다면, 이러한 서술은 서사의 해체 또는 부재로 불릴 터이다. 혹은 한유주 소설의 특징으로 자주 거론되는 무의미한 읊조림이나 소통을 배제한 자기만의 독백이라 칭할 수도 있다. 하지만 그것은 어디까지나 의사소통을 가능케 하는 수단으로서의 언어, 즉 사전적 언어라는 관점에서 볼 때에만 성립될 수 있다. 위 구절들은 파스가 정의한 이미지, 즉 "이것과 저것의 의미를 초월하여 말할 수 없는 것을 말하는" 언어, "일차적인 의미와 이차적인 의미 그 어느 것도 배제하지 않고 단어의 모든 가치들을 거두어 고양시"키는 것, "그 자신을 제외하고는 어떤 것도 이미지가 의미하는 것을 말할 수 없"[5]는 상태, 따라서 의미와 이미지가 하나의 일체로서 동일화된 경지의 생생한 현현이라 할 수 있다. 이를 두고 기의 없는 기표들의 미끄러짐이며 의미 없는 말들의 분열증적 나열이라고 평한다면, 시의 본원은 언어를 통해서만 언어로부터 해방되는 모순의 이행이며, 이미지란 정상적 논리 체계를 벗어난 비정상성, (무)의지적인 비틀림을 수반하는 시적 언어의 총체로서 사실의 재현representation이 아니라 사물 그대로의 현시presentation라는 점을 간과한 일방적 곡해에 해당한다. 위의 구절이 시와 다를 바 없음은 다음의 예와 비교할 때 더 뚜렷해진다.

사막의 한가운데 우리의 영토를 만드는 거야 너와 내가 햇빛을 심고 반나절을 버텨 아지랑이를 수확하지 밤이 되면 우리의 배설물로 모래 언덕을 만드는 거야

프라하의 성당에서 종소리가 두 번 울리고 새의 머리는 누대로 아물지 않지 화살 맞은 사슴의 우아한 발굽을 탁본하느라 내 피를 다 썼어

---

[5] 옥타비오 파스, 『활과 리라』, 김홍근·김은중 옮김, 솔출판사, 1998, pp. 139~44 참조.

가도 가도 서천의 계단은 나오지 않고 승강기의 버튼을 눌러 분당 백이십 매의 속도로 찍어내고 있는 손금들 이 길들 다 지워버리고 싶어
　—최하연, 「토마토와 사막」 부분(『피아노』, 문학과지성사, 2007)

램프는 둥글고 램프는 지구처럼 어둡고 밝고 둥글고 정오의 하늘에는 둥근 달이 신기루처럼 떠 있고 하늘은 백주대낮부터 해와 달을 유방처럼 덜렁거리며 축축한 구름 위에 엎어져 있고 비구름처럼 비대해진 램프의 거인이 석양의 소용돌이 속으로 붉은 비명을 토하며 빨려들고 도시의 밤에 봉인된 채 거인은 하릴없이 창문에 달라붙은 하얀 입김으로 변신했다가 내 어느날 지난밤에 대한 기억 밤보다 짙어진 그림자로 봄을 바꾸고 (……)
　—김중일, 「램프의 동쪽」 부분(『국경꽃집』, 창비, 2007)

새들아 나의 해발에 와서 놀다 가거라 늑골 속에 머무는 해발에 목마른 나의 불들이 누워 잔다 성에들이 망령의 한 행을 내려온다 새들아 내 망령에 너의 해발을 데려와 다오 미친 새들의 눈에 머무는 중천에 머리털 달린 내 해를 띄워다오 나의 해발에 새들이 놀러오면 나는 이 길고 검은 하수관을 들고 대도시를 달리겠다
　—김경주, 「꾸꾸루꾸 꾸꾸구 꾸꾸루꾸 꾸꾸꾸」 부분
　　(『기담』, 문학과지성사, 2008)

의사소통적인 논리 체계를 벗어난 불협화적인 언어 구사는 최근 젊은 시인들의 시에서 자주 나타나는 특징으로 지목되지만, 시란 본질

적으로 기성의 언어를 초월하려는 시도라는 점에서 언어의 비일상적인 충돌과 대립과 상호 교란은 시의 영역을 벗어난 이단(異端)도, 이탈도 아니다.[6] 게다가 말들의 유희로부터 솟아나는 이러한 이미지의 현전은 전적으로 무에서 유를 만들어내려는 마법과도 같은 창조적 의지 없이는 불가능하다. 정신 분열자의 무의미한 주절거림이 이러한 시의 발화와 근본적으로 다른 점은 거기엔 어떠한 창조적 의지도 개입되지 않다는 데 있다. 그러므로 이미지의 즉각적 현시가 곧 시라는 점에서 볼 때, 한유주의 소설을 읽는 일은 시적 순간, 즉 어떤 말로도 설명되거나 언표화될 수 없는 저 너머the other의 도래를, 근본적인 낯섦의 체험을 가져온다. 그의 소설이 어떤 환상이나 착시, 백일몽이나 어지러운 꿈의 세계를 구현하고 있지 않음에도 불구하고 현실이면서 현실이 아닌 다른 '바깥'으로 독자를 이끄는 것은 시적 순간의 계시로부터 문이 열리는 불가해한 피안(彼岸)을 체험케 하기 때문이다.

만일 소설 전체가 이러한 이미지로 직조되어 있다면, 한유주의 작품은 마땅히 시로 분류되어야 한다. 하지만 이미지의 창조가 자기 목적은 아니며 내적 시간의 흐름에 따라 의식된 바로서의 관념과 내용이 서술되고(/이야기되고) 있다는 점에서 그의 작품은 시로 단언키 어려운 면이 있다. 그보다는 시와 소설이 내적으로 결합된 지점, 양자 간의 조우가 만들어낸 교집합의 영역에 그의 작품이 놓여 있다고

---

6) 파스는 일상어, 시적 표현, 시의 차이를 다음과 같이 설명한다. "일상어는 시를 이루는 물질 혹은 자양분이지만 시는 아니다. 시와 시적 표현들[……]의 차이점은 시는 언어를 초월하려는 시도라는 점이다. 반대로 시적 표현들은 일상어와 동일한 수준에 머물며 인구에 회자되는 언어들의 왕복 운동의 결과이다. 시적 표현들은 창조물, 즉 작품이 아니다. 사회적 언어로서의 일상어는 시에서 농축되며, 관계를 형성하며 일어선다. 시는 일어선 언어이다." 파스, 앞의 책, p. 43.

보아야 할 것이다. 이는 분명 새로운 '시적+소설적' 스타일이다. 일상적인 산문의 언어를 문학의 언어로 삼지 않으려는 "언어에 대한 결벽"(「그리고 음악」, p. 114)——김태용 식으로 표현하면 '언어의 죽음'을 불사하는 염결성(廉潔性)——이 그의 언어를 상투화된 산문의 언어에서 시적 언어로 도약시키면서 산문적 언어의 관습과 전형에서 탈피한 스타일을 낳았다고 할 수 있다. 범박하게 표현하자면, 한유주의 작품은 산문시의 소설적 혼융 또는 산문시적 필법에 바탕한 근친(近親)-소설이라 할 만하다. 예컨대 다음과 같은 장면은 신화적 꿈을 옮겨 적은 듯한 형상을 주조하여 이야기를 원초적 상징으로 만든 경우에 속한다. 이때 언어는 은유적 원리를 가득 담은 이미지의 전하(電荷)가 되어 마법적 가치를 함유한 낯설고 기이한 아우라를 빚어낸다.

……전해오는 이야기로, 저승의 입구에는 머리 셋 달린 문지기가 있으며, 그를 통과하기 위해서는 지니고 온 밀떡을 주어야 한다는, 그리하여 문지기가 강을 건너는 배를 내어주고, 그 강을 건너는 동안 모든 기억이 사라지고, 기억이 사라지므로 죄가 씻기고, 죄가 사해지므로 고통이 사라진다는, ……그러므로, 누구나 밀떡을 하나씩 준비해야 한다고, 〔……〕 밀떡 하나의 여유가 없었던 가난한 자들은 그저 발을 동동 구르고만 있었을 뿐이고, 그런 그들을 기다리던 머리 셋 달린 문지기에게 목덜미와 가슴팍을 물어뜯기고, 등허리를 꺾이면서 발버둥 치다가, ……지친 육신이, 밀떡 대신의 제물이 되고 말았고, 어서 빨리 지 강에 던져지기를, 이 고통들이 모두 사라지기를 간절히 소망했으나, 그들에게 던져진 것은 한 줌의 강물이 아니라, 머리 셋 달린 문지기의 걸신들린 입아귀였고, 문지기는 지상의 날숨에 늘 주려 있었으

므로, 세 개의 거대한 입을 한껏 벌려 저승에 들어서려는 밀떡 없는 자들을 맞아들이고는 했다. (「죽음의 푸가」, pp. 57~58)

"전해오는 이야기"라고 표현되었지만, 이 '이야기'는 창안된 이야기다. 주목할 것은 왜 이러한 이야기, 즉 사실의 재현이라는 소설적 전통과 상궤에 있는 환몽적 이야기가 작품 내부에 삽입되었는가 하는 점이다. 이것은 한유주의 소설이 왜, 어떤 연유로, '시적인 것poésie'의 현현에 이를 수 있었는가를 해명하기 위해 반드시 물어야 할 질문이기도 하다. 주지하다시피, 그의 작품에서 문제적으로 등장하는 화두는 '이야기는 어디에 있는가'이다. "언제나 잘못 전해진 이야기들이 문제였다"(「베를린·북극·꿈」, p. 137) "이야기는 오래전에 모두 매진되었다"(「죽음의 푸가」, p. 48) "이야기는 모두 증발했습니다. 이야기는 모두 미치거나 혹은 사라졌습니다"(「세이렌 99」, p. 86)라는 문장에서 드러나듯, 이 세계가 직면한 폐해 중 하나는 "무수히 많은 이야기들이 도시에 흘러넘"치지만 그것들은 "수상한 이야기"(「죽음의 푸가」, p. 52)이거나 '잘못 전해진' 이야기 혹은 '미친 이야기'이며, 그래서 이야기는 '증발'하거나 '사라져버렸다'는 사실이다. 아니, 더 정확히 표현하면, 세계는 이야기로 존재하며 이야기 그 자체인데, 이야기는 그 어디에도 없다. 이는 일종의 역설이다. 문맥상 후자가 '진정한' 이야기를 가리킨다면, 전자는 그와 반대되는 '사이비(擬似)' 이야기를 뜻한다고 풀이된다. 그렇다면 지금 작가는 '진짜 이야기 대(對) 가짜 이야기'라는 이분법을 설정하고 있는 것일까?

전혀 그렇지 않다. '진정한 이야기'는 혹시 존재했을지도 모른다. 그리고 그것이 모든 이야기의 기원(起源)이었을 수도 있다. 하지만 기원은 없다. '수상한 이야기' '잘못 전해진 이야기' '미친 이야기'로 구성된 세계——이것은 '세계란 이미 하나의 텍스트다'라는 포스트구조주의자들의 전언을 연상시킨다——에서 '진정한' 이야기 찾기란 한양에서 김 서방 찾기와 같다. 이는 '진정한' 이야기의 복원이란 '수상한 이야기'를 또 하나 양산하는 것일 뿐이며, '진정한' 이야기를 찾아 떠난다는 식의 수사rhetoric만큼 지독한 허상과 허위의 포즈도 없다는 것을 환기한다. 한유주가 어떤 수식 없이 '이야기'라는 홑낱말만을 고집스럽게 사용하는 것도 이 때문이다. 이 세계의 이야기, 이야기로서의 세계는 진위를 밝힐 수 없는, 아니 진위 판정 자체를 무색하게 만드는 텍스트의 더미일 뿐이다.

그러나 「죽음의 푸가」의 저 이야기는 전파를 타고 흘러나오는 뉴스의 이야기와 확신히 구분된다. 그것은 이야기를 메타화하기 위해 창조된 아남네시스anamnesis에 가깝다. 우리가 잊고 있던 숨겨진 진리를 드러낸다는 의미에서 그렇다. 전통적 의미에서 아남네시스로서의 기억은 진리의 빛을 품은 과거를 상기하고 돌아보는 것, 그것을 현재의 것으로 재생하여 다시 체험하고 재현하는 것을 가리킨다. 순수한 영혼이 육체에 갇히면서 망각된 이데아 혹은 참된 진리가 과거의 시간과 경험을 떠올리는 순간 되돌려 체험된다는 것이 아남네시스의 본래 의미이다. 아마도 '순수한' 기억이 있다면 이를 두고 한 말일 터이다. 그러나 한유주 소설에서의 기억은 '순수한' 기억이 아니다. 진릿값을 갖는다는 점에서 아남네시스에 근접할 뿐 그와는 엄연히 다르다.

한유주의 인식적 구도 내에서 기억은 세 층위로 나뉜다. "내 기억들은 언제나 전파를 타고 왔으므로"(「그리고 음악」, p. 99)라고 서술될 때의 그것은 세상의 무수한 이야기들에 의해 간섭됨으로써 형성된 기억을 뜻한다. 이것은 개인의 특수한 경험적 사실이 (무)의식 속에 각인된 그러한 기억이 아니라, 타인의 말을 빌려 어디선가 전달된 이야기가 '기억처럼' 고착된 일종의 인공적 기억이다. 마치 일본 애니메이션 「공각기동대」의 구사나기 소령이 자신의 'ghost'가 자기 본래의 기억이 아니라 정보들이 조합되어 작동되는 프로그램이라고 의심할 때의 그것처럼, 하드웨어에 저장된 폴더나 파일처럼 이식된 콘텐츠와 흡사하다. 반면 「세이렌 99」의 주인공과 「K에게」의 화자가 되살리려고 애쓰는 것처럼 내밀한 사적 체험의 보고(寶庫)이자 개인적 정체성의 근거지로서의 고유한 기억도 있다. 벤야민의 용어를 빌리면, 그것은 '무의지적 기억'과 유사하다. 그렇다면 이러한 기억은 세상의 이야기에 오염되거나 훼손되지 않은 나만의 '순수한' 기억일까?

"내가 이곳으로 옮겨지고 난 뒤 희끄무레하게나마 조금씩, 어떤 편린들이 내 속에서 떠오르고 있습니다. **기억이 떠오른다고 하는 것**이 이런 것이었군요. 나는 이제야 그 표현의 적확함을 이해하게 된 것 같습니다."(「세이렌 99」, pp. 75~76, 강조-인용자) 「세이렌 99」의 화자는 이전에 기억을 상기해본 적도, 이야기한 적도 없는 인물이다. "여덟 개 나라의 말을 능란하게 할 수 있고, 열다섯 개 나라의 말을 이해할 수"(「세이렌 99」, p. 71) 있음에도 불구하고 기억을 떠올려본 경험이 전무할뿐더러 그것을 언어로 옮겨본 적도 없다는 점에서 그는 자신의 고유어를 갖지 못한 자이다. 그런 그가 파일을 삭제당하고 자기 존재까지 삭제당할 순간에 직면해서야 "기억이 떠오른다고 하는 것"의 의미가 무엇인지를 처음으로 체험한다. 그는 그것을 다행이라고 여긴다. 하지만 그의 기억은 온전한 그만의 것이 아니라 '공유된 기억'이다. "열 개의 객체인 동시에 하나의 주체이기도"(p. 74) 했던 '우리'의 기억, 침묵 속에 "서로에게 암묵적으로 전달되었던" '우리'의 이야기, 그것이 그가 떠올린 기억의 전부다. 그런 점에서 보면, 개인의 개별적 기억이란 것도 공동체 일반이 보유한 집단적 기억의 한 부분에 불과할지 모른다.

「세이렌 99」가 환기하는 바는 '진정한' 이야기가 없듯, '순수한' 기억도 없다는 사실이다. 세계가 이미 이야기-텍스트로 존재하는 곳에서 유일무이한 기억에 대한 믿음은 착각과 환상일 뿐, 모든 기억은 세상의 수많은 이야기가 삼투되고 침윤되고 혼합된 '잡종적' 기억인 것이다. '순수한'과 반대되는 의미에서 그것은 '불순한' 기억이기도 하다. 그렇기에 또 다른 소설의 화자는 "이야기들은 아주 오래전에 모두 쒸어졌고, 그 이후로는 그 이야기들에 대한 주석만이 덧붙여질 수 있었을 뿐"이며 "비밀스러운 개인사는 어디에나 있었고, 흔하디흔 했다"(「암송」, p. 209)라고 적고 있다. 한유주의 소설에서 '나는 무엇일까요?' '나는 누구였을까'와 같은 자문(自問)이 자주 등장하는 것도, 소설의 모티프로 '유령'이 출몰하는 것도, "누구의 기억"(「유령을 힐난하다」, p. 119)인지 알 수 없는 것을 나의 기억인 양 믿는다는 것—이는 "없으면서도 있는"(「유령을 힐난하다」, p. 127) 유령적 존재의 삶과 같다—의 부질없음을 깨달은 데서 연유한 질문이자 자신의 존재태를 끊임없이 회의하는 자의 의식이 낳은 현실이다.

그런데 이보다 더 주목할 것은 첫번째, 두번째와 구분되는 제3의 기억이 존재한다는 사실이다. "세이렌의 영역"(「세이렌 99」, p. 89)이 바로 그것이다. 서두에서 한유주의 소설이 산문시로 도약하는 순간이 있음을 지적한 바 있지만, 「세이렌 99」의 이야기가 돌연 시적 이미지의 현시로 양각되는 때는 주인공이 "세이렌의 영역"에 가까워질 때다. 그곳에 가까이 다가갔다고 의식될수록, '내'가 구술하는 기억은 산문적 진술 형식을 벗어나 시가 된다. 의식이 혼미해지는 자의 분열적 발화로 보이지만, 그것은 '시적인 것poésie'의 현현으로서의 이미지의 즉각적 융기에 해당한다. 이것이야말로, 말의 엄밀한 의미에서, 세상의 이야기가 섞여들지 않은 고유한 기억이자 "전파를 타고 오는" 모든 인공적 기억과 변별되는, 온전히 나만의 것이라고 주장할 수 있는 기억일 터이다. 그리고 이는 다른 말로 '음악'이다. 제3의 기억은 '음악'에의 도달 혹은 그것의 시적 창출이다.

이로써 한유주의 스타일이 '시적+소설적' 형태로 우리 앞에 나타나게 된 연유를 짐작할 수 있다. 그는 이야기의 반대편에 기억을 놓고, 기억의 존재 형식과 현실태, 가치와 의의를 회의하고 궁구함으로써 그것이 과연 기성의 이야기를 극복할 수 있는 유효한 방법일 수 있는지 고심한다. 그리고 이 세계를 사는 우리에게 '잘못 전해진' '수상한' '미친' 이야기들에 의해 침범당하지 않은 '새로운 이야기'로서의 기억의 상기가 가능한지, 만일 가능하다면 그것은 기존의 이야기와 어떻게 달라야 하는지를 스스로에게 묻고 있다. 그 물음의 답을 얻고자 그는 세상의 무수한 이야기와 변별되는 전인미답의 지점을 향해 나아간다. 그러한 미학적 고투의 과정에서 보들레르가 말한바 "영혼의 서정적 움직임과 상념의 물결침과 의식의 경련에 걸맞을 만큼 유연하면서도 동시에 거친 어떤 시적 산문의 기적"이 솟아난다. 이야기-텍스트로서의 세계에 맞설 수 있는 유일한 힘을 한유주는 "시적 산문"의 이행에 부여하고 있는 것이다. 그리고 그것을 자신의 방법적 미학으로 실천하고 있다. 이를 기반으로 그의 소설은 한국 소설사에서 전무

후무한 그만의 개성적이고 독창적인 스타일을 창출해내고 있다.

'이야기/텍스트/세계' 대(對) '이미지/기억/시적인 것의 현현'은 최종적으로 '역사 대 시'의 또 다른 복본(複本)이다. 이러한 구도가 미학적·인식적 지평의 밑그림인 탓인지, 한유주 소설의 서술자들은 역사의 폭풍에 떠밀려 날개를 옴짝달싹 못하고 밀려가면서도 눈만큼은 등 뒤의 파편과 잔해를 안타까이 돌아보려고 애쓰는 음울한 '역사의 천사'[7]를 연상시킨다. '역사의 천사'가 있다면, 그래서 그 천사가 우리에게 말을 건다면, 그 목소리는 이들과 흡사할 것이다. 그만큼 한유주의 화자들은 '이야기'로 지칭되는 수다한 역사의 파편들을 '역사의 천사'가 그렇게 하고 싶었듯 하나하나 집어 올린다. 그들의 독백이 파편적일 수밖에 없는 것은 필연적이다. 어떻게 그토록 조각난 파편과 찢긴 잔해들 앞에서 논리적이고 인과적이고 합리적일 수 있을 것인가? 어떻게 그 더미를 바라보며 깊은 우울에 잠기지 않을 수 있겠는가? 더구나 인간의 논리성과 인과성과 합리성이 그 무수한 잔해들을 쌓아 올린 다음에야……「죽음의 푸가」가 제3의 기억에 가 닿은 파편들의 대위법적 푸가가 될 수밖에 없었던 이유는 그것이 '역사의 천사'가 뒤돌아보며 우리에게 건네는 말이기 때문이다.

한유주의 주인공들이 이렇듯 '천사'의 음성을 낼 수 있었던 이유는 너무나 '부끄러워서' 견딜 수 없어 한다는 것, "나는 여전히 살아 있"으며 그것이 곧 "나의 야만"(「그리고 음악」, p. 121)이라고 생각한다는 것, "어떻게 해야 내 자신의 야만을 없앨 수 있을까?"(「그리고 음악」, p. 117) 하고 괴로워한다는 것, 그래서 "치장된 언어는 윤리적

---

7) 벤야민, 「역사의 개념에 대하여」, 『역사의 개념에 대하여 외』, 최성만 옮김, 길, 2008, p. 339.

으로 거짓말보다 더 나쁘"기에 차라리 "닥치는 법을 배워야 한다" (「그리고 음악」, p. 110)고 여긴 탓이다. 그는, 그들은, 제 부끄러움을 모르는 다른 사람들처럼 말을 할 수가 없다. 그는, 그들은, 너무나 힘들게 천천히, 더듬더듬, 말한다. 그가, 그들이, 타인과의 소통을 거부하고 있다고 매도하는 것만큼 커다란 오해도 없다. 그는, 그들은, 최선을 다해 자신의 고통을 전하는 중이다. 그런 점에서 한유주의 화자는, 그리고 소설가 한유주는 우리 시대 가장 '윤리적인' 사람의 하나다. 그는 여러모로 한국 문학사를 통틀어 김춘수의 부끄러움을 직접 계승한 문학적 적자(嫡子)다. 그의 부끄러움이 더욱 소중하게 느껴지는 또 다른 이유이다.

2부 자기 응시

우울아, 놀자!
─ 김혜순의 시

> 나는 시방 상실의 방에 투숙 중
> 그러니 복무해라 기억해라 나와라
> 그런 말 좀 하지 마라
> 내게서 상실 좀 뺏어 가지 마라
> ──「창문 열린 그 시집」부분

파스칼은 『팡세』에서 "영혼은 자신 안에서 자신을 만족시키는 것을 하나도 발견할 수 없다. 영혼을 생각하던 시기에는 영혼을 슬프게 하는 것밖에 없다. 〔……〕 영혼을 비참하게 하기 위해서는 각자의 모습을 바라보게 하고 자기 자신과 함께 있는 것으로 족하다"[1]라고 말한다. 자신을 응시하기만 해도 비참해진다는 전언을 뒷받침하기 위해 파스칼은 심지어 왕도 예외가 아니라고 덧붙인다. 모든 명예와 부, 권력과 호사를 누리는 왕도 자신을 가만히 들여다보면 비참해지기 때문에 궁정 사람들은 왕이 홀로 있는 일을 막기 위해 끊임없이 오락거리를 제공하는 일에 전력을 기울였다고 한다. 이러한 비참의 보편성에 호응하듯, 니체는 이야기한다. "사람이 있는 곳치고 심연이 아닌 곳이 어디 있던가! 바라본다는 것 그 자체가 심연을 들여다본다는 것이 아닌가? 〔……〕 생을 그토록 깊이 들여다보면, 고통까지도 그만

---

1) 파스칼, 『팡세』, 김형길 옮김, 서울대 출판부, 1996, p. 102.

큼 깊이 들여다보게 마련이다."[2] 그래서 인간은 대개 '병든 자'이다. 그런데 더 큰 문제는 "고통 자체가 아니었고, '무엇 때문에 고통스러워하는가?'라는 물음의 외침에 대한 해답이 없다는 것이었다. (……) 지금까지 인류 위로 널리 퍼져 있던 저주는 고통이 아니라 고통의 무의미였다".[3] 이는 필연적으로 삶의 무가치함, 총체적 비하를 낳는다. 파스칼의 표현에 기대면, '영혼의 전면적인 자기 비하'라 할 수 있고, 니체의 용어로는 '무nihil에의 의지'인 니힐리즘이다. 만약 의미와 목적이 밝혀진다면, 인간은 오히려 고통을 바라면서 찾기도 할 터인데, 자기 안에 내재할뿐더러 삶 자체를 가치 박탈로 이끄는 비참의 편재(遍在)와 고통의 무의미성은 누구에게나 '있다'는 것, 그 점을 파스칼과 니체는 강조한다.

'병든 자'로서의 자기 인식은 현대인의 평범한 자질 중 하나다. 벤야민은 이를 역사적 지평에서 해석하여 삶의 가치 저하에 따른 영혼의 '병듦'을 현대적 인간의 표식으로 본다. 그는 세계를 파편들이 흩어진 폐허로 바라보는 데서 '의미 없음'의 총체적 직면이 발생한다고 설명한다. 대도시 문명 자체가 의미를 상실한 파편들의 집적이라는 것이다. 때문에 그러한 세계에 '내던져진 존재'인 현대인은 허무nihil와 자기 비하에 빠지기 쉽다. '병든 자'로서의 자의식은 현대적 인간임을 증명하는 범상한 지표인 셈이다. 니체가 말한 이러한 '병듦'을 벤야민은 '우울melancholy'이라 부른다. 그것은 모더니티의 감정적 표징이라는 점에서 흔히 발견되는 '하나의 세계감(感)'[4]이라 할 수

---

2) 니체, 『차라투스트라는 이렇게 말했다』, 정동호 옮김, 책세상, 2004, pp. 262~63.
3) 니체, 『선악의 저편·도덕의 계보』, 김정현 옮김, 책세상, 2002, p. 540.
4) 김홍중, 「멜랑콜리와 모더니티」, 『마음의 사회학』, 문학동네, 2009, p. 214.

있다. 벤야민은 특히 우울을 시간 의식과 결합시키는데, 아무리 그리워해도 되돌아올 수 없는 과거(의 기억)에 대한 절망, 되돌아오지 않는 그 시간에 대한 비애에 찬 태도가 곧 우울이다.

프로이트는 삶의 빈곤화가 세계가 아닌 주체 내부로 돌려진 경우, 즉 '자아의 빈곤'이 심화된 상태를 우울증이라 이름한다. 사랑하는 대상의 상실로 인한 슬픔이 적절한 시점에 종결되지 못하면 상실된 대상은 의식을 떠나 무의식적인 것이 되는데, 슬픔의 대상이 불분명해지는 만큼 애도는 충분히 이루어지지 못한다. 이로 인해 초래되는 자존감의 급격한 저하, 쓸모없고 무능력한 자신에 대한 비난, 이 세계에서 추방되어 처벌받기를 바라는 기대, 까닭 없는 열등감과 무력감의 표현, 생의 본능적 욕구마저 억누르는 특이한 심리적 상태 등이 우울증의 주된 증상이다. 하지만 그것은 자아가 사랑의 대상을 결코 포기하지 않으려는 데서 생겨난다. 자아는 사랑했지만 잃어버린 대상과의 동일시를 통해 대상을 자아 안에 가둠으로써 상실을 거부하고 사랑을 지속하려는 자구책을 마련하는데, 그것이 우울증을 낳는다. 앞서 벤야민이 말한 영원히 상실된 과거에 대한 감수(感受)가 우울의 본질이라면, 과거(의 기억) 그 자체가 사랑의 대상이라면, 이는 프로이트가 말한 대상 상실과 직결된다. 되돌아오지 않는 과거를 그리워하는 자들이—이 또한 현대적 감성의 하나다—대부분 우울감에 젖어 있는 까닭은 이 때문이다.

한편 버틀러는 프로이트의 이러한 우울증의 메커니즘이 자아가 구성되는 구조와 동일하다고 주장한다. 자아의 구성 자체가 우울증적 구조를 띤다는 것이다. 주체의 형성에 필수적인 상징적 큰타자와의 동일시가 상실된 대상을 자기 안에 합체하여 대상을 보존하려는 '우울증적 동일시'에 해당하며, 이를 통해 대상(타자)은 역설적으로 자아의 '구성적 외부'로 자아 내부에 거처하게 된다. 결국 주체——버틀러는 주체란 자신에게 할당된 젠더의 반복적 호명과 더불어 탄생한다고 말한다. 말하자면 주체는 '젠더를 수행하는 주체'이며, 젠더에 선행하는 주체란 없다——는 그 탄생부터 '우울증적 주체'인 것이다.[5] 문명이 근친상간과 동성애를 금기시함으로써 유지·성립되는 제도라 할 때, 젠더로서의 역할을 수행함으로써 주체로서의 위치를 부여받는 구조는 맨 처음 사랑의 대상——어머니 혹은 아버지——을 상실해야만, 즉 대상 상실을 허용해야만 주체화를 가능하게 하므로, 주체가 근본적으로 '우울하다'는 주장은 설득력이 있다. 따라서 이렇게 말할 수 있다. 파스칼과 니체를 경유하여 벤야민에 이르든, 프로이트의 정신 분석을 거쳐 버틀러에 이르든, 현대를 사는 우리는 우울한 '주체-임'을 피할 수 없다. 과연 누가 우울에서 자유로울 수 있는가? 그것은 부정할 수 없는 진실처럼 보인다.

그녀가 우울한 이유를 찾자면, 위의 설명이 모두 답이 될는지 모른다. 우울은 현대성을 이루는 심정적 배경으로서 현대적 삶 깊숙이 자리한 정서적 태도의 하나로 이야기된다. 현대의 많은 예술적·문화적 산물이 이로부터 추동되었다는 사실은 널리 알려진 바이다. 벤야민이 가장 불길한 별로 알려진 '토성(사투르누스)의 기질'을 우울과 연결시키면서 겨냥한 맥락화의 내용은 이성적 합리성의 추구를 제1의 원리로 삼는 사회 역사적 모더니티의 음울한 대립 쌍인 비이성적 파토스

---

5) 주디스 버틀러, 『젠더 트러블』, 조현준 옮김, 문학동네, 2008, pp. 196~211.

들, 즉 삶에 대한 권태, 무감동, 침울한 수심(愁心), 열정의 살해, 폐허나 다름없는 현존의 생성, 광기라는 잔혹성, 나태와 둔감 등이 바로 그 사회적 모더니티의 지배적 가치 이면에서 배태되었다는 점이다.[6] 그만큼 우울은 현대성을 기획하는 세계에서라면 누구나 느끼기 쉬운 근본 정조에 가깝다. 그러므로 누구든 우울해질 수 있다. 대도시 문명의 메커니즘이 이미 우울을 유발하는 구조라 하지 않는가? 자신이 왜 우울한지 그녀 스스로도 묻지 않는 까닭은 우울의 내용을 말하는 것이 일상의 세목을 구구절절 읊는 것과 다름없는 당연지사가 되었기 때문일지 모른다. 혹은 관습을 거부하는 몸의 리듬을 타고나서 좀체 늙지 않을 것만 같던 그녀도 속절없이 나이를 먹고 있는 참인지 모르겠다. '늙어간다'는 술어 대신 내 안의 '소녀'가 낯설다는 간접적 내비로 슬픔을 에둘러 말하는 시치미 떼기는 '나이 듦'의 비애를 지우는 데 효과적이지만, 감정의 정체를 전부 감추지는 못한다.

    뭉크의 소녀가 왜 발가벗고
    침대에 오도카니 앉아 있는 줄 아니?
    자다가 일어나 보니 글쎄 소녀가 된 거야
    그 세월 그 주름 그 옷들 다 어디 가버린 거야

    [······]

    아줌마! 어디서 살다가 이제 와요? 묻는

---

6) 발터 벤야민, 『독일 비애극의 원천』, 조만영 옮김, 새물결, 2008, pp. 175~94 참조.

이름 없는 소녀에게
나도 낯설어 내 얼굴을 몰라보는 나에게
해 뜨기 전 박명의 시간, 해보다 먼저 슬픔이 솟아오를 때
나는 나의 종이비행기 맨 앞좌석에 앉은 매정한 그녀에게
신선한 아침을 서빙하네

—「아침」 부분

 여성의 몸을 과거-현재-미래가 동시 병존하는 다층적 시간의 누적으로, 할머니-엄마-딸로 이어지는 세대의 복합적 혼융으로 길어 올리는 데 누구보다 익숙한 그녀가 세월의 흔적을 망실한 내 안의 '소녀'를, 그 새파란 젊음의 갑작스러운 솟아오름을 서먹해하는 광경은 거꾸로 그녀가 '소녀'의 시간 바깥에 있음을 환기한다. 그것을 불현듯 깨닫고는 그녀도 "해보다 먼저 슬픔이 솟아"오른다고, 내 얼굴을 나도 몰라보게 만드는 '소녀'가 매정하다고 느낀다. 그러나 이 슬픔을 생물학적 노후나 육체적 노쇠에 대한 서글픈 자각으로 치부해서는 안 된다. (솔직히 '늙은 김혜순'은 전혀 상상되지 않는다!) 그보다는 시간이 무(無)로 환원되는 상태를 더 이상 제어하지 못하겠다는 무력감에서 초래된 우수(憂愁)에 가깝다. 가령,

나는 얼음을 먹는 시간과도 같다.
먹고 나면 뭘 먹었는지도 모른다.
모래가 파도를 갉아먹는 것과도 비슷하다.
또 파도가 몰려오니까.
나는 보고, 느끼고, 생각하지 않는다.

그냥 무색이다.
나의 왼쪽 눈알엔 바다가 있고
오른쪽 눈알엔 하늘이 있다. 그게 다다.
하늘과 바다 사이에 내가 있다. 그게 다다.
나는 바닷가에 묶여 이리저리 흔들리는 뗏목처럼 그냥 있다.
―「안경은 말한다」 부분

와 같은 구절은 시간이란 본래 점을 찍자마자 점이 사라지는 무한한 '영zero'의 순간이라는 깨달음을 함축하고 있다. 있자마자, 하자마자, 나타나자마자, 시작하자마자 끝이 나는 것, 얼음을 먹자마자 얼음이 없어지는 영(零)의 찰나, 한번 움켜쥔 파도를 다시 움켜쥘 수 없는 모래의 영영 헛짓. 그렇게 시간은 영원한 상실이다. 그것은 슬픔의 영원 회귀이며, 마지막을 모르는 부재의 반복이다. 시간이 아무리 흘러도 그 흐름을 느끼지 못하는 무감각이야말로 우울의 특징이라는데, 지금까지의 시간 의식과 구별되는 이러한 감각은 그녀 내부에서 형성 중인 어떤 변화의 징조로 읽힌다. 『슬픔치약 거울크림』을 관통하는 우울의 세계감(感)은 이러한 내적 변이의 원인이자 결과일 터이다. 기성의 상징과 제도와 문법에 과감히 도전할 때도, 붉은 피를 뚝뚝 흘리는 이질적 몸의 형상을 입을 때도, 전 세계의 단결된 쓰레기를 자기 이미지로 내세울 때도, 상상할 수 있는 모든 '당신'을 내 안에서 불러내고 내 속으로 들일 때도, 웃거나 흥얼거리거나 재잘거리거나 웅얼대거나 외치거나 비웃기는 했어도 수심에 잠기거나 침울해하지는 않았다. 그랬던 그녀가 지금 우울하다…… '세기병(病)'이라 일컬어지는 현대적 질병에 그녀도 포박된 것일까?

정말 우리는 끝에 다 온 걸까?
악몽의 막이 찢기고 그 속에서 죽음이 탄생하고 있다

내 심장이 한 마리 바람처럼 박자 맞춰 떤다
—「인플루엔자」부분

아픔아 너는 어디서 왔니?
무엇 무엇을 태워버리고 이렇게 뛰어서 왔니?
네가 나니? 이게 누구니?
왜 구멍 속에 기차가 살고 있니?
이 기차가 사랑한다 사랑한다 그러면서 리듬 맞춰 나를 탈선하고 있니?
그렇게 많은 승객들을 다 죽음으로 실어 나른 기차!
검은 산속을 터널이 휘돌고 폭풍처럼 기차가 나를 지나쳐 간다.

이 기차를 굶겨 죽여야 할까?
—「맨홀 인류」부분

이례적일 만큼 스타일상의 큰 변화를 보여준 장시「맨홀 인류」는 단일한 의미화를 거부하는 상징의 연이은 교차가 더 이상 참을 수 없다는 듯 터져나오는 격정적 어조에 힘입어 언어의 장구한 토네이도를 만든다. 무덤 속 카산드라가 되살아나 현존 인류를 향해 발설하는 예언적 음유처럼 읽히는 이 시는 신탁을 받은 무녀의 무의식적 술회가 그렇듯 거대하고 유려한 리듬을 타고 인류에 대한 예리한 고발과 정신을 동요시키는 참언(讖言)이 되어 흐른다. 그런데 이처럼 유장한 리듬감은 김혜순 시의 특징으로 거론되어온 "늦추어진 어세를 낭랑한 음수율로 어김없이 다잡아채는 리듬"[7)]과는 사뭇 다르다. 틈을 내줄 듯 능청을 부리다 돌연 긴장감을 조성하는 명랑함과 발랄함으로 분위기를 바꾸는 톤의 자재로움이 그녀만의 독특한 시적 리듬을 주조해왔다면, 「맨홀 인류」는 긴박한 위기감의 고조에서 비롯되었다는 인상이 강하다. 죽음에 대한 시인의 인식이 달라졌기 때문으로 보인다.

김혜순의 시 세계에서 죽음은 세계의 비참과 황폐를 비추는 가장 형이상학적이면서도 가장 구체적인 거울이었다. 그것은 어떠한 지복(至福)도 허용하지 않는 무기질의 에너지로서 초월의 가능성이 배제된 "추원에 대한 금지령"[8)]이었다. 삶이 유한성에 숨을 틔워 다른 삶을 현실에 투사하려는 관념의 유희도 아니었고, 삶의 가능성을 달리 시도하려는 방법적 틀도 아니었다. 그녀에게 죽음은 죽어 없어진 상태로 '살아 있는' 죽음이었다. 삶 너머에 죽음이 있다는 식의 이분법과는 거리가 먼, 죽음 또한 이 세계에서 생생하게 펄떡이는 현존이었던 것이다. 다만 그것은 부재의 방식으로 현현되었다. 김혜순 시의 죽음에 대한 사유는 대체로 이러한 궤적을 그려왔다. 그런데 「맨홀 인류」를 일관하는 강한 위기감은 죽음을 돌이킬 수 없는 '절멸'로 의식하는 데서 기원하는 듯하다. "내 심장이 한 마리 바람처럼 박자 맞춰 떤다"는 말에 함축된 불안과 공포는 "정말 우리는 끝에 다 온 걸

---

7) 황현산, 「딸의 사막과 어머니의 서울」, 『말과 시간의 깊이』, 문학과지성사, 2002, p. 99.
8) 황현산, 앞의 글, p. 100.

까?"라는 물음에 벌써 내재되어 있다. 살수 처리되는 동물들의 대량 학살을 바라보며 느끼는 두려움은 크기를 가늠할 수 없는 추(醜)의 형상에 압도된 데서 기인하지만, '우리'의 괴멸, 즉 이 세계의 멸망을 목도한 데서 비롯한다. 그 죽음은 더 이상 거울이 아니라 거울을 뚫고 나오는, 그래서 거울을 산산이 깨뜨리고 마는 가혹한 실재the real의 출현에 해당한다. 거기엔 어떤 삶도 존재하지 않고, 죽음 또한 완전히 죽어버린다. 철저한 절멸이 그곳에 있다. "그렇게 많은 승객들을 다 죽음으로 실어 나른 기차!" "검은 산속을 터널이 휘돌고 폭풍처럼" "나를 지나쳐" 가는 기차, 그것은 모든 것이 끝나버린 절멸의 관통을 의미한다. 이전에 볼 수 없었던 윤회에 대한 강한 거부도 세계가 이렇게 '끝'으로 치닫는 마당에 윤회에 대한 상상은 태평한 형이상학적 위안일지 모른다는 생각에 따른 것으로 보인다.

다음 생엔 브라만으로 태어나세요 다음 생엔 남자로 태어나세요
나를 속이려는 동그란 말 나를 속이려는 우주의 동그란 궤적들

〔……〕

잘 자라 우리 엄마 앞뜰과 뒷동산에 새들과 엄마 양과
엄마를 재워다오 한 번 엄마는 영원히 엄마 엄마를 재워다오

동그라미는 싫어 순환하는 건 싫어 낮 다음에 밤이 싫어
동그라미 같은 세상이라는 말은 누군가 나를 속이려는 말
알 낳고 그 알 품은 여자들 속이려는 말 계속 알 낳으라는 말

〔……〕

동그라미는 싫어 정말 싫어 이곳이 대합실이라고 말하는 자들이 싫어
동그란 국물 동그란 빗물 동그란 계란 정말 싫어
모두 사라지고 나면 다시 동그란 그릇 다시 동그란 식탁
—「탑승객」 부분

죽음이 절멸과 동일해지는 이 세계에서 여성은 주인이 아니다. 다음 생에 대한 기약으로 여성의 현재를 무마하려는 "동그란 말"은 기만의 담론이다. "한 번 엄마는 영원히 엄마"라는 저 표현의 끔찍한 진실성은 "모두 사라지고 나면 다시 동그란 그릇 다시 동그란 식탁"이 차려지는 광경의 사실성과 구체성으로부터 획득된다. 모든 것이 없어진 뒤에도 만일 '엄마'인 여자가 존재할 수 있다면, 그녀는 여전히 밥상 차리는 일을 당연한 제 일로 알 것이다. 이 답답하고 무서운 무의식적 타성이 '엄마'라는 젠더의 반복적 수행을 통해 형성된다는 점은 자명하다. 이를 제도화한 세계의 질서가 남성 중심주의에 기반한 상징체계에 의해 뒷받침된다는 사실도 새삼 강조할 필요가 없다. 중요한 것은 남성적 주체가 주인이 되어 일궈놓은 지금 이곳에 '정말 끝에 이른 것은 아닌가'라는 의심과 회의가 만연해 있다는 점이고, 종말론적 사유와 상상과 대중적 신화가 위세를 떨치는 상황 이면에는 점증하는 불안이 가속화의 페달을 밟고 있다는 점이다. '동그란 것'의 거부에 내재된, 사회적으로 강제된 정체성을 달가워하지 않는 여성 자신의 목소리는 이러한 세계에서 수동적 여성으로서의 젠더 수행은

우울아, 놀자! 71

우울한 일일 수밖에 없지 않은가라는 물음이 담겨 있다. 예컨대,

높은 집이라는 말 속에는 무엇이 들어 있나
추락한 인부의 이빨이 들어 있네
먼 집이라는 말 속에는 무엇이 들어 있나
담벼락에 붙은 늙은 엄마의 손바닥이 들어 있네

즐거운 집이라는 말 속에는 무엇이 들어 있나
소름끼치도록 말랑말랑해 두 주먹을 꽉 쥐지도 못하는
시시로 치미는 악령의 눈동자가 한 벌 들어 있네
　　　　　　　　　　　　　─「정작 정작에」 부분

벗어놓고 보니
모두 칼인 집, 도끼인 집, 망치인 집, 포클레인인 집

집 지을 때 쓰던 연장들이
뛰쳐나와 나를 두들겨대는 집

두 눈 뜨고 밖을 내다보던 창문에는
무너진 붉은 벽돌이 가득 비치고
찢어진 입안에서 콘크리트 덩어리가 꾸역꾸역
몰려나오고 있는 집
원한에 사무친 집
　　　　　　　　　─「바다가 왔다 갔다」 부분

에서 '집'의 모티프는 '안주인'이라는 관습적 어사에 대한 반발을 대신한다. '즐거운 나의 집' 따위의 남성 부르주아지의 환상과 허위를 위 구절은 통렬하게 부순다. 이것이 의도하는 바는 명백하다. '집'으로 표상되는 여성적 정체성의 상징체계는 지배적 담론에 의해 구성된 허구에 불과하며, 실상과는 판이하게 다른 거짓 체계에 의존한 이데올로기적 미망이자 헛것이라는 사실이다. '어머니의 품처럼 따뜻한 집' '살림 잘하는 여자야말로 최고의 신붓감' '가정이 평안해야 나랏일도 잘된다' 등등 '집'을 둘러싼 언어적 허구는 공간('집')의 상징성을 따뜻한 정감, 자연의 편안함, 고된 노동의 휴식, 아기자기한 살림살이, 모든 인간적인 것의 원천, 평화와 안정, 행복의 보고(寶庫) 등등 '여성적인 것'으로 정의되는 속성들이 내포된 신화적 환상으로 뒤바꿔 여성이 이행해야 할 젠더적 역힐엔 어떤 곤란도, 고생도 존재하지 않는다는 식의 허위를 만들어낸다. 따라서 여성적 정체성에 부과되는 사회적 억압의 기제는 자연스럽게 은폐된다. '집'이라는 말에서 "원한에 사무친 집" "시시로 치미는 악령의 눈동자가" 눈 뜨고 있는 집을 떠올리는 사람은 드물 것이니, 그만큼 '집'의 이미지는 젠더적 관점에서 볼 때 강고한 이데올로기에 뿌리를 두고 있는 셈이다. 이에 포위된 불만과 불편을 시인은 다음과 같이 빗대어 표현한다.

    내가 집에 있을 때
    사람들은 나더러 누구냐고 묻지도 않는다
    대번에 나인지 안다
    집에 있는 건 나니까
    그러므로 온갖 것들이 나에게로 들어온다

여보세요 슬픔 주문하셨지요? 아니면 불안은 어떤가요?
귀신 십이 인분의 냉기 주문하신 거, 맞죠?
초인종이 울리고 휴대폰이 울리고
바람도 강물도 아닌 것이 들어온다
—「그림자 청소부」부분

   한국 시의 '젊은—명랑—쾌활—마녀'의 가장 우월한 대표인 시인 김혜순이 우울질(質)에 가까워진 사정은 이외에도 더 있을 터이다. 하지만 우울은 정작 본인이 그 연유를 의식하지 못한다는 데서 시작된다. 우울의 연원을 밝히려는 일은 풀기 힘든 수수께끼를 마주하는 것과 비슷하다. 더구나 『슬픔치약 거울크림』의 중요한 미적 특징은 우울의 토로나 그것의 시적 재현에 있지 않다. 서시에 해당하는 「우가 울에게」에서 감지되듯, 시인은 우울이라는 말을 발음할 때조차 언어유희를 먼저 시도한다. 우(憂, 근심)—울(鬱, 막힘)을 나누어 그 각각의 단어를 행동의 주체로 둔갑시킨다. '나는 우울하다'라는 진술의 한 구성 요소가 아니라, 즉 '나'의 어떤 특정 성질을 가리키는 지시적 기호가 아니라, '우—울'이 그 자체로 살아 움직이는 자동사적 주체가 된다. '내'가 우울이라는 감정에 거하는 게 아니라, '나'를 자기 몸으로 삼아 우울이 '나'를 산(生)다. 근심(憂)과 막힘(鬱)이 '나'를 거처 삼아 울고, 웃고, 말하고, 행동한다. 세계를, 삶을, 일상을 주유한다.

우는 구름을 덮고, 울은 그림자를 덮었네
우는 바람에 시달리고, 울은 바다에 매달렸네

우는 살냄새다 하고, 울은 물냄새다 했네
우는 햇빛을 싫어하고, 울은 발이 찼네
우는 먹지 않고, 울은 마시지 않았네
밥을 먹는데도 내가 없고, 물을 마시는데도 내가 없었네
우는 산산이고, 울은 조각이고
우는 풍비이고, 울은 박산이고
내 살갗은 겨우 맞춰놓은 직소퍼즐처럼 금이 갔네
우는 옛날에 하고, 울은 간날에 울었네
우는 비누를 먹고, 울은 빨래가 되었네
나는 젖은 빨래 목도리를 토성처럼 둘렀네
우는 얼음의 혀를 가졌고, 울은 얼음의 눈알을 가졌네
나는 얼음을 져 나르느라 어깨가 아팠네

———「우가 울에게」부분

그런데 이러한 언어유희는 신기하게도 우울이라는 감정 묘사가 아님에도 불구하고, 우울의 정도와 '나'에 대한 지배력을 서술하는 절묘한 자기 고백이 된다. 이 같은 마법이 가능한 까닭은 시인이 우울이라는 말을 '사물'[9]로서 다루기 때문이다. 여기에는 세 가지 의미 층위가 숨어 있다. 첫째, 시인이 우울자로서 자기를 인식하고 있다는 것, 둘째, 그러한 자기 인식과 우울감 자체를 객체화하고 있다는 것, 셋째 만일 무언가를 상실해서 우울한 것이라면 상실된 대상을 향한

---

9) 우리는 여기서 사르트르가 말한 "시인은 언어를 사물로서 다룬다"는 정의를 떠올릴 수 있다.

어떤 감정적 정향(定向)이 있어야 하는데 그런 흔적이 전혀 없다는 것— 우울을 자기감정이 아니라 '사물'인 언어로 다룬다는 점이 이를 방증한다— 은 무엇을 상실해서 우울한 것이 아니라 스스로를 우울자로 의식하기 위해, 다시 말해 '우울한 주체'로서 자신을 타자화하기 위해 우울을 사물로서 적극 호명하고 있다는 것이다. 주목할 것은 세 번째 의미 층위이다. 우울은 상실에 따른 결과가 아니라 언어적 수행의 일환이다. 시인에게 언어적 수행이란 시의 육체적 실행을 의미한다. 시인은 시로써 언어를 사는〔生〕 존재이기에 그렇다. 이는 지금 시인 김혜순이 우울을 부러 적극적으로 수행하고 있음을 뜻한다. 우울의 수행을 언어적으로 방법화하고 있는 것이다. 이를 잘 보여주는 예가 상처(/슬픔)의 주체화이다. 물론 상처— 상실에 따른 심리적 내상을 우리는 '상처'라 일컫는다— 의 내용은 이야기되지 않는다. 다만 상처가 어떻게 먹고, 마시고, 입고, 걷는지, 상처가 어떻게 그 자체로 살아 있는 몸인지가 전경화된다. 상처는 살아가는 신체고, 살아 숨 쉬는 주체다. '내'가 아니라 상처(/슬픔)가 생을 산다. 아니, 상처라는 신체가 '나'를 산다.

상처의 신발은 가끔 발작하지만 대개는 참는다
물집이 터지고 썩은 냄새가 진동한다
진분홍 입술을 앙다물고 내 더러운 두 발을 이빨에 문다
신발이 아픈지 안 아픈지 내 두 발은 모른다

상처의 신발은 방향 감각이 없다
늘 거기가 여기고 여기가 거기다

상처의 신발은 내가 발을 내딛는 곳마다 여기라고 주장한다
상처의 신발이 디딘 곳, 그곳이 내 잠깐의 영토다
신발이 커지면 발도 커진다
나는 뜨거운 쌀자루만큼 커진 신발을 신고
배 갈라진 채 달아나는 흰 돼지처럼 뛰어오른다
                              ——「상처의 신발」부분

슬픔을 참으면 몸에서 소금이 난다
〔……〕

소금, 내 고꾸라진 그림자를 가루 내어 가로등 아래 뿌렸다
소금, 내 몸속에서 유선하는 바다의 건축

소금, 우리는 부둥켜안고 서로의
몸속에서 바다를 채집하려 했다

오늘은 일어나자마자 염전이 문을 열었다
나는 아침부터 바다의 건축이 올라오는 소리 듣는다

나는 몸속에 입었다
소금 원피스 한 벌
                    ——「내 안의 소금 원피스」부분

어쩌다 상처를 입었는지, 왜 슬픈 건지 시인은 말하지 않는다. 오

직 상처와 슬픔이 '있음being'을 말한다. 그냥 있는 게 아니라 '나'를 자신들의 신체로 전유하면서 있다고 말한다. 그런데 오해는 말자. 이 시들은 '내'가 느끼는 감정을 객관화하기 위해 그것을 재현 가능한 대상으로 타자화하고 있지 않다. '나'의 어떤 결핍을 초점화하는 수사적 장식이 아니라는 뜻이다. 비유컨대, 내 안에서 발아된 씨앗이 내 몸을 뚫고 자라 뿌리를 내리고 가지를 뻗고 잎을 틔워 인간―몸―형상을 새로운 식물―나무―형상으로 바꿔버리듯, 상처와 슬픔이 '나'의 주체가 되었음을 말함으로써 시인은 자신의 존재 형식이 상처로서 사는 삶, 슬픔을 숨 쉬는 육체로 변하였음을 이야기하려 한다. 그러므로 여기엔 자아와 타자의 구분이 없다. 또한 감정, 그에 대한 의식, 의식하는 몸의 구별도 없다. 상처가 발을 딛는 곳이 "내 잠깐의 영토"이고, "상처의 신발"이 커지면 '내 발'도 커진다. 슬픔은 내 몸의 '소금'이고, 슬픔인 '소금'은 나를 '염전'으로, '바다'로 만든다. 이는 상처 입어 마음이 아프고, 슬픔이 커서 괴롭다는 감정의 토로와 무관하다. 상처의 내용이나 슬픔의 이유를 밝히려는 표현욕과도 거리가 멀다. 다만 상처라는 사건, 슬픔이라는 사태가 발생하였고, 이를 몸으로 덧입는 육체적 실행이 진행 중에 있을 뿐이다.

이러한 시적 정황이 의도하는 효과는 무엇일까? 분명한 것은 무언가를 상실해서 슬프거나 우울한 것이 아니라 슬픔과 상처의 '몸―되기'로 인해 역으로 상실된 것이 있음을 인지케 된다는 점이다. 상처―슬픔―우울이 이렇게 실재하니 '무엇을 잃은 것'이 명백하지 않은가? 잃어버린 '무엇'에 대한 반추는 이후에 이루어진다. 그러므로 우울의 수행은 잃어버린 것이 있음을 환기하는 방식이다. 그렇다면 잃은 것은 무엇일까? 시인은 '그것'을 결코 말하지 않는다. 아마 내내 말하지 않을 것이다. '그것'은 말로 표현되거나 가시화되거나 개념화될 수 없기 때문이다. '그것'은 잃어버렸는지조차 몰랐던 것이기에 정확히 의식될 수 없다. 하지만 말하지 않음으로써 시인은 '그것'의 있음을 우리에게 말한다. 형상화할 수도, 이름 붙일 수도 없는 '그것'의 상실을 상처-슬픔-우울의 육체화를 통해 상기시킴으로써 '그것'을 부재의 영역에서 존재의 영역으로 옮긴다. '그것'의 의미는 텅 빈 기표처럼 '그것'을 감지한 이들에 의해서만 채워질 수 있다. '그것'은 신(神)일 수도 있고, 물자체, 남근, 유토피아, 실재, 사랑, 세계, 총체성일 수도 있다. '그것'이 무엇이든, 잃어버린 것이 있음을 깨닫는 자들——그들은 필경 '우울한' 토성의 후예들일 터이다——만이 '그것'이 무엇인지에 대해 생각할 것이다.

시인 김혜순이 행하는바, 우울의 육체적 이행은 상실된 '그것'을 부재에서 존재로 탈바꿈시키는 고도의 무의식적 전략에 가깝다.[10] "나는 시방 상실의 방에 투숙 중/그러니 복무해라 기억해라 나와라/그런 말 좀 하지 마라/내게서 상실 좀 뺏어 가지 마라"(「창문 열린 그 시집」)는 경고성 부탁은 짐짓 그런 체하는 거짓 제스처가 아니다. 그녀에게 상실의 소유와 적극적 실천은 현대인을 우울의 도가니로 이끄는 이 세계의 심각한 실상을 다시금 감각하고 인지하고 파악하기 위해 가장 우선시되는 심리적·정서적 실험이다. 그리고 상실을 적극 욕망하는 만큼 그것은 수동성의 형식을 띠지 않는다. 오히려 자기 동일성의 단일한 구조를 내파하려는 능동적 정신의 움직임이다. 우울한 '주

---

10) 김홍중의 표현을 빌리면 이를 '멜랑콜리적 전략'이라 부를 수 있다. 김홍중, 앞의 글, pp. 235~37 참조.

체-되기'는 잃어버린 타자와 상실된 '그것'을 자아와의 합치를 통해 자아 내부에 존재케 함으로써 기존의 자아를 변형할뿐더러 자기 안에 마치 유령을 들이듯 부재하는 타자를 현존하는 것으로 되살리는 무의식적 운동이다. 그렇기에 '자아가 곧 상실된 타자'라는 역설을 실천하는 방법이기도 하다. 그녀의 우울은 자기 동일성에 붙박이지 않고 내적으로 끊임없이 '미끄러지는' 주체를 탄생시키는 즐거운 책략이자 자기 내부의 변이와 분열과 결여를 허용함으로써 타자를 보존하고 '그것'의 완전한 상실을 방지하는 사랑의 유지책이라 할 수 있다.

언제나 그렇듯 그녀의 시적 실험은 상실을 욕망하고 행할 때에도 이상하리만치 활력에 넘치고, 기묘할 정도로 신나는 놀이로 탈바꿈한다. 그녀는 자유분방하게 울적하고, 자유분방하게 슬프다. 그녀의 우울은 검은 담즙의 우울이 아니라 싱싱한 우유 빛깔의 우울이다. 그러니 감히, 희우(喜憂)의 경지라 부를 만하다.『슬픔치약 거울크림』을 잠깐 들여다봐도 알 수 있다. 우울이 어두운 두건을 벗고 햇빛 아래 거닐고 있다는 것을. 보이지 않는 줄을 그려 자기 목을 힘껏 죄는 순간에도 "발아래서 싹이 트는 듯/몸에서 박하 향이 올라온다//벽에 걸린 새장 속에 얼굴이 갇힌 사람처럼//높이 날아올라 동굴 속에 갇힌 제 두 발을 찾고 있는 새처럼//나는 갑자기 핏대를 세우고 하늘을 나는 북이 된 기분이다"(「달 구슬 목걸이」)라고 노래하는 그녀는 여전히 즐거운 마녀다. 자, 우리는 이 명랑한 슬픔과 잘 놀고 있는 우울의 마당에 초대된 것을 기뻐할 일이다. 그녀를 따라 '거울크림'을 보며 '슬픔치약'을 꾹 짜서 한입 크게 베어 먹어보자!

그녀, 그림자 되다
──신영배의 시

　조르조 데 키리코의 「거리의 신비와 우울」에서 굴렁쇠를 굴리며 텅 빈 거리를 달리는 소녀의 그림자는 침묵 속에 감추어진 도시의 공허함과 초자연적 정경의 심오함을 한데 결합한 명료한 기술적 단순성으로 인해 현대의 견고한 우울과 무의식의 심연을 동시에 환기한다. 불안하게 흔들리는 소녀를 자기 쪽으로 빨아들이는 듯한 아케이드의 검은 그림자는 입을 벌리고 먹이를 기다리는 죽음의 사신(死神)처럼 보이고, 지표면을 가득 채운 그림자의 넓이만큼 소녀의 종말은 근접 거리에서 벌어질 사건으로 계시된다. 이 괴이쩍은 기운을 북돋우는 주요 모티프는 실체 없이 흐릿한 소녀이다. 소녀의 달리기가 위태로워 보이는 것은 그림자의 윤곽이 그녀의 위치가 거기가 아님을 지시하지만, 한편으로 정작 거기 있지 않은 그녀에게까지 죽음이 덮칠 것임을 가리키는 까닭에, 역설적으로 소녀의 형상적 대리proxy인 그림자가 죽음의 위력을 강조하는 효과를 낳기 때문이다. 그러나 키리코의 그림자가 내면에 자리한 모종의 두려움을 일깨우는 진짜 이유는, 그것이 존재 스스로의 어둠——그림자는 몸이 만드는 어둠이다——을 지시할뿐더러 기원이 되는 대상과 무관하게 존재한다는 것, 그래서 구체적인 시공간의 맥락에서 이탈된 유령적 존재라는 점 때문이다. 이는 모호하게 왜곡되고 변형된 그림자의 그림자, 즉 그림자-이미지이다. 있으면서 없는 대상만큼 낯설고 기이한 것은 없다. 그런데 이 초현실적인 환영적 이미지를 실재로 만든 이가 있다. 아니, 엄밀히 말해 자기 육체를 그림자로 삼아 그것을 실재하게끔 한다. 아니, 아니 더 정확히 말하자. 그녀는 그림자를 수행한다! 그러니까 그녀는 그림자의 육체적 수행이다. 그녀라면, 그림자-소녀의 상태로 화폭에서 튀어나와 굴렁쇠를 굴리며 달릴 것이다. 기원적 대상에 묶여 있어야 할 그림자가 자율적 실체로 현존하는 놀라운 변전, 그녀는…… 신영배다.

처음에 그녀는 물이었다. 물이었을 때, 그녀는 이러했다. "당신의 사타구니에서 물이 줄줄 흐릅니다. 내 몸에서도 물이 줄줄 흐릅니다. 물과 함께 살이 줄줄 흘러내려 당신과 나는 살의 가죽을 모두 벗었습니다."(「죽은 남자 혹은 연애 1」, 『기억이동장치』, 열림원, 2006) 나와 당신이 물이 되어 하나로 녹아내리는 이 사건의 명칭은 연애다. 죽은 남자를 껴안고 주검의 액으로 화하는 일이 사랑임을 말하는 기괴한 형상은 낭만적 로맨스의 허구를 파괴하는 강렬한 부정성과 함께 사랑의 도취와 매혹이 형용할 수 없는 고통임을 일깨운다. 뼈가 녹고, 근육이 풀어지고, 살갖마저 흘러내리는 참혹은 자기 육체를 '물[水]-화(化)'하는 극한의 아픔이다. 고통 속의 쾌락jouissance이야말로 물이 되길 주저하지 않는 몸의 진정한 사건인 것이다. 흐르는 '물-몸'으로서의 이러한 향유는 '당신'과의 조우를 토대로 한다는 점에서 타자와의 만남을 목적으로 한다. 하지만 어떤 식의 동일화도 물의 육체는 거부한다. 물이 되길 마다 않는 그녀의 향유는 타자를 자기 몸속에 '외부'로 들이는 방법적 실행이다. 타자는 내 몸 밖에서 안으로 흘러드는 '다른 몸'이며, 나를 안고 도는 '다른 몸'의 유전(流轉)은 나 또한 흐르게 한다. 여기서 나와 타자의 경계는 사라지고 이전에 없던 이질적 몸이 출현한다. 물은 이 모든 과정의 매개적 조건이자 직접적 이행이며, 이로부터 비롯될 모든 가능한 잠재태의 수평적 이름이다.

그러나 물의 몸은 평안한 안식과는 거리가 멀다. 물이었을 때, 그녀는 늘 아팠다. "내 등 속에서 그녀가 내미는 머리 때문에" "그가 내미는 무릎 때문에" "당신이/내미는 치아 때문에"(「언덕에 매장된 검은 나체들」, 『기억이동장치』) 그녀의 몸은 찢기고 피를 흘렸다. 타자노, 나노 '다른 봄'이 되어 흐르려면 먼저 그녀가 쪼개지고 갈라져야 했다. 타자를 의식의 동일화 대상이 아니라 육체적 질환으로 삼는 환상적 탈태가 새로운 타자성의 윤리를 실현하지만, 몸의 즉자적 통증이 초래하는 고통은 그녀가 누릴 자유의 가능성을 제한하고 스스로를 육체 내부에 복속시키며 한계짓는다. 물은 아무 데나 흐를 수 있지만, 다만 아프게 흘러갈 뿐인 것이다. 무엇보다 흐르기 위해선 내 몸을 뚫고 나오는 괴로움을 타자 또한 겪어야 한다. 이때 그들은 향유의 주체인가, 객체인가? 나를 만나기 위해 타자가 겪는 고통이란 그들이 선택한 몫이 아니다. 타자와의 만남이 자의적인 고통의 나눔일 수 없으니, 그녀의 흐르는 '물-되기'는 영원히 지속될 수 없는 제한적 환상 통로였다. 물이었던 시절, 그녀는 이것을 감지하고 있었고, 그래서 "몸이 일부분 비밀로 사라지는 놀이"(「콘택트렌즈」, 『기억이동장치』)가 시작되었다. 놀이는 이제 '그림자—되기'로 완성에 이른다.

그림자는 실체 자체는 아니지만, 실체가 있음을 밝히는 신호index이다. 신호의 등장은 어딘가에 있는 '무엇'의 존재를, 신호의 움직임은 그 '무엇'의 순간적인 변화를 가리킨다. 아니, 반드시 그렇지만도 않다. 빛의 굴절에 따라 그림자는 '무엇'의 실재성과 무관하게 저 혼자 일렁이기도 하고, '이것'(두 손의 겹침)을 '저것'(날개를 펼친 새)으로 보이게 만드는 탓에 착각을 유발하는 미미한 신호이다. 말하자면 그림자는 '무엇'의 불완전한 암시이며, '무엇'이 아니라는 점에서 실재의 대체이자 '그것-없음/아님'의 증명이다. 그림자는 존재 보증의 불투명한 사인이면서 부재의 신호인 것이다. 이 불명료성의 극적 활용은 그림자를 애초의 연원에서 떼어낼 때, 즉 그림자의 인과성을 무시할 때 극대화된다. 예컨대 소녀(원인) 없이 소녀의 희미한 음영(결과)만 홀로 움직이는 방식이다. 이것은 '부재하는 몸/현전하는 몸의 투사물'이라는 회화적 이미지 본래의 이원 구조를 한층 더 강화한다.

그런데 신영배의 '그림자-되기'는 여기서 한 걸음 더 나아간다. 몸의 투사체라는 근본적 발원조차 거부하는 것이다. 그녀의 그림자는 원인 부재의 자율체로 탈바꿈하여 정체불명의 새로운 물질, 이름 붙일 수 없는 몸체가 된다. 이는 사실의 범주를 멀리 이반하는, 획기적이고 전복적인 몸이다. 가령,

> 내 목이 바닥으로 길게 늘어진 오후
> 서랍에서 꼬리가 빠져나오고
> 바닥에서 혀가 쑥쑥 자라나요
>
> ──「세상에서 가장 긴 나무의 오후」 부분

아래가 붉게 젖을 때 힘없이 돌아오는 발소리
나는 한 개의 다리를 거둬들이고
아직 한 개의 다리를 기다려요
　　　　　　　──「기하학적 다리에 대한 독백」 부분

나는 팔을 떼었다 붙였다
나무의 가지 사이
엄마는 눈을 떼었다 붙였다

나는 다리를 떼었다 붙였다
흐르는 강물 위
엄마는 귀를 떼었다 붙였다

나는 목을 떼었다 붙였다
해바라기 담장으로
엄마는 입술을 떼었다 붙였다
　　　　　　　──「태양 아래에서」 부분

의 경우, '나'의 몸은 사물의 유기성과 연속성을 가볍게 배반한다. 늘어나고, 잘리고, 떼어지고, 붙고, 거둬지는 자유로운 절합articulation은 유기적 생명체인 자연적·생물학적 몸의 영역이 아니다. 그렇다면 이는 순간적 착란에 따른 환각일까? 신영배의 몸은 파편들의 모자이크나 신체의 인공적 결합이 아니다. 유기성, 연쇄, 지속성의 '바깥'에서 그녀의 몸은 살아 있다. 더 정확히 표현하면, 부분으로서 '도', 단편으로서 '도' 살아 있다. 부분과 단편은 그녀의 몸에서 전체의 부속이 아니라 그것의 부정으로서 존재한다. 그녀의 몸은 한순간도 전체로서는 법이 없다. 찰나적 부딪침으로 출렁이는 가변적 부분들이 일순간 하나로 만날 때에만 잠시 전체의 가능성을 얻는다. 신영배 몸의 부분들은 분리와 절단의 불연속 가운데서 충분한 삶을 산다. 그녀는 그림자이고, 분절과 접합은 그림자의 고유한 생래이기 때문이다. 두 다리가 따로 있는 몸, 팔과 다리와 목이 떨어지고 붙는 몸, 꼬리와 혀가 서랍과 바닥에서 튀어나오는 몸, 하지만 죽지 않고 살아 있는 생생한 몸, 그녀는 이렇게 그림자-몸으로 실존한다.

그림자-몸의 기이하고 독특한 변이는 신영배 시에 두 가지 층위의 자유를 낳는다. 형태 변화의 자유와 지각 방식의 자유가 그것이다. 전자는 그림자의 본원적 속성으로부터 기인하며, 후자는 전자의 자유가 낳은 필연적 결과로 획득된다. 우선, 그림자만큼 자주 변하는 것은 없다. 그것은 크기, 부피, 길이, 넓이, 윤곽, 농도 등 형태를 가늠하는 규칙, 기준, 한정, 틀에서 벗어난다. 그것은 기고, 흐르고, 떠다니고, 흔들리고, 들러붙고, 수시로 옮겨 다닌다. 그림자는 영원한 변화의 다른 이름이다. 고정된 형식화를 거부하는 이러한 몰형식의 자유는 사물의 형상과 눈앞의 풍경을 뒤바꾼다. 현실 아닌 현실 혹은 현실의 옮김 또는 전치(轉置)의 형태로. 이는 현실의 초월과 다른 이(異/移)-현실의 생성, 즉 현실 내부에서의 급진적 자리바꿈이다.

강이 동쪽에서 서쪽으로 흐른다

꽃이 눈알을 강물에 떨어뜨린다
새가 부리를 강물에 떨어뜨린다
연인이 하체를 강물에 떨어뜨린다

뱀의 꼬리가 서쪽으로 늘어난다

얼굴은 지표면 가까이에 떠다닌다
           ——「얼굴은 안개로 돌아간다」 부분

빌딩 속에서 나무가 일어선다
길게 그림자가 뻗는다
유리창을 통과하고 도시를 덮는다
그림자 속에서 새가 날고
그림자 속에서 강이 흐르고
그림자 속에서 바람이 불고
나무 그림자는 동시에 새 그림자
새 그림자는 동시에 강 그림자
강 그림자는 동시에 바람

오후의 머리카락이 지평선까지 풀리다
지평선 위에 흐르는 새
지평선 위에 나는 강

지평선 위에 바람
　　　　　—「세상에서 가장 긴 나무의 오후」 부분

　그림자-몸으로 감득한 세계의 형상은 주지와 상식, 전형이나 관습과 무관한, 방금 새로 태어난 아름다움이다. 여기에는 이것과 저것의 경계가 없고, 분별도 없다. 물론 동화나 합일도 없다. 모든 것이 앞뒤나 위아래 구분 없이 서로의 일부로 붙었다 떨어지고, 각자에게 속했다 분리되고, 물리적 시공간을 잊은 채 떠돈다. 그런 까닭에 빌딩 속에서 나무가 일어서고, 지평선 위로 새가 흐르고, 강이 날고, 머리카락이 닿는다. 때로 얼굴이 지표면 가까이 떠다니고, 연인의 하체는 강물에 빠지고, 뱀의 꼬리는 하염없이 길어진다. "나무 그림자는 동시에 새 그림자/새 그림자는 동시에 강 그림자/강 그림자는 동시에 바람"인 상태로, 무수한 다중의 겹친 그림자 속에서 세계는 자유롭게 날고, 흐르고, 분다. 오직 부드러운 유동만이 이러한 변형의 속성일 뿐, 폭력의 흔적은 어디에도 없다. 인위와 조작과 기술의 자취가 없으므로 소란과 동요 없이 깊은 고요가 감돈다. 무구한 정적 속에 아무 일 아니라는 듯 나타나는 부드러운 흐름과 무심한 움직임은 침묵의 선율을 타고 전해지는 심오한 음악에 가깝다. 기괴한 접착조차 필연적인 자연처럼, 당연한 정경처럼 느껴진다.
　그러나 이 고요는 드물게 파괴적이고, 이 파괴는 놀랄 만큼 전면적이다. 세계의 익숙한 정형성을 산산이 깨뜨리기 때문이다. 파괴의 옹호는 그림자-몸의 궁극적 지향이 아니지만, 정형의 날카로운 해체와 더불어 인식과 감각의 친숙한 체계가 무너지면서 '다른 몸'의 소유가 새로운 감각적 현실성을 얻는 장면은 아름다움의 산술적 유형화를 거역한 빼어나게 '아름다운 방' 하나로 수렴된다.

오후 두 시 방향으로
나는 상자의 그림자를 가지고 있다
얇게 접어둔 다리

의자는 새의 그림자를 가지고 있다
앉아 있던 잠이 툭 떨어져 내린다
의자가 쓰러지고
새가 아름답게 나는 방

오후 네 시 방향으로
나는 물병의 그림자를 가지고 있다
흠뻑 젖은 주둥이로 다리를 조금 흘린다
관 뚜껑을 적시는 문장

화분은 고양이의 그림자를 가지고 있다
깨진 고양이가 내 손등을 할퀸다
씨앗이 퍼진다
갈라진 손등에 고양이를 묻고
해 질 녘 손의 음송

오후 여섯 시 방향으로
나는 기다란 악기의 그림자를 가지고 있다

붉은 손가락으로 관 속의 다리를 연주한다

커튼은 물고기의 그림자를 가지고 있다
젖히자 출렁이는 강물 속
내 다리가 아름답게 흐르는 방
　　　　　　　　　　—「나의 아름다운 방」 부분

'나'는, '나'의 몸은 어떤 변용이든 허용된 그림자이고, 천변만화하는 그림자-방 전체이다. '나'는 세상의 모든 그림자를 가진다. 상자의 그림자, 물병의 그림자, 기다란 악기의 그림자가 모두 '나'의 것이다. 그리고 그림자는 그림자를 낳는다. 상자는 의자를, 의자는 새를, 물병은 화분을, 화분은 고양이를, 악기는 커튼을, 커튼은 물고기를, 물고기는 내 다리를…… 그림자는 그림자로 이어지고, 각각의 그림자는 맞물린 연쇄 속에서 이중, 삼중, 겹겹으로 제각각 흐른다. 이 리드미컬한 흐름은 그 자체로 하나의 완벽한 음악이다. 현실에선 불가능한 불협화의 협화 혹은 협화음의 불화라는 역설이 그녀의 방 전체를 이룬다. 시각적 음악의 형상이야말로 이 방의 진정한 모습이다. 이 방이, 그리고 이 방의 주인인 '내'가 아름다운 이유는 그녀가 상자, 물병, 악기를 가졌기 때문이 아니라 그것의 그림자를 가졌기 때문이다. 무궁한 형태 변화를 허락받은 그림자-몸은 사실과 환상의 경계를 허물고, 객관적 실재의 지루한 고정성을 유연한 변동의 장으로 탈바꿈시켜 중력의 법칙이 작용하는 시공간을 아득한 진공의 무한한 떠다님으로 만든다. 이것은 꿈일까? 아니, 그림자-그녀에게 이것은 현실이다. 아마도 매우 진정한 현실. 때문에 이러한 현실을 지각하는 그녀의 방식은 형태 변화의 자유만큼이나 자유롭다.

> 하루 종일 내 긴 머리카락으로
> 당신들의 책상을 훔쳤어요
> 당신들은 꼬리를 서랍 속에 넣고 닫고
> 하루 종일 내 긴 머리카락으로
> 당신들의 구두를 치웠어요
> 당신들은 혀를 여기저기 흘리고 밟고
> ─「세상에서 가장 긴 나무의 오후」 부분

> 비가 내린다 ㅣ가 내린다 ㅣ가 내린다ㅣ가 내린다ㅣ가 내린다ㅣ가
> 내린다ㅣ가 내린다ㅣ가 내린다ㅣ가 내린다ㅣ가 내린다ㅣ가 내린다ㅣ
> 가 내린다ㅣ가 내린다 ㅂ도시가 젖는다
>
> 점이 세 개씩 하늘에서 떨어진다
>
> 어제 지나갔던 길의 점들을 사람들이 뜯어내고 있다
> 그녀의 노란 발은 열세번째 계절에 닿던 집을 잃는다
>
> 〔……〕
>
> 그녀는 점 속으로 숨는다
> 그리고 점으로 나타난다
> ─「그녀의 점자」 부분

촉각은 그림자-몸의 가장 중심된 지각 체계이다. 그도 그럴 것이, 그림자는 몸으로 사물을 훑고 느끼고 지각하고 판별한다. 쉼 없이 미끄러지는 피부는 세계와의 접촉면으로 몸 전체를 이룬다. 감각 능력 면에서 그림자-피부-몸은 감득하지 못할 것이 없기에 전능하고, 감각 혼용은 거침없이 원활하므로 탁월하다. 가령 몸을 잠시만 움직여도 책상을 훔치는 느낌과 구두를 더듬는 감촉이 전달된다. 이때의 인상은 손으로 만지는 것과는 판이하게 다르다. 그림자-몸이 대상을 감수할 때의 촉감이란 흡사 장님이 점자를 만지듯 사물 하나하나가 피부에 닿는 점이 되어 불쑥 일어선 문자로, 문자가 양각되어 기립한 세계로 체감되는 상태이다. 한마디로 그림자-그녀는 세계를 점자로 만지고 그린다. 짙고 풍성한 머리카락이 되어 책상과 구두를 닦거나 떨어지는 빗물을 점자의 표면으로 어루만지며 몸 전체에 덧씌우는 촉감의 힘은 감각 작동의 계기를 환상이 융기하는 순간으로 만든다. 이 과정에서 그녀도, 그녀의 몸도 점이 된다. 세계가 점자로 느껴진다는 것은 자신도 세계의 점자임을 깨닫는 일이기 때문이다. 이렇게 오돌토돌한 점자가 된 촉각적 몸은 읽히는 문자이므로, 문자의 해독이 머릿속에 잠정적 이미지(像)를 떠오르게 하듯 대상에 닿을 때마다 그에 따른 시각적 영상을 산출한다. 그림자-몸은, 그래서 보이고 보는 피부이다. 신영배의 모든 점은 — 저녁의 점이든, 소녀의 점이든, 8월의 점이든 — 그림자-피부-눈-몸이 상호 순환하는 변용의 시각적·촉각적 집약체이다. 바로 이렇게.

창가에 서서 하늘을 올려다본다
내 눈썹을 밟고 검은 발목들이 지나간다

하늘의 북쪽으로

집을 나오며 하늘을 올려다본다
저녁의 구름들이 내 눈썹 위로 날아든다

하늘의 서쪽에서

[……]

서쪽에서 북쪽으로

새가 날아가며 죽는다
내 얼굴이 새를 따라가며 멀어진다

죽은 말들과 공중을 걸어가며
얼굴 없는 나는
하늘가 멀리 점 하나를 본다
　　　　　　　　　　　　　—「새의 점」부분

  저녁에 내리는 비와 날아가는 새의 자취를 촉각(눈썹)으로 느끼면서 멀어지는 새와 함께 얼굴이 따라가버린 '나'는 "얼굴 없"이 새의 점을 "본다". 얼굴이 없는데 어떻게 볼까? 그림자―몸인 '나'는 얼굴 없이도 존재할 수 있고, 그 몸은 피부가 곧 눈의 역할을 한다. 즉 새 그림자에 '내' 그림자가 닿음으로써 '나'는 새를 본다. 또한 그림자—몸은 언제든 점이 될 수 있어 '나'는 새처럼 날아갈지 모른다. 아니, 이미 날고 있다. "공중을 걸어가"고 있으니 말이다. 새를 보는 관찰자의 시야가 촉각적 닿음을 통해 땅에서 하늘로, "서쪽에서 북쪽으로" 한정 없는 이동의 공간감으로 바뀌는 사건이야말로 이 같은 감각 혼융에 내재된 드라마의 본질이다. 비에서 눈썹, 눈썹에서 얼굴, 얼굴에서 새로, 촉각과 시각이 혼융되면서 몸이 변형되는 이러한 극적 사건은 촉각적 접촉이 인접성의 원리로 작동하는 육체적 변용의 자유를 집약적으로 보여준다. 피부면의 부분적 상접(相接)이 몸에 닿은 대상에 인접하여 몸의 변용을 가져온다는 것은 신영배의 시에 자주 나타나는 특징이다. 예컨대,

> 그는 수족관 속으로 몸을 구부렸다
> 상반신에 비늘이 돋았다
> 그는 달을 보기 위해 다시 중절모를 썼다
> 지느러미 위에 달이 떴다
>
> ——「마그리트의 티브이」 부분

에서 수족관으로 몸을 구부리자 상반신에 비늘이 돋고, 달을 보기 위해 중절모를 쓰자 지느러미에 달이 뜨는 '그'의 변화는 피부에 인접한 사물에 따라 몸이 총체적으로 변하는 과정을 보여준다. 이 같은 신체 변화의 양상은 신영배의 시에서 환유적 단편의 연속체로 몸이 재구성되어 외부의 특정한 사건이 환기되는 독특한 스타일을 낳는다. "도로변의 사과 상자 위, 여자가 우뚝 앉아 있다 여자의 발목이 둥글게 부

푼다 과일 냄새를 풍기며 여자의 무릎이 둥글게 부푼다 여자의 몸은 한 바구니, 부풀어 오르는 점 오늘 못 판 과일은 오늘의 몸으로 들어가 썩는다"(「그림자 가게 1」)에서는 팔리지 않는 과일에 근심만 쌓여가는 노점상 여주인의 불우함이 암시되고, "그녀는 오늘 아랫배에서 길이 풀려 나왔다/사람들의 다리 사이에서 그녀는 기었다//그녀는 오늘 손바닥에서 길이 풀려 나왔다/머리 위로 사람들이 떨어뜨리는 동전을 받아먹었다//그녀는 오늘 다리에서 길이 풀려 나왔다/진한 냄새를 풍기며 사람들 속으로 다리를 끌었다"(「치마 속으로 다리를 집어넣다」)에서는 타이어에 다리를 끼우고 바닥을 기며 동냥하는 장애인 여성의 비참함이 형상화된다. 그녀들의 몸은 피부가 닿는 부위를 중심으로 환유적으로 재편되어 있다. 이러한 몸의 표상이 발휘하는 효과는 시각적으로 간접화되는 사건을 피부에 닿는 직접적 자극으로 뒤바꾼다는 것이며, 대상의 참담함은 이 과정에서 생생하게 살아난다. 하지만 육체의 환유적 부분 표상과 대체가 수려한 묘사에 달한 경우는 다음과 같은 광경에서다.

> 발이 마르는 동안
> 당신의 뒤통수는 책
> 발이 마르는 동안
> 우리가 나누는 말은 바람
> 발이 마르는 동안
> 우리는 두 그루
> 발이 마르는 동안
> 어둠이 톡!

발이 마르는 동안

당신의 등은 무지개

발이 마르는 동안

우리가 나누는 말은 햇빛

발이 마르는 동안

우리는 두 마리

발이 마르는 동안

우리는 안녕

—「누워 있는 네 개의 발」 전문

사랑을 나누는 연인의 모습을 이보다 투명하게 그릴 순 없다. 여기에는 몸과 마음을 온전히 대신한 네 개의 발만 있다. 하지만 네 개의 발로도 충분하다. 이것들에 얽힌 시간들로 가슴 벅찬 사랑은 제 주위를 가득 채우고, 이것들에 스민 시간을 따라 어느덧 이별 또한 찾아온다. '발'은 "우리"의 사랑이 자리바꿈된 몸이며, 이 부분적 몸에 밴 시간의 흐름은 사랑의 시작과 끝을 현재적 사건으로 되산다. 무엇보다 '우리'의 네 개의 발은 침묵으로 감싸인 몸의 언어이기에 아름답다. "혀가 없는"(「거울의 저녁」) 발의 시간, 음성 없는 몸의 정적, 신영배의 그림자-몸이 희구하는 궁극의 상태는 이것이다.

그녀가 "쏯의 아내"가 되어 목 위에 얼굴이 아닌 "안개를 얹고 연인을 찾아간"(「얼굴은 안개로 돌아간다」) 이유는 "깊은 곳에서 말을 버렸"(「정오에는 말을 버린다」)기 때문이다. "말은 부어올랐"고, "충혈되었"고, "고름이 괴었"고, 이제 "늙어"(「얼굴은 안개로 돌아간다」)

버렸다. 이런 말은 나를 오염시키고, 우리를 경악하게 하고, 세계를 은폐한다. 그림자―되기를 줄기차게 시도하는 그녀의 상상적 작업에는 말의 포박에서 자유로워지길 원하는 간곡한 희구가 담겨 있다. 말 없는 언어에의 도달 혹은 불가능한 침묵의 혀―되기는 그녀의 그림자―몸이 추구하는 역설이다. 그녀에겐 그림자의 고요한 움직임이야말로 기존의 언어를 벗어나 오직 몸으로써 실행하는 묵언의 언어인 셈이다.

　이러한 그림자―몸―언어를 자기 육체로 삼을 때, 비로소 "눈은/꽃이 있는 곳에서 꽃이 없는 곳으로" "입은/혀가 있는 곳에서 혀가 없는 곳으로" "코는/향기가 있는 곳에서 향기가 없는 곳으로" "귀는/바람이 있는 곳에서 바람이 없는 곳으로"(「얼굴은 안개로 돌아간다」) 갈 수 있다. 그렇게 "없는 곳"으로 갈 때, 눈과 입과 코와 귀는 제 감각의 가능성과 진릿값을 다시 얻을 수 있다고, 그녀는 믿는다. 꽃과 혀와 향기와 바람이 "없는 곳"에서 기성에 물든 감각이 구태를 벗고 자기 쇄신을 이루어 꽃을 꽃으로, 향기를 향기로, 바람을 바람으로, 아니, 아니, 꽃은 꽃이 아닐 수 있음을, 향기는 향기가 아닐 수 있음을, 바람은 바람이 아닐 수 있음을, 그것들이 전부 '다른' 것일 수 있고 '다른' 것이 될 수도 있음을 감지할 수 있다. 그녀의 시가 종종 행간이 넓고, 여백이 깊고, 침묵이 오래가는 이유는 시간의 그윽한 정지 속에서 감각의 촉수를 최대한 섬세하고 예민하게 다듬어 그림자―몸의 언어를 옮기기 위해서다. 그래서 그녀는 "창가에 햇살이 머물 때/햇살이 아직 파도일 때/푸른 천장을 밀고 온 돛단배에/우리들의 그림자를 태우자//그리고/[……]/배를 떠나보내며//빛의 자음과 모음으로 그림자를 쓰자"(「2층 햇살돛단배」)라고 읊조린다.

그녀의 시는 그림자의 온갖 모험의 기록이자 자기 감각과 형태의 한계를 넘어가는 예술적 자유의 도정이다. 예술적 자유란 언제나 그렇듯, 전통과 권위, 객관적 가치와 규범에 대한 전면적 부인이고, 비록 이해받지 못하는 고독의 수인(囚人)이 된다 할지라도 개성의 미적 산출은 단지 자기 기준을 따를 뿐이며, 대체될 수 없는 유일무이함을 생명으로 한다는 원리의 실현이다. 넘치는 자유의 길을 따라 신영배의 언어가 부조하는 미묘(美妙)하고 신비한 그림자의 판각들은 기존의 감각 형상과 감정의 틀을 최대한 흩뜨리고 예상치 못한 방식으로 재배치함으로써 예술이, 시가 누릴 수 있는 자유의 한 정점에 선다. 가장 적요하고 잠잠하지만, 결코 기성의 것과 타협하지 않는 강하고도 섬세한 의지의 표명으로. 이것은 정지의 순간에 집중함으로써 영원에 이르려는 형이상학적인 초월 욕구와 엄연히 구분된다. 그녀의 그림자-몸은 기성의 감각으로 감지하지 못한 세계의 이면이나 뒷면, 혹은 사물과 사물이 맞닿으면서 일으키는 파장의 보이지 않는 면을, 그 틈에서 흘러나오는 '사이(間)'의 시간을 비집고 들어가 새로운 공간을 만드는 언어이다. 그녀의 몸이 세워지면서도 계속해서 지워지는 여백을 가진 이유는 그렇게 덜어낸 공백 속으로 '다른' 시공간이 흐르도록 하기 위해서다. 그리고 여기에 그림자-몸이 누리고자 하는 자유의 성격이 집약되어 있다. 나 자신뿐만 아니라 내가 대면하는 모든 타자(의 몸)를 육체의 환부로 안고 바라보는 내면적 제약에서 벗어나 언어의 부패와 타락으로 대표되는 이 세계 내부에서 억압 없이, 막힘 없이 제각각 원하는 바대로 이월(移越)토록 하는 것, 그래서 '다른' 세계의 잠재성을 '다른' 내부의 감각으로 함께 체험하고 확인하려는 것, 그것이 타자 이전에 자신이 먼저 이질적인 몸이 되길 택한 그림자-몸-언어의 예술적 자유의 지향점이다.

　그러므로 혼란과 낯섦은 당연하다. 이전에 없던 언어가 일어서는 사태를 맞닥뜨리고 있으니 말이다. 하지만 이를 즐길 줄 모르는 당신은 그녀가 누리는 자유의 목적과 정체를 이해할 수 없다. 그녀가 마지막 종착에 이르러 다음과 같이 고백하는 연유도 알 리 없다.

　　오늘 나는 그림자 없이 일어선다
　　흰 눈동자의 날
　　빛이 들어오지 않는 방을 완성할 즈음
　　내 발목을 잡는 검은 손
　　[……]

　　바람이 문자를 가져간다
　　이것은 창가에 매달아놓은 육체 이야기

　　붙이고 붙인 살덩이를 끊고 끊어
　　차분히 내려놓을게
　　공중에 뜬 발바닥 아래로

　　다 내려놓을 테니 다 가져가란 말이지
　　　　　　　　　　　　　　——「발끝의 노래」 부분

　그림자마저도 덜어내려는 절대적 비움, 적어놓은 이야기 전부를 바람에 날리려는 절망의 순도, 다 내려놓았으니 다 가져가라는 버림의 극치, 그녀의 자유는 이렇듯 또 다른 극단에 서 있다. 신영배는, 그 래서 치명적이고, 그녀의 시는 서늘하게 아름답다. 만일 그녀의 아름 다움을 더 잘 느끼고 싶다면, 방법은 있다. 오후 여섯 시, 그녀를 따라 가장 길어져보자. 빛의 자음과 모음으로 점이 될 때까지, 점을 따라 무겁고 둔한 몸이 사라질 때까지, 그리하여 숨겨진 저 이면들 '사이'로 그녀를 따라 들어설 수 있을 때까지……

지우는, 지워지는 나르키소스
─이우성의 시

　발다사르 카스틸리오네는 『궁정인』(1516)에서 귀족층에 요구되는 궁정 예법으로 감정이 절제를 최고 미덕으로 꼽는 '스프레차투라 sprezzatura'의 중요성을 이야기한다. 냉정한 초연함, 우아한 냉소, 표 내지 않는 고상한 경멸, 세련된 무기교 등으로 요약되는 이 규범의 진정한 어려움은 힘든 일을 전혀 힘들이지 않고 능숙하고 자연스러운 태도로 해내는 예사로움에 있다. 르네상스기의 이탈리아 화가들이 스프레차투라를 예술의 가장 높은 수준으로 꼽은 까닭도 어려운 작업을 쉽게 이룬 듯 보이는 것이야말로 아무나 도달할 수 없는 비상한 경지로 여겼기 때문이다. 감정을 초연한 태도 속에 감추면서 귀족적 세련미를 범상하게 수행하는 이러한 형식의 현대적 계승은 '쿨 cool'의 미학 가운데 찾아볼 수 있지만, 자기감정의 객관화를 요구받는 예술가에게 보편적 자질로 강조되는 미적 거리 두기는 스프레차투라 기술의 부분적 변용이라 할 수 있다. 문제는 예사로움의 자연스러운 육화인데, 한국 시에서 예술적 전례를 찾는다면 백석을 먼저 떠올릴 수 있다. 그의 시는 특별함의 흔적조차 걷어낸 무심함과 조용히 관조되는 평범함 속에서 삶에 대한 도저한 비관주의의 절창을 끌어낸다. 비범한 평범이라는 이러한 역설이 독백조의 회고적 진술에서 벗어나 단순성의 추구와 결합하면서 극미한 추상과 초현실의 아름다움으로 진화한 예가 김종삼의 시이다. 복잡한 기교와 수식, 인위적 치장을 배제하고 최소한의 것을 통해 직관적으로 대상에 접근하려 한 그의 시 세계는 현대적인 미니멀리즘의 미학을 한국 시의 새로운 형태로 주조한 첫번째 경우로 기억된다. 가령,

내용 없는 아름다움처럼

가난한 아희에게 온
서양나라에서 온
아름다운 크리스마스 카드처럼

어린 양(羊)들의 등성이에 반짝이는
진눈깨비처럼
       ——김종삼, 「북치는 소년」 전문

희미한
풍금(風琴) 소리가
툭 툭 끊어지고
있었다

> 그동안 무엇을 하였느냐는 물음에 대해
>
> 다름 아닌 인간(人間)을 찾아다니며 물 몇 통(桶) 길어다 준 일 밖
> 에 없다고
>
> 머나먼 광야(廣野)의 한복판 얕은
> 하늘 밑으로
> 영롱한 날빛으로
> 하여금 따우에선
>
> ─김종삼,「물 통(桶)」전문

에서 나타나듯, 언어의 모방적 재현이 구축하는 구상 세계의 익숙함과 의미 전달의 사전적 투명성은 완결을 거부하는 문장 형태와 어구의 생략에 따른 침묵을 통해 지워진다. 현실 세계의 사실적 맥락이 정적 속에 사라지면서 정제된 이미지가 돌연 병렬적으로 잇닿는 그만의 고요한 '여백 주기'는 "내용 없는 아름다움"으로 요약되는 고유한 추상미를 형성한다.「북치는 소년」을 서커스단에서 만난 북 치는 소년에 대한 인상적 소묘나 크리스마스카드에 그려진 소년을 빗댄 은유의 나열로 읽는다 해도, 그러한 비유가 겨냥하는 실제 대상과 구체적 내용은 확정될 수 없는 미완결, 미정형에 속한다. 그것은 독해되지 않는 것이자 의미 너머의 영역에 있다는 뜻에서 현실의 잡티와 불순함이 끼어들 수 없는 순수한 의미의 충만을 지향한다. 이러한 추상의 순수성을 위해 일상어의 문법적 규준을 의도적으로 탈구하는 형식은 「물 통」의 경우 현실의 사물을 감각적 현상은 유지하되 형용하기는

힘든 미지의 것으로 탈바꿈시켜 실용적인 일의성(一意性)으로부터 자유로워진 다의성의 열린 지평으로 옮겨놓는다. 풍금 소리, 광야, 하늘, 날빛, 땅 위, 물통은 비현실 속에서 본래 그것이 아닌 '다른 것'이 된다. 그것들은 소박한 겸손과 헌신이 희미한 여운을 남기는 어떤 평화의 상태를 조성한다. 마치 선과 면, 흑과 백의 분할이 침묵의 충일이 되어 절대 추상으로 승화되는 몬드리안의 그림처럼, 내용이 소거된 자기 충족적인 아름다움은 김종삼의 시가 궁극적으로 희구한 세계이다. 감정을 배제한 고고한 초연함의 전형적 실연(實演)이자 미니멀한 감각의 한국적 토착화라는 점에서 김종삼은 한국 시에서 '쿨 가이cool guy'의 원조인 셈이다. 그런데 아래의 시는 그러한 '쿨 가이'의 면모를 놀라우리만치 닮아 있다!

  어른은 권한을 담은 것
  쌓이는 구석

  겨울의 수영장
  세번째 스윙
  저녁이 되는 집
         ——「변신」 전문

  목은 연주를 그만두었어
  하지만 몸의 먼 곳에 하늘을 무릎과 손가락이 주고받은 대화를 풀 사이를 지나온 빛을 걸어두었지

　　　　멀어지는 물
다가오는

생각과 지느러미와 흔들리는 손바닥

구름이 목에 닿는다

　　　열린다

비옷을 입고 건널목에 서서 하품을 하고
　　　　　　　　　——「고요는 물고기 같아」 전문

전체 윤곽을 지우는 부분에의 집중, 사물 간의 연관성을 해체하는 간격 넓은 여백, 단순화된 이미지로 지시 대상을 불투명하게 만드는 모순, 선명한 감각의 제시에도 불구하고 시의 세계에만 존재하는 상상적 질서, 침묵이야말로 직관의 유일한 매개임을 강조하는 듯한 말줄임은 위 시의 스타일을 결정짓는 항목들이다. 의미의 구현보다 의미의 부재를 낳는 이러한 형식은 언어를 최대한 비우고자 하는 의지를 자기 반영한다. 그리고 감정의 정체나 내면의 동요를 감추려는 침착함과 초연함은 이 같은 의지를 지탱하고 유지하는 정서적 밑바탕을 이룬다.

　40여 년의 시간을 격하고도 미학적으로 공통된 스타일이 이렇게 재등장한 사정에는 '세계 상실Weltlosigkeit'이라는 파탄이 동일하게 가로놓여 있음을 들 수 있다. 아니, 더 정확히 말해, "아우슈비츠 이후에도 서정시는 쓰일 수 있는가"라는 아도르노의 질문을 평생의 화두로 삼았던 듯한 시인에겐 전쟁의 상처가 심리적 알리바이로 작용한 데 반해, 그러한 역사적 부재 증명조차 갖지 못한 후배 시인에게 세계 상실은 심정의 문제가 아니라 사실의 문제로 더욱더 심화되었다고 해야 옳다. 추상에의 의지가 전자의 경우 세계 상실을 예술의 절대적 낙원을 도모하는 긍정의 기제로 삼은 데 따른 결과라면, 후자에게 그것은 필연적으로 언어의 상실을 초래한 세계 상실 이후, 오염된 잔해로 전락한 언어의 부스러기를 그러모아 상(像)이 없는 세계——내면세계든 외부 환경이든——의 형상을 최선의 가상으로 상상하려는 노력에 가깝다. 세계 상실이 전자에게 비극적 축복이었다면, 후자에겐 태생적 재난이자 저주인 것이다. 따라서 사물을 대하는 태도와 언술 행위의 유사성에도 불구하고, 김종삼의 시를 잇는 이 문학적 적자(嫡子)는 다른 필요와 요구에 의해 미니멀리즘에 경도될뿐더러 그와는 사뭇 다른 방향으로 분기된다. 김종삼의 추상 시가 기존의 언어로는 닿을 수 없는 의미 초월의 지대, 즉 순수 의미에 도달하려 했을 때, 그것은 순수 형식과 같은 뜻으로 언어의 부재가 충만한 의미에 이르는 역설적 상태, 예컨대 음악에 가까운 절대미를 가리킨다. 반면 위 시들은 이미 때 묻고 타락한 기성의 언어를 최소한으로 사용하여 기존의 의미 체계를 최대한 지우면서 자신만이 창조할 수 있는 의미를 가까스로 생성하고 힘겹게 움켜잡아 유일무이한 것으로 재충전하려는 실험적 성격이 강하다. 자신이 쓰는/쓸 수 있는 언어에 기대 도달 가능한 '진정한 의미'를 포착하고자 하는 것, 이우성의 시는 그렇게 예민하게 자의식된 결여의 토대에서 움튼다.

「변신」의 경우 각 행은 논리적 연관성을 상실한 대상들로 나열되어 있다. 하지만 각각의 어구 뒤에 '~ 같은/처럼'을 덧붙이면, 몸의 모양 따위가 변한다는 의미를 지닌 '변신'은 다른 뜻으로 새겨진다. "쌓이는 구석"은 먼지나 잡동사니가 쌓인 구석을 연상시키고, "저녁이 되는 집"은 어둠에 잠긴 집의 형상을 떠올리게 한다. "세번째 스윙" 같은 헛방망이질이 그렇듯, 이것들은 대체로 쓸쓸하고 공허한 느낌을 자아낸다. 눈여겨볼 것은 "어른은 권한을 담은 것"이라는 첫 행인데, '어른은 권한을 행사하는 자'라는 문구를 일부러 잘못 써서 마치 큰 자루에 각종 권한을 욱여넣은 꼴이 '어른'의 본디 생김새라는 뜻을 파생시킨다. 이러한 유추에 따라 '변신'은 권한을 담아놓은 자루 같은 어른이 되는 일이고, 그것은 "쌓이는 구석"처럼 퀴퀴하고, "겨울의 수영장"처럼 썰렁하며, "세번째 스윙"처럼 허탈하고, "저녁이 되는 집"처럼 칙칙하다. 결국 어른으로의 변신은 긍정적 가치를 발견하기 힘든 부정적 퇴락이라는 것으로 시의 내용은 수렴된다. 하지만 이는 첫 행을 지배소로 보았을 때 추정 가능한 해석일 뿐, 의미 연관이 성긴 불명확한 이미지의 나열로 인해 시는 해석자의 판단에 따라 다르게 읽힐 수 있다. 그럼에도 불구하고 이 시는 의미의 추리를 포기하게 만들기보다 숨겨진 의미가 무엇인지 포착하고 싶은 욕구를 불러일으킨다. 많은 말이 지워져 있지만, 그것은 인식되지 않기 위해서가 아니라 인식되기 위해 지워져 있다. 「북치는 소년」이 '~ 처럼'이라는 수식 구조에도 불구하고 의미 규정을 거부하는 모호성 속으로 빠져드는 것과 달리, 「변신」은 필요한 구문을 삭제하여 의미 교란을 시도하지만 그 같은 생략이 '진짜 의미'를 가리는 베일의 기능을 하는 탓에 생략된 말을 다시 채우면 가려진 '진짜 의미'가 드러날 것 같은 묘한 긴장 속에 있다. 이때 진정한 의미란 단수(一意)가 아니다. 그러한 본질주의를 목적으로 했다면, 시의 형태는 달라졌을 것이다. 진정한 의미가 있다면, 그것은 다양한 가능태로서 자기 내부에 존재해야 함을 시는 자기 형식으로 역설하고 있다.

'인식되기 위한 지움' '비움으로 가능한 이해'라는 방법적 모순은 이우성 시의 고유한 스타일을 형성하는 제1의 원칙이다. 비 오는 날 건널목에 서서 하품을 하는 짧은 순간에 느끼는 감각을 '고요'로 지칭한 「고요는 물고기 같아」에서도 시공간을 채우는 고요의 찰나적 마주침은 물살을 가르며 유유히 헤엄치는 물고기에 빗대어져 있다. 그로 인해 신호등 앞에서 잠깐 떠오른 생각의 흐름, 그 흐름의 유연성은 흡사 물고기 한 마리가 지느러미를 까닥이며 헤엄치듯, 그 물고기를 따라 물살이 다가왔다 멀어지듯, 부드러운 움직임을 띤 시각적 형상을 얻는다. 덕분에 물속에 든 몸— '손바닥'은 몸의 환유이다—도 물을 따라 흔들린다. 몸이 흔들리니 "몸의 먼 곳", 그곳에 담긴 "하늘" 그리고 "무릎과 손가락의 대화"— '무릎'과 '손가락'은 누군가와 대화를 나눌 때 취하는 몸짓을 표상한다—"풀 사이를 지나온 빛"도 함께 흔들린다. 하지만 몇몇 구절의 모호함은 시가 명확하게 규정되는 것을 저지하며 의미 층위를 미결정의 상태로 이끈다. "구름이 목에 닿는다"는 것이 느낌의 진술인지 풍경의 묘사인지, "열린다"의 주어(/주체)가 구름인지 고요인지 아니면 다른 무엇인지, 시어의 애매함은 추측했던 내용을 되짚어보게 만든다. 과잉 생략에 의한 의미 단절이라 할 만한 이러한 형태는 이우성의 시를 '복잡한 미니멀리즘'—미니멀리즘의 일반적 효과를 뒤집는다는 점에서 그의 시는 단순하지 않다—으로 만드는 제2의 원칙이라 할 수 있다. 그러나 복잡한 단순성에 힘입어 하품을 하며 건널목에 섰을 때의 심심함과 한가로움은

'고요'의 다른 이름이 되고, 이로 인해 범속한 일상의 한 대목은 잔잔한 긍정의 빛을 띠게 된다.

가라앉는 날개가 슬픔의 발가락에게로
목발에 기대 쉬는 봄이 저녁의 복사뼈에게로

명절 저녁 약국의 깊은 잠

꽃이 온다
신발이 얇아지고
분주한 돌멩이
소리를 타고 가는
전화기
다시 아무렇지 않은 새들의 아침
　　　　　　　　—「그리고 잘 가라는 인사」 전문

　이 시의 경우에도 각 연과 행, 사물과 사물 간의 논리적 연관성은 희박하다. 하지만 제3연에서 두드러지는 인상은 꽃이 핀 봄밤의 활기이다. '꽃이 핀다'의 의도적 오기(誤記)임이 분명한 "꽃이 온다"는 봄날 저녁의 풍경을 이루는 배경이 되고, (사람들의) 신발은 (바쁜 걸음으로 인해, 날씨가 점점 따뜻해진 탓에) 얇아지고, 덩달아 발밑의 돌멩이도 굴러다니느라 분주하다. 손에 들린 휴대 전화를 타고 이어지는 통화 소리는 "소리를 타고 가는/전화기"로 둔갑하고, (날이 밝자) "아무렇지 않은 새들의 아침"이 다시 시작된다. 그러나 벚꽃 구경을 위해 나온 인파의 모습을 닮은 제3연의 생기로움은 제2연에 준비된 고즈넉한 침잠에 의해 한풀 숨이 죽은 모습이다. 어둡게 문이 닫힌 명절 저녁의 약국은 명절이기에 더욱 커지는 소외감과 외로움을 대변한다. 그런데 이 절대적인 소외감은 봄밤이 자아내는 정서의 또 다른 축으로, 더없는 슬픔의 감정을 자아낸다. 정서의 이러한 시각적 대조는 이 시가 환기하는 감정의 정체를 간접적으로 지시한다.

이우성의 시는 인식될 수 있고 이해될 수 있는 의미 전달에 등한하지 않다. 그의 시 형식은 표현하고자 하는 '그것/들'을 바로 '그것/들'대로 드러내기 위해 언어의 최소치, 최소량을 추구한다. 그것이 설령 오해를 낳는다 해도, 오해 또한 시가 제시하는 또 하나의 의미로서 열려 있다. 그러한 열림에의 지향, 오해나 오인쯤은 두려워하지 않는 과감성이 그의 시에 내재된 전위적 실험성을 한층 배가한다. "내용이 없는 연필이 마음을 그릴 수 있을까"(「높은 곳에서 높은 곳으로」)라는 시인의 자문은 그런 점에서 "내용 없는 아름다움"과 대비된다. 무의미의 추구가 시간과 공간이 지양된 신비로운 침묵의 도래를 희망하는 의식적 방법이라면, 이우성의 시는 무의미의 의미가 피안으로의 총체적 초월로 귀결됨을 아는 터에 그 같은 예술적 피난처보다 세계의 잔해들, 부스러기들, 사소한 파편들의 불균등한 조합이 만드는 우연의 성좌에, 그것이 만들어내는 예상치 못한 의미의 유비(類比)와 내용의 다양성에 더 기대고 있다. "마음"을 그리는 작업에 "연필"이 움직여야 하지 않는가라는 질문은 절대적인 추상 세계를 꿈꾸었던 이들이 그러한 꿈 때문에 세계 상실의 곤란을 이겨낼 수 있었던 것과 달리, 세계 상실이 종국엔 심대한 '마음의 상실'에 이른 쪽에서는 '마음'의 형상을 포착하는 일이 더 큰 절망과 상실감과 공포에서 발원하는 더 어려운 일일 것이라는 짐작을 하게 한다.

그렇다면 '마음'은 무엇일까? 아마도 그것은 영혼, 정신, 의식 등의 형이상학적인 관념체가 아니라 감정의 전부, 정서의 움직임, 느낌의 전체, 생리적 몸과 떼려야 뗄 수 없는 감각의 운동, 사물의 타고난 본성, 그것의 참된 진실일 것이다. 이우성의 시가 단편들, 부분들, 세목들에, 그리고 그것들이 전체로서 기능하는 역할과 효과에 관심이 집중되어 있다는 점은 시인이 초월적인 미지의 감득이나 이지적인 판단의 힘에 정향되어 있지 않고 감각과 감정과 느낌의 즉물적인 감응을 선호하고 그에 적극 반응하려 한다는 사실을 보여준다. 가령 '마음의 빛'으로도 읽히는 "빛의 마음"에 대해 시인은 다음과 같이 표현한다.

> 우리의 걸음이 우리의 걸음에 닿는다
> 흐르는 집들
> 바다의 바다
> 정확한 일
> (......)
> 우리는 소리를 내지 않은 것 같다
> 나무 바다 바다의 전부 돌아보는 새들 새들의 새들
> 사람은 사람을 닮고
> 가득한 공기
> 손끝의 희망과
> 구름
>
> ——「빛의 마음」 부분

'마음'은 사물이 사물로서, 가감 없는 진실로서 '지금 여기' '이곳 현재'에 머무는 상태를 뜻한다. "우리의 걸음"이 다른 무엇도 아닌 "우리의 걸음에 닿는" 것, 바다와 새들이 "바다의 바다" "새들의 새들"로 존재하는 것, "사람은 사람을 닮는" 것, 그것이 '마음'의 제 모습이다. '마음'의 실상, '마음'의 진실, '마음'의 공감을 위해 시인이 택한 방법 중 하나가 이미 개념화된 주어(/주체)를 지우는 일임은 "주어가 없는 마을/마음의 마을"(「높은 곳에서 높은 곳으로」)에 대한 가정에서 잘 드러난다. "마을"이란 단어를 지우고 '문장'과 '나'를 집어넣으면, '주어가 없는 문장/마음의 문장' '주어가 없는 나/마음의 나'라는 의미심장한 구절이 나타난다. '주어의 지움'은 이우성의 시가 빚어지는 시작(詩作)의 첫번째 주춧돌이다. 이우성 시의 복잡한 단순성은 주어가 부재하는 데서 비롯한다. 주어의 의도적 비움을 포스트모던 시대의 주체 상실, 주체의 해체에 따른 결과로 볼 수도 있지만, 그것은 지금까지 없었던 주어(/주체)의 탄생을 예비하는 작업일지도 모른다. 시인의 표현을 빌리면, '마음의 문장' '마음의 나'가 출현하는 것 말이다.

희미한 거
일어나 하늘로 걸어가는

무엇을 보면 궁금하니

가까워지는 곳에서

한 손은 느리게 오고
한 손은 빠르게 오고
한 손은
한 손은 살이 자라는 가방에
살이 자라는 가방에 만족스런 표정이
마주 보며 궁금해야지
시끄러워야지
그리고 의자에
얼음처럼 하늘이

줄기처럼 건물처럼
사람처럼
좋아하는 여자를 좋아해

가방을 집는다

——「도착」 전문

'주어의 지움'은 문장의 주어가 없음을 뜻하지 않는다. 언술 내용의 주체와 언술 행위의 주체 간의 불일치야말로 주어를 지우는 가장 효과적인 방법이다. 또한 주어가 있다 해도 술어가 없다면 그것은 확정될 수 없다. 형태의 그러한 부조화 속에 주어는 흐릿해지고 정체가 불분명해진다. 위 시에서 제1연의 "희미한 거"는 불완전한 술어로 인해 뜻이 모호한 주어이다. 제2연과 제4연의 발화 주체는 동일 인물로 추측되지만, 마지막 연에서 "가방을 집는" 행위자가 그와 동일인인지는 알 수 없다. 그나마 분명한 제3연의 주어도 신체 일부("한 손" "표정")가 동작을 대신하는 환유로 쓰인 까닭에 전체 윤곽을 파악할 수 없다. 서술과 묘사, 진술과 행동, 발화자의 시공간이 혼란스럽게 직조된 이 시에서 구체적인 지시 내용을 도출하기란 어렵다. 하지만 이 시가 어떤 활발한 움직임을, 설레는 기분과 들뜬 마음을 표상하고 있다는 점은 감지된다. 가령 기차가 도착역에 다 와갈 때쯤 어렴풋이 잠에서 깨어 자신을 마중 나올 사람──연인일 수도 있고, 가족이나 친지, 친구일 수도 있다──을 떠올리고, 그(들)와 해후하는 순간 나눌 손짓, 악수, 웃음, 안부 인사, 포옹, 가방을 들어주는 친절, 대합실 의자, 청명한 하늘과 햇살 등등에 대해 상상하며 가방을 집어 드는 어떤 이의 모습. 신기하게도 이런 광경을 염두에 두고 시를 읽으면 수수께끼투성이이던 구절들이 의미를 띠기 시작한다. 그리고 상상된 이 임의의 풍경은 무언가가 가까이 다가오거나 도착할 때의 분위기, 정서를 대변하는 알레고리가 된다. 이런 예기치 못한 의미 변전이야말로 이우성 시의 고유한 매력이라 할 수 있다. 이러한 방식의 의미 현전은 때로 추상적 관념에 살을 입히기도 한다.

    그러나 우리의 벼랑을
    우리의 벼랑을
    우리의 벼랑은 우리의 에어플레인
    불빛과 오해와
    항해

    우리의 벼랑과 우리의 벼랑을

우리의 벼랑과 벼랑은 우리가 묻은 벼랑
구름과 치아와 숨이 빈 자리

균형을 잡는

밖

자라나는 손
다가오는 먼 곳

———「이음」 전문

'이음'은 말뜻 그대로 너와 나를 '우리'로 잇는 일을 가리킨다. 그런데 이 시 전체는 '이음'이란 단어의 새로운 주석이라 해도 과언이 아니다. 특히 술어가 하나도 없고, '벼랑'이라는 말의 반복과 변주가 단어의 시적 명명을 유도한다는 점은 주목에 값한다. 우선 "우리의 벼랑"이라는 어구의 되풀이는 관계의 위기와 단절을 강하게 상기시킨다. 그로 인해 제1연과 제2연은 긴급한 자각과 경고의 어조를 띤다. 그러나 한편으로 위기와 단절을 간곡히 원하는 것으로도 읽힌다는 점이 독특하다. "우리의 벼랑은 우리의 에어플레인" "우리의 벼랑과 벼랑은 우리가 묻은 벼랑"이라는 구절 때문이다. '벼랑'이란 많은 시행착오에도 불구하고 '우리'의 관계를 위한 새로운 도약의 계기— '벼랑=에어플레인'이므로 '우리'는 벼랑을 박차고 날 수 있다—가 되기도 하고, '우리' 사이의 위험을 자발적으로 극복하는 기회—"우리의 벼랑"을 '우리'가 묻는다—가 되기도 한다. 비행과 매장의 행위를 절묘하게 병치시킨 제1연과 제2연의 변주는 제3연과 제4연의 "균형을 잡는/밖"이 마치 하늘(비행)과 땅(매장)의 균형처럼 서로 다른 공간 사이의 균형 잡기를 함축한 말이 되게끔 한다. 이것은 '이음'의 또 다른 내포이다. 마지막 연의 "자라나는 손"(땅)—"다가오는 먼 곳"(하늘) 또한 이렇게 전제된 공간성을 바탕으로 '이음'의 뜻을 감각화한 것으로 읽을 수 있다. 추상적 관념이 추상적 발화를 통해 구체적으로 육화되는 의미의 현전을 이루기란 쉬운 일이 아니다. 이 시의 묘미는 이를 몇 마디 간소한 단어로 전혀 힘들이지 않고 해낸다는 점에 있다.

추상에의 의지, 자기 충족적인 아름다움을 위한 현실 세계의 소거, 감정의 배제와 최소화된 형식미 등이 시의 전면에 부각될 때, 세계 상실의 인식은 이러한 특성을 지지하는 전제 조건이지만, 상실된 세계의 크기만큼, 순수미로 그것을 보충하려는 크기만큼, 자아는 커지고 확대된다. 눈앞의 현실을 잃어버린 세계의 비루한 잔해로 여기고 그것에 마음을 두지 않는 초연한 태도 이면에는 상실의 정도와 크기만큼 확대된 자아에 대한 자신감이 내재해 있다. 이러한 자아는 표나게 과장하지 않으면서 자신을 신뢰한다. 영원한 추상 세계에의 몰입이 역으로 확대된 자아의 비밀스러운 자기 표명을 증명한다. 그러나 이우성의 시는 이러한 미적 특성을 공유하면서도 현실 세계의 의미 현전을 포기하지 않고 끊임없이 견인하려 한다. 침착하게 절제된 감정은 간결한 언어 구사 속에 삼투되어 있다. 묘사인지 서술인지 구분되지 않는 문장 구조는 자기감정의 부분적 진술을 의도한 이중적 발화에 가깝고, 주어(/주체)의 지움도 전면적인 제거나 삭제가 아니라 희미한 윤곽을 지닌 반투명 상(像)을 조금씩 남긴다. 지워진 반투명-주체의 감정 또한 엷고 희박해서 그 내용이 뚜렷하지 않고, 하나가 아닌 여럿의 화자, 일부분의 화자들로 겹쳐 있다. 반투명-복수-주체의 부분 표상과 단절적 발화는 이우성 시의 자아가 세계의 상실만큼, 상실의 크기만큼 축소되고 줄어든 자아(들)임을 암시한다. 그의 시가 자신의 문학적 전사(前史)와 다른 방향으로 분기된다고 했을 때, 그 말이 겨냥한 비밀은 이것이다. 이우성 시의 자아는 세계 상실이라는 사태에 전적으로 복속되어버린, 폐허가 된 세계의 파편 더미에 흡수되어버린, 너무나 작게 줄어든 '왜소(矮小)-자아'이다. 이 '왜소-자아'의 내면적 동요와 불안, 우울과 슬픔을 감추려는 심리적 가면이 쿨한 태도를 낳고, 예술적 자기 반영의 형식인 복잡한 미니멀리즘을 형성한다.

이제 우리는 이우성 시의 주된 의식으로 자리 잡은 자기애의 성격에 대해 이해할 수 있다. "나는 미남이 사는 나라에서 왔어/머리 위에 화산재 같은 사과가 있는/나는/많아/반했니/너도 사과 먹을래"(「처음 여자랑 잤다」), "나는 첫사랑보다 인기가 있을 거야 직장의 정식 직원이고 시도 감각적으로 쓰니까"(「나」), "나는 뿌리를 감각적으로 배치할 수 있어/나는 우월의 기원이야/너에게도 이어져 있어/못생긴 너에게도"(「사과얼굴」)라고 말하는 '나'는 나르시시스트이다. 나르시시즘을 자기도취, 잘난 체하기, 자기에의 몰입, 자기 존중과 자부심의 표현 등으로 규정한다면, 이우성 시의 '나'는 부인할 수 없는 자기애 상태에 있다. 하지만 그의 자아는 장엄한 본성을 내세우는 데 주저함이 없고, 과시적이면서 유아적이고, 자기 확대를 의심하지 않는 인물형과도 거리가 멀고, 자기 파괴적 충동을 감춘 채 억압된 분노와 증오와 충족되지 않는 갈망을 안으로 삼키며 신경증을 호소하는 병적 인물형과도 다르다. 대중적 나르시시즘의 문화적 속성으로 꼽히는 위장된 자기 통찰, 명성에의 매혹과 집착, 죽음에 대한 극심한 공포, 공격 본능에 대한 방어적 치료 등의 성향도 띠지 않는다. "나는 어린 것 같았다"(「나」)라고 말하는 이우성의 '나'는 현재 한국 사회의 대중적 정서로 만연된 '피해자의 나르시시즘'과 정확히 반대되는 자리에 있다. 자기 진정성을 납득시키고자 자신이 받은 고통을 강렬하게 내세우면서 스스로 억압받는 소수이길 원하는 것, 그러한 고통의 느낌이 오히려 자신을 특별한 존재로 인식하게 만들어 타자를 심판하고 추궁하는 일에 면죄부를 가졌다고 믿는 것은 그 자체로 나르시시즘적이다. 그것은 진정성을 지닌 존재로 자신을 격상하려는 과잉된 자기애의 또 다른 표현이다. 하지만 도덕적 우위를 지나칠 정도로 자임하는 데는 자기 무능을 은폐하려는 무의식적 바람이 숨어 있다. 무능과 무기력, 피로와 패배감을 들키고 싶지 않은 자의 큰 목소리는 과시적인 자기표현욕의 위장 가면일 뿐이다. 그런데 이우성의 '나'는 '더 고통스럽고, 더 아프고, 더 괴롭고, 그래서 그런 감정들을 더 강하게 느끼므로, 너처럼 보잘것없는 자가 아니다'라고 아우성대는 피해자의 나르시시즘에서 멀찌감치 떨어져 있다. 고통이든 괴로움이든, 그런 감정을 겉으로 표 내는 일에 무심하며, 조금 주저하고, 잠깐 말한 뒤엔 남들이 알아채지 못하게 얼른 지워버린다. 피해자의 나르시시즘적 무능과 그것의 거침없는 표현을 조용히 거부하듯 "우성이"(「사람들」)는 작은 목소리로, 가장 적은 말을 사용하여 자기를 이야기하려 한다. 이우성의 시가 보여주는 단순성의 미학이 윤리적 성격을 띠고 있다면, 그것은 대중적으로 편재한 나르시시즘과는 대조되는 자기애의 형식을 제시하기 때문이다. "이우성"(「이우성」)에게 '왜소-

'자아'의 극복은 부끄러움을 모르는 '피해자들'의 선정적인 자기 노출이 아니라 작게 줄어든 자아를 늘이는 데 있다. 이를 위해 때로 "나는 우월의 기원"이라고 으스대는 제스처가 필요하기도 하지만, 이는 '왜소-자아'를 늘이기 위한 자기 긍정에 가깝다. 그렇다면 어떻게 "우성이"를 늘일 수 있을까? 우선 "우성이"가 누구인지 알 필요가 있다.

나는 나에게서 나왔다 예전에 나는 나로 가득 차 있었다

(......)

우성이는 어둠이라고 부르는 곳에 살았다
그때는 우성이가 다를 필요가 없었다 심지어 미남일 필요조차
그러나 가장 다양한 우성이는 우성이었다

공기의 모양을 추측하는 표정으로 사람들이 서 있다
우성이가 사실인지 어리둥절하다
우성이를 만진다
우성이가 자신과 똑같다는 사실이 놀랍다
그러나 우성이가 모두 다르다는 사실은 놀랍지 않다

나는 내가 다 어디로 가는지 모르지만
수십 수백만 개의 우성이가 떠오를 거라고 말했다
—「사람들」 부분

"우성이"가 "어둠이라고 부르는 곳에 살았"을 때, "우성이"는 "나로 가득 차 있었"지만 "다를 필요가 없었다". 그런데 지금의 "우성이"는 "모두 다르"고 "가장 다양한 우성이", "수십 수백만 개"로 떠오를 "우성이"다. 그러니 아마도 빛 가운데 살 터. 위트 있는 자기 성찰이 담긴 이 시에서 시인이 말하려는 바는 비교적 분명하다. 같은 것의 복수(複數)가 아니라 다른 것들의 복수(複數)가 필요하다는 것, 동일성의 과다가 아니라 이질성의 포화가 "우성이"여야 한다는 것이다. '왜소-자아'는 크기가 작으니 수가 많아야만 자기를 늘일 수 있는지도 모르겠다. 하지만 '같은-자기'가 많아진다면, 그것은 동일한 것의 파편──세계의 파편 더미에 흡수된 존재가 '왜소-자아'이므로 이 자아는 파편적 형태를 띨 수밖에 없다──이 난무하는 상태를 벗어날 수 없다. 비록 총체적 파편화가 태생적인 존재 형식으로 주어졌을지라도 "수십 수백만"의 이질적인 '왜소-자아'의 다양한 합이라면, 하나의 '거대-자아'보다 더 큰 힘을 발휘하거나 예상 밖의 변화를 초래할 수도 있다. 물론 이는 논리적 가정에 불과할 뿐 현실적 가능성을 장담할 수 없고, 결과를 예측할 수도 없다. 무엇보다 다른 것들로 자기가 포화되는 방법을 '왜소─자아' "이우성"은 아직 제시하지 못하고 있다. 하지만 이우성의 시는 다른 것들의 복수가 됨으로써 줄어든 자아가 자기를 늘인 방법을 아름답게 예시한다. 그것은 이질적인 사물-존재들의 감각을 자기 몸에 이입시키는 것이다. 다른 감각의 접붙이기, 혹은 자기 몸을 옮겨 넣기.

    문을 들고 와 벽에 기대 놓는다
    평상에 바람이 앉아 있다

텔레비전도 한 대
그리고 뿌리가 잘린 나무 한 그루

나는 수 세기 전에도 땅의 나이를 셌어요
사람이 일어서는 걸 보았어요
당신을 낳았고
나는 과일의 시작이에요

문을 연다
구름이 들어온다 비가 올 때까지
하늘을 접어 가슴주머니에 넣는다

텔레비전이 평상이 자라는 모습을 보여준다
계속
평상이 자란다

나는 내가 많아지는 걸 보았어요
나는 진부해져서 나를 볼 수 없어요
나는 더 어른인 어른과
나는 더 아이인 아이와

텔레비전 속으로 들어가 평상에 앉는다
텔레비전이 멀어진다 구름처럼

—「들어간다」 전문

'나'는 "바람"일 수도 있고, "뿌리가 잘린 나무"일 수도 있으며, "구름"일 수도 있다. 아니면 "텔레비전"이거나 "평상"인지도 모른다. 제2연과 제5연의 화자가 같을 수도 다를 수도 있으니, "나"는 '바람-나무-구름-텔레비전-평상'이다. 이것들은 모두 텔레비전 속에 있거나 곧 텔레비전 속으로 들어갈 차비를 하는 것일 수도 있다. 그런데 "문을 들고 와 벽에 기대 놓는" 이는 누구일까? 평상이 자라고 텔레비전이 멀어지는 것을 보는 자는 또 누구일까? 아무려나, 이 모든 사물들의 시선과 움직임과 느낌이 서로서로의 몸으로 이입되기에 평상에 앉은 것은 바람이기도 하고 텔레비전이기도 하며, "과일의 시작"은 바람일 수도 있고 나무일 수도 있으며, 계속 자라는 것은 텔레비전이거나 평상일 수도 있다. 심지어 이것은 '내'가 본 풍경이거나 텔레비전 화면의 풍경일 수도 있으니, 각각의 것은 각각의 것으로 흘러들어간다……

현실과 비현실의 경계를 혼곤한 백일몽인 듯 뒤섞어 지우는, 이 세계이면서 이 세계가 아닌 '다른' 세계를 펼쳐 보이는 이렇듯 아름다운 '왜소-자아'의 늘임이라면, 이것이 그가 취한 나르시시즘의 내용이라면, 우리는 그를 부러워해도 좋을 것이다. 이보다 더 자연스럽고 부드러운 자기에의 배려, 자기 긍정의 형태는 찾기 힘들 터이니 말이다. "나는 우월의 기원"이라는 긍정 어법이 스스로를 치켜세우는 과잉 예찬이 아니라 세계의 상실이 객관적 실재로 고착되어버린 이의 유용한 존재 기술이자 위로의 수사학이라면, 그것의 적극적 향유가 불가항력의 거대한 무(無)의 더미들이 이상하고 괴이한 자기 소진의 나르시시즘을 부추기는 현실을 죽거나 도피하거나 망가지지 않고 살수 있는 힘을, 그리고 그러한 현실이 조금이나마 아름답게 바뀔 수 있는 가능성을 비추는 시적 비전을 찾게 하는 능력을 키운다면, 우리는 이 시인의 자기애를 기꺼이 환대할 필요가 있다. 그의 이름은 이우성이다. 한 번 더 확인하자. 그는 서른한 살, 시 쓰는 이우성이다. 지우고, 지워지는 나르키소스, 이우성이다.

두 개의 플레이아데스
―― 김승일·박성준의 시

시인의 고통, 시인이라는 고통

박성준의 첫 시집 『몰아 쓴 일기』(문학과지성사, 2012)를 읽을 때 느끼는 불편함은 어조와 리듬, 단어의 쓰임이 시대착오적이라는 인상을 주는 데서 비롯한다. 아비, 어미, 할아비, 누이 등 빈번히 등장하는 고어(古語)풍의 사투리와 '—니라' '—더라' '—습죠' 등의 문어체 종결 어미, 무가의 요설체를 적극 차용한 형식은 최첨단의 포스트모던 시대에는 어울리지 않는다. 게다가 일상의 문화적 기반과 동떨어진 무속의 풍습이 현대적 삶의 한가운데로 진입한 형상 또한 전자공학적 스피드에 익숙한 우리의 육체적 리듬에 생소한 이물감을 준다. 신병, 만신, 지박령, 내림굿, 접신 등의 문학적 소재가 '한국적 토속'과 결합한 반근대주의의 지향이라든가 억압받는 집단 주체인 '민중(민초)의 목소리'를 상상한 민중주의의 이념 등과 결합해온 문학사적 이력을 떠올린다면, 주체의 분열과 해체를 지나온 이 시절에 이러한 무속적 모티프를 다시 마주하는 일은 시대의 현실성과 동떨어진 독아적(獨我的) 감수성의 표출로 읽힐 여지가 많다.

그런데 이 모티프들은 재현의 대상이 아니다. 오히려 그것의 재현 불가능성을 밝히는 데 시가 오롯이 바쳐져 있다. 모티프의 고유함으로 여겨지는 것들, 가령 초자연적 성격, 알 수 없는 미지, 마법적 신비의 야생성과 모호성 등 샤먼 세계의 언어적 상징화나 맥락화를 통해 이데올로기적 효과를 생산하는 일에 시는 관심이 없다. 이를 경유하여 도달하려는 지점, 그 궁극의 지점을 형용 불가의 사태로 맞닥뜨린 젊은 시인의 괴로움과 곤경을 필사적으로 발설하는 데 언어의 촉지가 모여 있다. 무속적 테마는 이 '말할 수 없는 것'을 말하기 위한 매개인 셈이다. 그러므로 표면적 매개의 의미망을 뚫고 부상하는 언표화할 수 없는 '그것'의 직접적 대면이 우리의 정서와 정신에 어떤 충격을 가하고 감응을 낳는가가 더 긴요하게 주목되어야 할 사항이다. 그렇다면 '말할 수 없는 것'이란 무엇인가? 그것은 고통과 깊이 결부되어 있다. 그런데 고통이라 적고 보니, 육체적이든 정신적이든, 이 말은 지극히 추상적이고 개념적이다. 이를 구체화할 최선책이 '누이'가 앓는 병에 기대는 일이다.

숟가락으로 얼굴에 한 부분을 파낸 것 같습니다. 천장이 접혔다 도로 펴지지요. 누이는 오래 누워 있습니다. 굿하지 못한 굿이 거듭될수록 누이의 몸은 씻기지도 않고, 눌리지도 않지요. 낮아진 천장에는 귀신이 살고, 바닥에는 누이가 삽니다. 귀신은 병든 누이를 주무르며 강물을 만듭니다. 아우성을 만듭니다. 헤엄을 쳐도 헤엄을 쳐도 떠내려갑니다.

벼락이 치고 나무가 쏟아지고 낮은 집들마다 물이 차고 땅을 뒤엎습
니다. 춤을 춥니다. 병신춤을 추지요. 누이의 눈꺼풀을 간절히 밀고
핏속에 난장을 틉니다. 〔……〕
〔……〕 어디서부터가 네 심장이고
어디서부터가 내 심장인지, 귀신의 고통을 내가 앓습니다.
누이가 나 대신 귀신을 앓습니다.
누이 그림자 옆에 내가 포개져 봅니다.
나무와 나무가 만나서 꾸지 말아야 할 꿈을 꾸고 있습니다.
죽어서도 못 잘 참 오래된 잠을 지금 자고 있는 겁니다.

—「담」 부분

"꼭두각시 목소리로 새벽을 외치거나 얼굴에서 얼굴을 뺀 얼굴로"
(「혀의 묘사」) 누워 있는 '누이', "꿰맨 볼에서 피가 흐르고 있었지만
여전히 휘파람을 불"며 "칼을 쥐고" 춤을 추는 누이(「俳優 1 ; 너그러
운 귀신」), 병신춤을 추다가 북이 끝나자 병신이 되어 누운 '누이'
(「담」)…… 병든 '누이'의 참담함은 "허리가 반으로 딱 잘린 뱀이 서
로 헤어진 몸을 여기, 저기, 두고, 꿈틀거린다. 살려는 건가. 죽으려
는 건가"(「고통의 축제」)와 같은 꿈 이미지로 전치되어 '나'의 무의식
에도 깊숙이 침투된 형상으로 나타난다. 아니, 무의식에서 발원한
'무엇'이 누이에게 상징적으로 투사된 것일 수도 있다. 분명한 것은
이러한 이미지들이 고통의 전모(全貌)와 그 가공할 전체를 재현하지
못한다는 사실이다. '누이'의 고통이 강박적일 만큼 변주되어 이야기
되는 까닭은 언어의 무능을 극복하기 위해서지만, 반복의 정도만큼
무능력의 확인도 매번 되풀이된다. 고통 자체가 '말할 수 없는 것'이

지만, 말할 수 없음의 고통도 마찬가지다. 고통도, 고통을 말할 수 없는 무기력의 곤란도 모두 상징화될 수 없는 대상들이다. 하지만 이것이 끝이 아니다. '누이'의 고통을 빌린다는 데서 비롯한 죄의식도 또 다른 지반을 이룬다. 누이의 이상(異常)과 기이한 병을 커밍아웃의 수단으로 삼고 있다는 죄책감이 '누이'에 대한 동정과 연민, 안타까움, 은밀한 공감과 함께 가로놓여 있다. '누이'라는 한계 상황에 의존할 수밖에 없는, 그 간접화된 차용 외에는 표현할 방도가 없는 '것 Das Ding'이 시인에게는 있다. 이는 두 가지 내용을 아울러 환기한다. 첫째 '누이'의 고통을 재현하는 것이 시의 목적이 아니라는 점, 둘째 '누이'를 거쳐 드러내고자 하는 '것'은 '나'의 가장 아픈 상처를 훤히 벌거벗겨 만천하에 공개한다 해도 충분치 않을 만큼 결정적으로 재현 불가능한 것이라는 점. 내체 '그것'은 무엇인가?

외상의 불가능한 상징화를 방법화해야 할 만큼 제대로 말할 수 없어 고통스러운 어떤 '것'이란 자신이 시인이라는 점, 바로 그 자체다. 시 쓰는 자라는 그 사실, 시인-임being, 시인-됨, 시인-삶으로서의 자기 자신, 그러한 존재로서의 자기 포박. 박성준의 시를 읽을 때 놀라움을 금치 못하는 것은 시인의 정체에 대해, '시인-임'의 의미와 위치에 대해 시인 스스로가 표명하는 절망에 가까운 자의식이다. '누이'를 거부하고 미워하면서 동시에 귀신 받는 영매에 대한 질투 때문에 그러한 영매와의 상상적 동일시를 거침없이 시도하는 심리적 혼란도, "나는 (……) 아직도 만나지 못한 다역의 혀를/그리워한다"(「변사의 혀」)고 말할 때 "다역의 혀"가 가리키는 다자(多者)적 목소리에 대한 본능적인 갈망도, 그리고 "내 혀는 말을 배우는 아픔으로 다시 돌아가"고 "나는 말을 배우기 싫은, 모르는 혀로 돌아가서"(「시커먼 공중아, 눈가를 지나치는 혼돈 같은 교감아」) 울음을 운다는 강렬한 정념도, 실은 시인 '이기' 때문에, 아니 시인 '이어야' 하고 시인 '이고 싶기' 때문에 발생하는 실존적 고통들이다. 귀신받이—만신(무당)—배우—다역의 혀는 박성준에게 시인과 동일한 위상을 지닌 상징적 자리의 이름들이다. 그가 이 자리에 자신을 두는 일은 "혀에서 혀까지/묘지가 서는 입속"(「혀의 묘사」)으로 들어서는 것과 같다. 마치 죽음 충동에 자기 전부를 거는 것과 유사해 보인다.『몰아 쓴 일기』는 이러한 무조건적 충동의 형체와 움직임을, 말할 수 없는 '시인-그것'의 말을 옮기는 내적 드라마라 해도 과언이 아니다. 구문이 해체된 리듬이 시를 지배하는 이유도 이와 관련이 깊다. 기존 언어 체계 이전의 전(前)의식적인 리듬에 의지하는 것 외에 다른 수사학적 틀을 찾기가 어려운 탓이다. 또한 "혀의 뿌리"(「무슨 낯으로」)를 찾는 자기 탄생과 기원에 대한 이야기가 빈번히 등장하는 연유도 '시인-임'의 자리에 자신을 위치짓기 위해 치러야 할 필수적 단계로 오이디푸스적 과정이 새롭게 상상되어야 하기 때문이다.

시인은 세계에 실패함으로써 세계에 참여하는 자로 일컬어지지만, 박성준의 시는 더 이상 '실패'라는 말로 이 시대를 살아가는 시인의 존재 의의를 찾을 수 없음을 예증하는 듯하다. 자신이 시인이라는 점이 무엇을 의미하는가를 궁구하는 데 바친 이 시집에서 우리 시대의 시인은 이 젊은 시인에게 이르러 '귀신'이며 유령인 자, 달리 말해 저승에서 이승으로 건너온 산 죽음의 이행으로 읽힌다. 실패한 자의 비극미도 없이 기괴하고 낯선 사물로 인지되는 '것'들 말이다. 그러니 앞으로도 '시인'으로 살라는 말을 이 시인에게 차마 어떻게 할 수 있겠는가? 그러나『몰아 쓴 일기』를 읽은 사람이라면 누구나 예감할 것이다. 그가 시인으로 살 수밖에 없으리라는 것을, 그것이 그의 필연 Ananke이라는 것을……

신이 죽어서 우리끼리 선생님

　박성준에게 시인-임being 자체가 외상적 실재real라면, 김승일에게 그것은 실재와의 대면에도 놀라지 않는, 히스테릭한 반응을 오히려 상쇄하는 이지적 힘의 원천이다(그러니 두 시인은 다를 수밖에 없다!). 한국 시에서 이상—장정일—황병승으로 이어지는 '질주하는 아해들'의 계보는 최근 첫 시집을 낸 김승일에 의해 자리 하나를 더 갖게 되었다고 해도 과언이 아니다. 『에듀케이션』(문학과지성사, 2012)의 경우, 싱년/싱인의 세계를 외설의 난무로 감시하는 태도와 그러한 외설에 너무 근접해 있어 불온하고 위태로워 보이는 소년들의 권태와 우울, 극단적 기질은 김승일에게도 여전하다. 죄의식과 자기 모멸감에 휩싸여 전력으로 '도망 중'이던 장정일의 소년과, 부끄러움을 안고 묵시적 정념을 발산하며 몰락과 파탄을 향유하는 히스테릭한 황병승의 소년에 비하면, 김승일의 소년은 훨씬 쿨cool하고, 자유분방하며, 발랄하고 유희적이다. '부모'로 표상되는 기성의 부르주아적 질서에 대한 저항감도 누그러져 있다. 어차피 '부모'는 죽었고, "유언을 할 시간"(「가명」)도 없었다. 쥐가 있어도 잡아주지 않고, 텔레비전을 보려고 문을 연 채 볼일 보는 엄마나 거실에서 잠만 자는 아빠는 있어도 그만 없어도 그만이다. '부모'도 성년이 아니기는 매한가지다. 김승일의 시 세계에서 큰타자는 죽이고 싶거나(장정일), 죽었다고 생각되는(황병승) 대상이 아니라 이미 오래전에 죽어버린, 어쩌다 떠오르는 흔적들이다. 선배들에 비해 이 시인이 타자의 실재를 의식하는 방식은 한결 더 분석적이고, 이지적이며, 냉철하다(사실, 이 점이 김승일의 시에서 가장 놀라운 바다).

자신이 기원한 건강에 대해. 고손자는 의문을 품고. 손자의 의문을 듣는 중이다. 얼굴을 모르는 고조할머니.
그녀의 건강을 네가 빌었고. 건강이라는 것이 시작되었어.

이상한 건강을 묵상하면서.
고손자는 한쪽을 바라보는데.

어쩌면 저 애가 날 보는 걸까? 보고 있다는 생각이 든다. 저 애가 내 쪽을 바라보아서. 내 쪽이라는 것이 시작되고.
생각이라는 것이 시작을 하고.

고손자가 어슴푸레 살 향길 풍겨. 냄새 맡는 것이 시작되었다. 그런데 이게 너의 살 향기라면, 어째서 진작 풍기질 않고. 새삼스레 방금 시작된 걸까?
의심이라는 것이 시작을 하고.

〔……〕

입술이라는 것이 시작되었다. 수족은 제쳐놓고 달랑 입술만, 입술만 자그맣게 시작되어서.

자꾸만 더 작아지기 시작하는……
나는 봤다. 입술의 시작과 끝이.
거의 동시에 시작되는 걸.

시작과 동시에 시작투성이. 수족이 없는, 입술이 없는, 끝장날 건덕지가 없는 나는.
어쨌든 바짝 붙을 수 있지. 바짝 붙어서 킁킁거리지.

이것이 붙는다는 생각이라면. 생각이 온종일 시작된다면. 손자들이 차례로 술을 돌리고, 돌렸던 술을 나눠 마시고.
고손자의 입술이 잔에 닿는다.
　　　　　　　　　　—「숙은 자를 위한 기노」 부분

이 시만큼, 큰타자란 주체에 의한 주관적 전제이며, 마치 그것이 있는 것처럼 여기는 한에서만 존재하는 가상적virtual 토대임을 보여주는 예도 없다. 심지어 애도마저 가상적 형식에 불과한 것으로 나타난다. '나'—죽은 자인 부모까지 포함해서—는 귀 '신(神)'인데, 현실에선 무(無)라 해도 아직 죽지 않은 죽음인데, "저 애가 내 쪽을 바라보아서. 내 쪽이라는 것이 시작되고/생각이라는 것이 시작을 하고" "고손자가 어슴푸레 살 향길 풍겨. 냄새 맡는 것이 시작"되고, "고손자의 입술이 잔에 닿"으니 "입술이라는 것이 시작"된다. '신(神)'은 그것이 존재한다고 믿는 주체의 행위와 의식 없이는 존재 여부를 증명할 수 없는 텅 빈 타자인 것이다. 자기의 시작과 기원과 태초가 오직 저편에 달려 있음을 인지한 신은 비로소 자신이 죽었음을 알게 된다. 김승일은 이렇듯 감각화된 논리적 방식으로 큰타자(신)에게 죽음을 통보한다. 당신들이 죽었다는 사실을 알리기 위해 '큰애' '작은애'는 '부모'를 죽은 채로 그냥 둔다. 당황하거나 놀라서, 혹은 무섭거나 겁이 나서가 아니다. 죽은 신('부모')이 자신의 죽음을 모르면 '우리'를 더 강하게 억압하는 초자아로 귀환하여 '우리'의 잔인성과 폭력성을 부추기는 강박적 명령이 되기 때문에, 신은 자기가 죽었음을 알아야 한다.

그렇다면 왜 이렇게 큰타자의 죽음을 번복될 수 없는 명백한 사실로 확정짓고자 하는 것일까? 더 많은 자유를 누리기 위해? 억압 없이 더 많은 쾌락을 만끽하기 위해? 아니다. "더한 일"을 하는 자, "더한 일"을 "백 개나 겪"게 하는 자, "더한 일"을 "백 개나 겪"는 건 "그냥 거대한 하나"(「영향력」)여서 그보다 더한 일을 겪는다 해도 아무렇지 않게 느끼도록 만드는 자, 바로 그런 자가 되지 않기 위해서다. 김승일의 소년은 외설스러운 성인이 되고 싶지 않은 것이다! 외설로부터의 자유, 이것이 김승일 시의 윤리적 성격을 말해준다. 배면에 깔린 권태의 정서에도 불구하고, 「같은 과 친구들」이 학대받은 얘기를 과장하며 '수다'를 떨고 멀뚱히 있는 것이나, 「같은 부대 동기들」이 '고해 성사'를 위해 무슨 죄를 지을지 계획하면서 정신없이 웃고 떠들다 막상 "독실한 신자 녀석"의 "끔찍한 생각"에 겁을 내며 잠잠해지는 것은 아무것도 행하지 않는 자유, 즉 '~하지 않을' 소극적 자유 내에 있으려 하기 때문이다. 김승일의 소년은 정말 *하고 싶지 않은 자*이다. 그가 하는 일이 있다면 고작해야 거실을 학교로 만들고, 옥상에서 담배를 피우고, 축구공으로 체육관 천장을 때리는 일이다. 이러한 소극성이야말로 무위(無爲)의 한 양태일지 모른다. 김승일의 시적 주체가 취하는 유희적 자세는 그런 점에서 외설적 성인이 되는 것을 미연에 방지하려는 방법적 노력으로 볼 수 있다. "더한 일"을 겪고도 원한을 품지 않은 자가 되려면 그것을 아이다운 장난과 놀이로 대할 필요가 있다.

김승일의 시가 큰타자의 사망 선고를 이전 세대보다 더 확실히 이행하면서 하고 싶지 않은 주체의 형상을 보여준다는 점은 분명해 보인다. 그러나 미래파 이후 등장한 시인 가운데 그가 크게 주목받는 이유를 설명하기에 이러한 지적은 충분치 않다. 그보다는 그의 시가 더 심화된 난경(難境)을 포착하고 있음에 주목할 필요가 있다. 그것은 신(큰타자—부모)이 자신의 죽음을 알게 된 순간, 형제(소년들)도 죽은 자와 진배없어지는 사태에 직면한다는 점이다. "부모가 죽고 세 달이 흐르자"(「방관」) 거실과 화장실은 학교가 되고, 형제 중 한 명은 똥을 싸고 한 명은 샤워하다 치고받고, 쥐가 튀어나오는 변기는 수영장이 된다. 마치 『성』에 갇힌 측량 기사 K가 자신의 현실을 불가해한 사물들에 둘러싸인 세계로 느끼듯, 현실은 비현실이 되고, 카프카적인 부조리가 온갖 말들, 세부적인 일상 전체, '우리들'의 모든 인간관계 내부에서 틈을 벌리고 솟아난다. 『에듀케이션』에 실린 대부분의 시가 비유도 상징도 없는 구체적인 사실의 진술과 일상 어투의 직접 화법으로 이루어졌음에도 불구하고, 시를 읽는 독자는 현실이 비현실로 바뀌는 이상한 지점으로 안내된다. 「거제도는 여섯 살」의 경우 조카를 물에 빠뜨린 이모부의 장난은 어느 순간 온 가족이 피서를 즐기는 바닷가를 근친 살해가 방조되는 범죄 현장으로 만든다. 1인극 형식의 대사로 구성된 「다음」에서 헬렌에게 말을 건네는 선생님의 독백은 사이코스릴러물을 방불케 하는 공포극으로 뒤바뀐다. 「오리들이 사는 밤섬」의 불륜 현장은 너무나 구체적이고 지나치게 진지해서 현실감 없는 우스꽝스러운 블랙 코미디가 된다.

현실과 비현실의 경계가 허물어지고 기이한 부조리가 편재하는 지점을 포착하는 감각과 직관은 선배들과 비교했을 때도 손색없는 김승일만의 특장(特長)이다. 문제는 이러한 비현실감과 부조리의 출몰이 주체가 상징적 질서 내에서 자기의 장소를 상실했음을 역으로 말해준다는 사실이다. 왜 안 그렇겠는가? 타자와 주체의 관계가 상호 주관적인 한, 큰타자가 자신의 죽음을 알았을 때, 이는 동시에 주체의 소거를 주체 스스로 집행하는 일이기도 하다. 그러니 김승일의 소년들은 하고 싶지 않은 자이면서 죽은 자가 되지 않기 위해, 형제끼리, '우리'끼리 서로가 "서로에게/가르쳐"줘야 한다. "우리들이/알게 된 것을"(「홀에 모인 여러분」). 신이 죽었으니, 그것을 신도 알았으니, 소년들이 그들만의 상징적 질서를 세우기 위해서는 서로가 서로에게 '선생님'인 자리를 마련해야 한다. 김승일이 제안하는 방책은 일단 이 길이다. 서로가 서로의 '에듀케이션'이 되는 것. 그런데 그 같은 길이 계몽주의적 성년/성인의 세계로 되돌아가는 경로가 되지 않으려면 어떻게 해야 될까? 이것이 『에듀케이션』을 읽으면서 떠오른 마지막 질문이다. 아마도 '더 멋있는 양아치'이고 놀랄 만큼 주지적인 그라면 답을 찾을지도 모를 일이다.

'우리'라는 이름의 낯선 공동체
── 이근화 · 김언 · 강성은의 시

'우리'라는 1인칭 복수 대명사가 시적 화자로서 중요하게 주목받던 시기가 있었다. 신경림의 「농무」에서 '우리'가 같은 생활권 내에서 같은 설움을 지니고, 말하지 않아도 서로 아는 깊은 한을 신명으로 푸는 민중적 심성의 동일자를 가리키는 집합적 이름이었다면, 백무산의 「전사」에서는 "쇳덩이에 허리가 잘려 픽픽 쓰러지는/우리는 전사인가/쇄석기에 말려들어 어머니 어머니조차/부를 틈도 없이 가루가 되어/죽어가면서도 우리는 전사인가"라고 호명되었을 때 '우리'는, 동일한 계급 의식으로 묶이지 못한 사회적 약자와 무산자가 강고한 계급적 정체성을 내면화하여 계급 투쟁의 전위로서 자기를 재정립하고 상호 간의 연대를 실현할 것을 요구받는 '상상의 공동체'였다. 혹은 김광규의 「희미한 옛사랑의 그림자」에서처럼 기성세대로 편입되어 젊은 날의 빛바랜 꿈을 추억하며 해소되지 않을 소외감에 쓸쓸해하는 개인들이 서로의 닮은 얼굴을 발견하는 공통 감성으로서의 '우리'도 있었다.

사회적 · 정치적 내포가 무엇이든, 이러한 '우리'는 동일성의 차원에

서 공동 존재로 범주화되는 특정의 공동체를 표상하는 명칭이다. 그
것은 오랫동안 한국사의 흐름과 깊이 연동하며 시 내부에서 강한 주
체화의 욕망에 따라 역사적·정치적 상상력과 결합된 상태로 호출되
었다. 역사의 변혁이라는 유토피아적 기원을 수행할 주인공으로, 헐
벗은 타자에게서 동일한 모습을 보고 동정의 윤리학을 실천할 도덕적
주체로, '우리'는 사회 내부에 뿌리내려야 할 집단적 실체의 목소리로
시에 나타났다. 때로 그러한 집단적 주체화에 포섭되길 거부한 예외
적 개인들의 자기 소외가 감정의 공유를 호소하며 가상의 공통 존재
를 상정하여 심성의 공동체 내부로 자기를 위치시킬 때에도, '우리'는
동일한 형상을 상기시키는 복수적(複數的) 무리의 상징이었다. 하지
만 이때의 '복수'는 수적인 '다수'를 지칭할 뿐, 질적 차이를 포괄하는
형태, 즉 이질적 존재인 비동일자가 등가적으로 공존하는 상태를 가
리키지는 않는다. 기실 '우리'로 구획될 때 비동일적인 것은 '우리' 밖
으로 배제되는 법이니, '우리'는 자연스럽게 '같은 것으로서의 여럿'
을 지시할 때에만 사용 가능한 대명사이다.

 그러나 언제부터인가 이 같은 일상적 개념에 틈을 내는 시적 파열
이 눈에 띄게 일어나고 있다. 특히 2000년대 이후 젊은 시인들의 시
에서 '우리'라는 시적 화자가 자주 등장하는데, 그것의 내포와 형세는
앞서 서술한 예들과 판이하게 다를뿐더러, 언어적 관용성에서 벗어나
생소한 의미를 파생시키고 있다. 가령 다음과 같은 장면.

  우리는 이 세계가 좋아서
  골목에 서서 비를 맞는다
  젖을 줄 알면서

옷을 다 챙겨 입고

지상으로 떨어지면서 잃어버렸던
비의 기억을 되돌려주기 위해
흠뻑 젖을 때까지
흰 장르가 될 때까지
비의 감정을 배운다

단지 이 세계가 좋아서
비의 기억으로 골목이 넘치고
비의 나쁜 기억으로
발이 퉁퉁 붇는다

외투를 입고 구두끈을 고쳐 맨다
우리는 우리가 좋을 세계에서
흠뻑 젖을 수 있는 것이
다행이라고 생각하면서
골목에 서서 비의 냄새를 훔친다

———「소울 메이트」[1] 전문

'소울 메이트'는 영혼의 동반자를 뜻한다. 운명적 만남과 불가해한 교감의 후광이 이 말을 감싸고 돈다. 그러나 이 시의 '우리'는 그러한

---

[1] 이근화,『우리들의 진화』, 문학과지성사, 2009.

형이상학적 신비로부터 멀리 벗어나 있다. 사소하고 하찮은 행위에 몰두해 있고, 그나마도 뜻 없는 장난에 가깝다. "이 세계가 좋아서" "비를 맞는" 것 사이에는 논리적 필연성도 없고, "젖을 줄 알면서/옷을 다 챙겨 입"는 행동은 무위(無爲)의 놀이에 가까우니, '우리'는 합리적 사유의 주체와는 거리가 멀다. 주체란 이성에 의해 자기 입법을 정하고 스스로 정한 원칙을 이행하는 자율적 실천자를 가리킨다. 그리고 주체는 타자를 전제할 때 비로소 주체가 된다. 주체와 타자를 구분하기 위해선 준거가 필요한데, 이 준거의 제일 원칙에 의해 주체의 집단화도 좌우된다. 같은 핏줄, 같은 인종, 같은 이념, 같은 이익 등 결정 요인은 셀 수 없이 다양하다. 분명한 점은 우리라는 집단 주체가 통일된 하나의 목소리를 낸다는 사실이다. 그런데 이 시의 '우리'는 집단적 동일성의 목소리로 보기엔 모호하고 기이한 데가 많다.

'우리'가 '우리'인 이유는 "이 세계가 좋아서" "비를 맞는다"는 것, 즉 기호와 취향이 같아서다. '우리'는 취향의 공동체다.[2] 기호와 취향은 가치 판단의 대상이 아니다. 내가 이것 아닌 저것을 즐기거나, 여기 아닌 저기를 좋아한다는 것은 옳음/그름 혹은 긍정/부정의 범주로 평가될 수 없다. 또한 이것 아닌 저것, 가령 맥주보다 소주를, 양지보다 음지를 더 좋아하는 데는 뚜렷한 이유가 없다. 아니, 더 정확히 말하면 남들의 이해와 납득이 필요치 않은 이유가 있을 뿐이다. 그러니 왜 이 세계가 좋은지, 왜 비를 맞는지 묻는 것은 '우리'에겐 쓸데없는 질문이며, '우리'가 그렇게 '우리'인 것은 하등 비판거리가 못 된다. '우리'는 기성의 가치 체계 '바깥'에 존재한다. 게다가 '세계가 좋

---

[2] 이 시의 '우리'가 갖는 함의에 대해서는 이광호의 빼어난 해석을 참조하는 것이 좋다. 이광호, 「진화하는 우리들의, 명랑하고 모호한 감정들」, 앞의 책, 해설 참조.

다'는 막연한 이유로 비를 맞는 이 공동체는 공동체라 하기엔 지나치게 임시적이다. 취향이란 본래 매우 다양하고 이질적이어서 규범화, 원리화가 불가능하다. 비 맞기를 좋아한다는 점이 우리의 정체성을 이룰 수도 있지만, 이렇게 구축된 정체성은 일시적이고 임의적이며 가변적이다. 기호와 취향은 그때그때의 감정과 기분에 따라 다른 선택을 하기 때문이다. 오늘은 비 맞는 게 좋지만 내일은 싫을 수도 있다. 이처럼 순간순간의 감각과 감정에 따라 형성되는 '우리'는 일종의 화학 반응——가령, 맥락context과 그것의 수용——에 의해 잡종적 변이와 이합집산이 가능한 분자적 공동체에 가깝다.

주체와 타자가 뚜렷하게 분별되지 않는다는 점에서 이 시의 '우리'는 경계 없는 공동체이며, 형성 기준이 수시로 변할 수 있기에 순간적 회합(會合)의 형태를 띠는 유동하는 공동체이고, 기존의 가치 체계가 그 힘을 행사하지 못하는 영역에 있다는 점에서 자유로운 아나키적 공동체이다. '우리'가 경계가 없고, 유동하며, 아나키적이라는 것은 이 공동체가 "비의 기억"을 되살고 "비의 감정"을 배우고 "비의 냄새"를 훔치기 위해 모인다는 데서 확인된다. 비는 안팎의 구별이 불가능하고, 기후 변화로 초래된 순간적 운동의 형태를 띠며, 가치 판단과는 무관한 대상이다. 특히 비의 기억과 냄새와 감정은 정체가 모호하고 불투명하므로 실체 없는 것에 가깝다. 불가지(不可知)의 기억과 감정과 냄새로 이입되려는 '우리'는, 그러므로 타자의 외부에서 타자와의 동일화를 시도하는 자들이다. 타자와 접속하여 섞여드는 비동일적인 것으로서의 공동체-되기. 이것은 불가능한 역설이다. 그렇기에 '우리'를 가리켜 존재하지 않지만 존재하는 것처럼 생생하게 인식된다는 의미에서 시뮬라크르의 차원에 있다고 말할 수 있다.[3]

또 하나 주목할 점은 '우리'란 이미 아이러니한 균열체라는 사실이
다. 공통의 취향이 '우리'를 공동체로 만들 수는 있지만, 그것은 공동
체를 집단적 주체로 지속·유지·보존할 힘이 없다. 힘이 없다는 것은
긍정적이다. '우리'는 분자적인 비동일자로서, "서로 다른 속도로 취
하고" 지워질 수 있기 때문이다.

> 우리는 서로 다른 속도로 취하고
> 가로등이 두 개로 세 개로 무너지고
> 모서리가 둥글어지고
> 신발이 숨을 쉰다
> 우리는 같은 이름으로 자전거를 타자
> 바퀴를 굴리면 쏟아지는 달콤한 풍경들이
> 우리를 지울 때까지
> 우리의 이름이 될 때까지
>
> ─「우리는 같은 이름으로」[4]

"같은 이름"의 "다른 속도"는 '우리'를 각기 다른 시간의 구현으로
흩뿌리는 내적 동력이자 '우리' 내부의 틈이다. 이것이 '우리'를 동일
자일 수 없게 만든다. '우리'는 집단적 동일성에서 이탈할 때, "달콤
한 풍경들"로 지워질 수 있다. 누군가는 묻고 싶을지 모른다. 왜 이렇

---

3) 이에 대해 이광호는 '우리'가 자신의 집단적 동일성을 내부에서부터 지워나간다는 점에서 시뮬라크르의 차원에 있으며, 우리와 타자가 지워지는 그 지점에서 부정(不定)의 대명사가 됨에 착목하여 '비인칭'이라고 표현한다. 이광호, 앞의 글 참조.
4) 이근화, 앞의 책, p. 116.

게 지워져야만 하느냐고. 아마도 유일무이한 '하나의 이름'이 아니라 가능한 모든 자유태의 '다른 이름'이 되기 위해, "서로 다른 속도"로 현재와 미래를 넘나들며 이 세계의 이면과 '바깥'에 닿기 위해서일 것이다. 그 속도 안에서 "가로등이 두 개로 세 개로 무너지고/모서리가 둥글어지고/신발이 숨을 쉬"는 "달콤한 풍경"이 비로소 감각된다. 이러한 감각이 동일한 집단적 정체성의 감옥으로부터 '우리'를 해방시켜줄 수 있음은 물론이다. 그러니 이 시의 아이러니는 더없이 명랑하고, '우리'를 강제 없이 자동적으로 내파한다.

한편 무목적적인 순수한 쾌감에 집중한다는 일관된 특징은 '우리'를 미학적 층위로 옮겨놓는다. 비의 촉각적 체험에 열중하고 달콤한 풍경으로 들어서길 원하는 것은, 진정한 "우리의 이름"이란 사회적·정치적인 차원이 아닌 미학적 차원에서 획득될 것임을 암시한다. 미적 영역에 토대하기에, 현실적 이해관계와 실용성을 염두에 두지 않는 이러한 낯선 공동체의 특성이 보유되는 것인지도 모른다. 그런데 여기, 또 다른 형태의 기묘한 '우리'가 있다.

우리는 보통 밤에 얘기하고 낮에 뜨거워집니다. 우리는 우리 둘 중에서 어느 한 사람이 연인으로 발전할 가능성이 있습니다.

우리는 경향에 가깝습니다. 우리는 보통 밤에 얘기하고 낮에는 짐을 옮기면서 물끄러미 우리의 얼굴을 쳐다보고 이런 얘기를 나눕니다. 마치 자신의 얼굴처럼 부끄럽습니다.

우리는 경향이니까요. 될 수 있는 대로 멀리 뻗어 가는 두 사람의 팔다리를 바로 등 뒤에서 느끼고 만져 봅니다. 우리는 정말 굳어갑니다. 달아나기 위하여 가장 높은 곳에서 옥상을 준비해 두었습니다.

직전의 포즈는 모두 사실입니다. 내일부터는 우리가 내다보는 창밖에서 이상하게 울음이 큰 사나이와 여자의 옷자락이 펄럭입니다. 떨어지기 위하여 우리는 어디서부터 입을 맞출까요? 커피숍에서 아니면 가로등 아래 공원에서 그도 아니면 혼자서 걸어 보는 공중전화 부스 안에서 은밀하게 오늘과 내일의 거리를 상영합니다.

내일은 각자 움직이고 있습니다. 우리는 난폭하게 화해하는 양편의 팔을 등 뒤에서 느끼고 정말 만져 봅니다. 조용히 입을 감추고 있습니다. 스르르 눈이 내려옵니다. 키스는 이 영화의 전부입니다.

—「연인」[5] 전문

모리스 블랑쇼는 "'사회적 끈이 은밀하게 느슨해진 상태'를 전제할 때 세계를 망각한 '연인들의 진정한 세계'가 있을 수 있다"고 말한다. 그리고 세계를 망각하기 때문에 연인들의 공동체는 "언제나 깨지기 쉬운 이질적 결합이나 반사회적 사회"를 이루어 일반적 사회와 대립한다고 서술한다.[6] 왜 그럴까? 사랑은 개별자와 타자(/세계) 사이의 알 수 없는 심연이다. 심연에 대한 긍정, 기꺼이 그 심연에 뛰어들기. 모든 사랑의 형태는 이러하다. 심연으로의 자진 투신은 곧 기성의 사

---

5) 김언, 『소설을 쓰자』, 민음사, 2009.
6) 모리스 블랑쇼·장 뤽 낭시, 『밝힐 수 없는 공동체/마주한 공동체』, 박준상 옮김, 문학과지성사, 2005, pp. 55~56.

회적 관계에서 물러남을 의미한다. 이 과정에서 세계에 대한 망각은 자연스럽다. 이러한 투신에 함께 동참하는 자, 그와의 은밀한 관계 맺음이 연인이다. 그들은 다가갈 수 없는 유일한 존재들을 향해 나아가려 한다. 이는 "단 하나의 타자"를 "다른 모든 타자들을 가리고 무화시키는 유일한 자로서 염두에 둔다는 것"을 뜻한다.[7] 하지만 그러한 바람은 불가능하다. 다른 모든 타자들을 무화시키는 "단 하나의 타자"란 포착될 수 없기 때문이다. 이는 사랑이란 것이 결코 확실한 것이 될 수 없다는 데서 기인한다. "포착 불가능한 단수성(單數性)"[8]에 대한 영원한 욕망, 그러한 욕망의 타오름. 연인들의 공동체는 단 하나의 유일한 타자를 욕망하므로 다른 타자를 보도록 강요하는 사회를 긍정할 수 없는 것이다. 사랑의 (불)가능성이야말로 이해득실과 위세적 권력관계로 사물화되는 사회적 관계의 와해를 부추기고 그러한 관계 너머로 나아가게 하는 강력한 힘인 셈이다.

위 시의 '우리'는 포착 불가능한 타자에 닿으려는 사랑의 (불)가능성의 감각적, 지적 현현에 해당한다. 밤에 얘기하고 낮에 뜨거워질 수 있는 사이, 밤낮이 뒤바뀌어 달아오르는 사이란 연인 외엔 없다. '우리'는 연인이다. 그런데 좀 이상하다. "우리는 우리 둘 중에서 어느 한 사람이 연인으로 발전할 가능성이 있"다고 한다. 그렇다면 '우리'는 아직 연인이 아닌 건가? 그래서 어느 한 사람이 상대방을 사랑하게 될 수도 있다는 뜻인가? 아니면 '우리'는 연인인데, 각자가 다른 사람의 연인이 될 수도 있다는 말인가? 답은 다음 구절에 있다. "우

---

7) 앞의 책, pp. 73~74.
8) 앞의 책, p. 77.

리는 경향에 가깝"다. 혹은 "우리는 경향이"다. 전자도 후자도, 문법적 의미 체계를 벗어나 있어서 논리적으로 쉽게 납득되지 않는다. 그러나 이 구절은 논리 자체와 무관하다는 말이 더 옳을 것이다. 이 시에 따르면, 사랑하는 이들의 하나-됨이 곧 연인인 것은 아닌 까닭이다. 오히려 그런 '하나-됨'은 환상이고 허위라고 말한다.

사랑하는 자들의 성공적인 일자-화(一者化)가 연인이 아니라는 사실은 "우리는 경향"이라는 구절에 함축되어 있다. 경향이란 행동이나 심리, 의식이 어떤 방향으로 기울어짐을 뜻한다. 이때 기울어짐이란 어떤 것이 된다는 뜻이 아니라 다만 그것에 가까이 다가감을 의미한다. 포물선을 그리면서 직전에 이르기까지 조금씩 흔들리며 접근하는 움직임. '우리'는 '하나-됨'이 아니라 '가까이-다가감'이다. 엄밀히 말하면 '하나'가 되려는 욕망으로 영원히 다가감, 그러나 영원히 '하나'가 될 수 없는 다가감이다. 이것은 사랑의 (불)가능성의 감출 수 없는 형태다. 그러므로 사랑의 (불)가능함을 수행 중인 '우리'는 연인이면서 연인이 아닌 이상한 역설을 표상하며, "우리 둘 중에서 어느 한 사람이 연인으로 발전할 가능성이 있"다는 모순 형용은 연인이란 '~됨'의 완료형이 아니라 '~로 향함'의 진행형으로 현존함을 지시한다. 연인과의 사랑의 성취는 낭만적 합일의 완성이나 그 꿈의 실현이 아니다. 사랑의 공동체라는 표현도 관습적 허상을 은폐하는 낡고 진부한 수식에 지나지 않는다. 연인들이 물화된 사회를 부수는 공동체로 주목될 때, "우리는 경향이니까요"라고 말하는 이 모호한 발화가 무엇을 가리키는지를 직감해야 한다.

연인들의 공동체가 "포착 불가능한 단수성"에 다가가기임을 시는 "멀리 뻗어 가는 두 사람의 팔다리를 바로 등 뒤에서 느끼고 만져 봄니다" "우리는 난폭하게 화해하는 양편의 팔을 등 뒤에서 정말 만져 봅니다"라고 감각적으로 묘파한다. 등 뒤에서 팔을 만지려면 두 사람은 포옹해야 한다. 하지만 서로의 팔다리는 "멀리 뻗어 가"고 있다. 그러니 만질 수가 없다. 또는 "양편의 팔을 등 뒤에서 정말 만"지지만, 두 팔은 지금 "난폭하게 화해" 중이다. 난폭한 화해란 언제든 깨질 화해다. 얼마 안 있어 "두 사람의 팔다리"는 멀리 뻗어갈 것이다. 하지만 "달아나기 위하여 가장 높은 곳에서 옥상을 준비해"두고, "떨어지기 위하여" "어디서부터 입을 맞출"지 고민하는 것을 보면, 모든 연인들이 그렇듯, '우리'는 "세계에 대한 망각" 상태에서 서로의 죽음을 드러내고 마주 보며 환원 불가능한 각자의 유한성을 나누는 공동체이다. "내일은 각자 움직이"면서 "스르르" 눈을 감고 키스하는 '우리'는 이렇게 복수적 단수이자 단수적 복수로서 현시(現示)된다.

누군가 문을 두드렸다 우리집을 방문한 것은 처음 있는 일이었다 우리는 문을 열고 반갑게 그를 맞았다 텔레비전에서 본 대로 과일과 차를 내오고 함께 의자에 앉았다 그는 말이 없는 사람이었다 우리는 날씨에 대해 이야기하고 언젠가 본 영화에 대해 웃으며 이야기했다 그가 우리집에 온 이유를 물었지만 그는 말이 없었다 그에게 말 못할 사정이 있는 것 같았다 우리는 그에게 방문해주어 고맙다고 말했다 우리는 그를 위해 푸짐한 저녁을 차렸다 식탁 앞에서 그는 잠시 망설이는 눈치였으나 여전히 아무 말 없이 숟가락을 들었다 저녁을 먹고 둘러앉은 우리는 밤이 깊도록 수다를 떨었다 그는 여전히 아무 말이 없었다 그에게 말 못할 사정이 있는 것 같았다 자정이 되자 우리는 우리의 방으로 들어갔다 그가 아직도 거기 앉아 있는 것 같아 불안했지만 이내 잠들었다 다음날도 그 다음날도 그는 돌아가지 않았고 그는 곧 우리가 되었다 그에게 무슨 사정이 있는 것만 같았다

——「이상한 방문자」[9] 전문

이 시는 놀랍게도 데리다의 '환대'를 떠올리게 한다. 낯선 이방인에게 이름도 묻지 않고 대가도 요구하지 않고 최소한의 조건도 내세우지 않으면서, 자기 집과 자신이 가진 전부를 내주고 어떤 계약이나 상호성도 요구하지 않는 무조건적 환대를.[10] 그렇게 본다면, 이 시의 '우리'는 '환대하는 공동체'라고 부를 수 있다. 연유를 헤아릴 수 없는 침묵으로 자신이 이방인임을 내세우는 '그'를 조건 없이 용인하고, 수용하고, 반갑게 맞아들이며 고맙다고 말하는 환대의 주체들. '우리'는 환대하는 것이 곧 환대받는 일임을 잘 알고 있는 자들처럼 보인다. 경계의 표식으로 읽히는 '그'의 침묵이 후반으로 갈수록 안도의 표정으로 바뀌고 있다는 인상을 주기 때문이다. 그렇기에 '우리'의 이름을 묻지 않고, '우리'의 말을 막지 않고, '우리' 전부를 수용함으로써 자신이 받은 환대를 의무로 계약하지 않은 채 '우리'로 동화되는 '그'의 결말은, '우리'에 대한 그의 환대로 이해된다. 그렇다면 이 시는 추상적 타자에 대한 절대적 환대의 가능성을 알레고리화한 이야기인가? 아니면 결국 '우리'가 되어버린 '그'의 귀결을 빌려, 데리다가 말한바, 무조건적 환대의 현실적 불가능성, 다시 말해 그러한 환대가 초래하는 "환원 불가능한 타락 가능성"[11]——무조건적 환대의 이율배

---

9) 강성은, 『구두를 신고 잠이 들었다』, 창비, 2009, p. 70.
10) 자크 데리다, 『환대에 대하여』, 남수인 옮김, 동문선, 2004.
11) 자크 데리다, 위의 책, p. 72.

반은 타인의 이름의 말소를 가져온다는 의미에서──을 형상화한 것인가? 그럴 수도 있다. '우리'의 무조건적인 환대가 '그'에 대한 구체적 관심으로 이어지지 않으니, 타자의 개별성에 대한 무관심이라는 함정에 빠지고 만 것과 다를 바 없으니 말이다. 이는 이방인의 침묵을 끝까지 내버려두면서 그와의 의사소통을 시도하지 않는 것보다는, 말하기와 침묵하기의 끝없는 투쟁 속에서 '포함하는 배제'[12]를 포기하지 않는 것이 더 필요함을 은연중 강조한 예로 볼 수도 있다.

그러나 시는 이론의 알레고리가 아니다. '환대하는 공동체'가 상상된 이면에는 보다 깊은 공포가 도사리고 있다. '그'가 "우리가 되었다"는 최종 결과를 환대의 긍정성을 과시하거나 타자의 동일화를 해피 엔딩으로 그린 것으로 오해해서는 안 된다. 이 시의 '우리'가 누구인지, 어떤 성제의 소유자인지 안다면, 무조건적 환대를 통한 '그'의 '우리-됨'은 '우리'도, '그'도 기뻐할 일이 아니다. 환대의 윤리학은 타자가 아닌 '우리' 자신이 누구인가를 묻는 것으로 환원된다, 아니, 환원되어야 한다. 그때에야 비로소 "이상한 방문자"는 "가족과 공동체와 도시와 국민 또는 국가의 저쪽 외부로 추방해 버린 극도의 타자"[13]가 아닌 '우리'에게 우리가 누구인지를 묻게 하는 "물음으로-된-존재" "물음으로-된-존재의 물음 자체"[14]가 된다. 이러한 물음의 출현은 진정한 의미의 사건──상황, 의견, 제도화된 지식과는 '다른 것'을 도래시키는 것으로서의 사건[15]──이다. 사건으로서 이방인

---

12) 김형중, 「사건으로서의 이방인」, 『문학들』, 2008년 겨울호 참조.
13) 자크 데리다, 앞의 책, p. 99.
14) 자크 데리다, 앞의 책, p. 57.
15) 알랭 바디우, 『윤리학』, 이종영 옮김, 동문선, 2001, p. 84.

이 방문할 때, 환대는 공동체의 에토스를 공동체 자신의 얼굴로 되돌아보게 만든다. 그 얼굴의 실상, 그로부터 빚어지는 두려움은 "우리는 무얼까"라는 질문 없이 맞닥뜨릴 수 없다. "이상한 방문자"인 '그'는 직관적으로 파악된 이 질문의 원초이며, 이를 위해 상상적으로 불려나온 이방인이다.

이상한 여름이다 우리는 시체놀이를 하다가 땀을 흘린다 가만히 있어도 땀이 나 우리는 속으로만 말하고 움직이지 않는다 눈을 감으면 눈앞의 검은 구멍은 점점 더 커진다 우리는 너무나 더워서 동굴 같은 저 구멍 속으로 들어간다 우리는 움직이지 않고도 갈 수 있는 법을 안다 〔……〕 너와 나는 우리는 시체놀이를 하고 있는 것뿐인데 잎들이 쌓일수록 몸은 가라앉고 지상의 소리들은 멀어져간다 바람이 불자 우리는 공중으로 솟구친다 벌거벗은 채로 팔랑거리며 날아간다 이상하다 우리는 왜 이렇게 얇아져 한 장이 된 걸까 우리는 무얼까 날아가다 우리는 낱낱이 흩어져 가루가 된다 시체놀이는 그만 하고 싶고 그러나 우리는 돌아오는 법을 모른다 아무리 눈을 떠도 시체들뿐이다 땀이 난다 우리의 비명만 공중을 가득 메운다

─「이상한 여름」[16] 부분

이상한 것, 자신이 누군지 모르는 것, 얇아진 채 날아다니다 흩어져 가루가 되는 것, 시체 놀이를 했는데 아예 시체가 되고 만 것, 이것이 '우리'의 본모습이다. 무조건적 환대 가운데 '우리'가 된 '그'의

---

16) 강성은, 앞의 책, p. 26.

운명은 이제 자명하다. "환원 불가능한 타락"의 구체적 형상이 되어 '그'는 공중에 떠돈다, 시체처럼, 아니 시체로서. 환대는 치명적 공포일 수 있다. '누가 이방인인가'보다 '우리는 누구인가'가 더 본질적인 문제이기 때문이다. 이방인이 아닌 '우리'가 공포의 연원이라는 것, '우리'의 환대는 전혀 숭고하지 않다는 것, 그것은 형이상학적 이상과 객관적 규범으로 추구되어선 안 되며 윤리적 우위를 점하지도 않는다는 것, 왜냐하면 "우리는 무얼까"라는 물음을, 그러한 '물음으로-된-존재의 물음 자체'를 근원에서 물을 줄 모르는 자들의 공동체는 '우리'뿐만 아니라 이방인까지 파괴하고 말소하고 만다는 것, 이러한 사실의 무의식적 감지가 위 시들에는 배어 있다. 그러니 이렇게 말하자. 자신이 무엇인지, 누구인지 모르는 '우리'는 아주 위험하다고, 그러므로 '우리'가 윤리적 공동체이긴 원한다면 타자를 이방인으로, 혹은 이방인을 타자로 볼 것이 아니라 자기 자신을 이방인으로 볼 줄 알아야 한다고…… 그러지 않고서는 환대의 윤리란 없다.

예술적 직관은 때로 시대를 앞서는 역사적 직관의 몫을 한다. 물론 '우리'라는 화자의 집중적 대두가 새로운 공동체에 대한 상상을 예비하는지 자체에 의문을 품을 수도 있다. 하지만 집단 주체가 모색한 배제의 정치학과는 근본적으로 다른 이질적 공동체의 가능성이 이들 시에는 잠재되어 있다. 지금까지 살펴본 대강의 지형도가 이를 뒷받침해준다. 이것은 어디까지나 부분적인 고찰이다. 좀 더 섬세하고 포괄적인 지형도는 더 많은 시인들의 작품을 독해할 때 그려질 것이다. 지금 이 순간에도 표면화되길 기다리는 시의 별자리 constellation들은 각기 다른 해석의 가능성을 품은 채 넓게 산포되어 있다. '우리'의 공동체를 표상하는 이런 다양한 시적 발화 속에서 미래의 어떤 형상을 조심스럽게 예감해도 좋지 않을까? 그런 점에서 '우리'의 시적 표상을 사회적·정치적 지평에서 적극 검토하는 일이 필요하다.

'시의 정치성'을 말할 때 물어야 할 것들

사르트르가 『문학이란 무엇인가』에서 시의 정치성을 묻는 일이 사실상 무의미하다고 피력했을 때 그의 논거는 다음 순서를 따라 전개된다.

(1) 시인은 말을 기호가 아닌 사물로 본다.
(2) 시인은 "언어 밖"에 있다, 혹은 말을 "거꾸로" 본다.
(3) 시인의 말은 독자를 인간 조건의 피안에, 다시 말해 신의 편에 자리 잡게 한다.

(1)이 시적 언어와 산문적 언어의 차이를 언어를 대하는 쪽의 태도를 규명하는 방식으로 명제화한다면, (2)는 (1)의 차이가 발생한 원인을 언어를 취한 자의 공간적 위상을 지목함으로써 해명한다. 요컨대 언어에 대한 시인의 외재적 위치가 인간 조건으로서의 일상 언어와 결별하여 '실체'와 '사물'로서 언어를 보게끔 한다고 정리된다.

이러한 설명은 시와 산문, 시인과 작가의 차이점을 논할 때 자주 인용되는 내용이다. 그런데 주목할 것은 (2)에서 (3)으로 나아갈 때 또 하나의 외재성이 첨가된다는 사실이다. "언어 밖"에서 언어를 보는 시인의 말은 독자마저 그것을 "외부로부터 보도록" 만들어 "인간 조건의 피안"으로 옮겨놓는다. 시를 읽는 순간, 독자는 언어의 외부, 인간 세계의 바깥, "신의 편"에 자리를 트게 된다는 것이다. 사르트르는 연이어 다음과 같이 적고 있다.

사정이 그런 이상, 시의 참여를 요구하는 것이 얼마나 어리석은 짓인지 쉽사리 이해가 갈 것이다. 하기야 시의 근원에는 어떤 감동이나 심지어 정열이, 그리고 분노나 사회적 의분이나 정치적 원한 역시 깔려 있을 것이다. 그러나 그런 감정들은 시에서는 논쟁이나 고백처럼 〈표현〉되는 것이 아니다. 산문가는 감정을 드러냄에 따라 그것을 밝혀나가지만, 시인은 반대로 시 속으로 정념을 흘러들게 하고 그 정념을 확인하기를 멈춘다. 말들이 정념을 사로잡고 그것을 흡수하고 변모시킨다. 시인 자신이 보기에도 말들은 정념을 〈의미〉하지 않는다. 감동은 사물이 되었고, 이제는 사물과 같은 불투명성을 지닌다. 〔……〕 말과 사물화된 문장은 사물들처럼 무궁무진해서, 그런 말이나 문장을 가져오게 한 감정을 도처에 넘치게 하는 것이다. 이렇듯 시인은 독자를 인간 조건의 피안으로 옮겨놓고, 말하자면 신의 입장에서 언어를 거꾸로 보도록 종용하는 이상, 어떻게 독자의 분노나 정치적 정열을 부추길 수 있겠는가?[1]

---

1) 사르트르, 『문학이란 무엇인가』, 정명환 옮김, 민음사, 1998, p. 26. 이후 사르트르로부터 직접 인용은 모두 이 책에 의거하며 페이지 수는 괄호 안의 숫자로 표시함.

이 구절은 몇 가지 의구심을 낳는다. 우선 참여의 주체로서 호명되는 것이 시인지 시인인지가 분명치 않다. 문단 끝에 이르면 '시의 참여'는 '시인의 참여'로 둔갑한다. '시의 참여'와 '시인의 참여'는 동일한 것인가? 서술된 바에 따르면, 사르트르는 이 둘을 동격으로 취급한다. 그로 인해 '시와 정치'를 말하는 것인지, '시의 정치'를 말하는 것인지도 모호해진다. 전자가 각기 다른 두 항의 관계를 질문에 부친다면, 후자는 시가 유의미한 정치 행위로서 존재함을 하나의 전제로서 긍정할 수 있는지 없는지를 먼저 묻는다. 전자가 타 분야와 시의 관계성, 즉 문학과 정치 간의 역학을 따진다면, 후자는 시가 사회적 지평 내에서 존재하는 방식과 양상, 즉 존재 형태에 주목한다. 시인의 참여가 시와 정치의 관계를 논할 때 주로 언급되는 까닭은 문학과 정치를 매개하는 거멀못이 창작자의 실천으로 파악되기 때문인 반면, 시의 참여는 시인의 의식 및 행위와 분리되어 작품 현상적 차원에서 해석학적 비평의 대상으로 논구된다. 그런데 사르트르는 이 둘의 차이를 흐리고 있다. 이로 인해 문단 끝에 이르면, 실질적 영향력을 발휘하는 현실적 기능과 효과로서 시의 참여를 말하는 것인지, 아니면 정치 행위로서의 존재 (불)가능성을 따지는 정치적 실재로서 그것을 의미하는 것인지가 불분명해진다.[2]

---

[2] 문학 작품에서 실재와 효과의 차이는 현실태와 가능태의 차이에 가깝다. 현실태와 가능태의 관계가 그렇듯, 실재와 효과는 서로 필연적이지 않고 인과 법칙을 따르지도 않으며, 일대일 대응의 함수 관계를 이루지도 않는다. 무엇보다 작품의 실제 형태와 내용이 맥락context의 유동성과 가변성에 의해 수용의 단계로 진입할 때 구체적 시공간과 개별 독자에 따라 다르게 읽히고 해석되고 이해된다는 점은 효과의 진원지가 작품이 아닌 수용의 맥락 그 자체가 될 수도 있음을 상기시킨다. 이러한 사정은 종종 뜻밖의 현상과 결과를 낳기도 한다. 가령, 어떤 연애시는 정치와 무관하게 존재하지만 강한 정치적 효력을 내기도 하고, 어떤 노동시는 정치적 존재이길 적극 의도하지만 아무런 정치적 효과를 발휘

시의 참여/시인의 참여, 시와 정치/시의 정치, 정치적 효과/정치적 실재의 층위는 동일한 것일 수 없다. 그런데 사르트르는 왜 이것들을 구분 짓지 않는 걸까? 인용 구절에 따르면, 시는 존재 양태가 정치적일 수 없기 때문에 결과적으로 정치적 효과를 기대할 수 없는 장르이다. 시의 근원에는 사회적 의분이나 감동이 깔려 있을 수 있지만, 시는 그것을 '표현'하지 않으며 '의미'로서 전달하지도 않는다. 시의 언어는 사물이므로 어떤 정념이든 시 내부로 기입되는 순간 사물이 되고 만다. 사물화된 말의 특질로 인해 정념은 사물처럼 불투명해지고, 애매모호하게 흐려진다. 그로 인해 각각의 문장이나 시행에는 그 말들이 불러일으키는 다른 다양한 정념들로 넘쳐나게 된다. 따라서 시의 근원에 있을 의분이나 감동은 표명되지 않고 "멈춘다". 결국 언어가 사물이 된다는 것은, 사르트르의 논법에 따르면, 시를 정치적으로 존재할 수 없게 만든다. 정치가 서로의 의사를 소통하는 데서 시작된다면, 이를 가능케 하는 수단의 질적 변이는 정치적 언술을 불가능하게 만들기 때문이다. 게다가 언어 "바깥"의 언어인 시의 말들을 따라 독자 또한 인간 조건의 외부로 옮겨가니, 시는 어떤 정치적 영향도 독자에게 미칠 수 없다. "어떻게 독자의 분노나 정치적 정열을 부추길 수 있겠는가?"의 함의는 시의 참여든 시인의 참여든, 시와 정치이든 시의 정치이든, 현실에서 실질적 효력을 갖지 않는 한, 그것은 정치적으로 실패이며 무용(無用)이고 무능이다.[3]

하지 못할 수도 있다.
3) 이 지점에서 사르트르는 "시인이란 패배를 향하여 참여하는 사람"이라는 유명한 명제를 내놓는다. 이어 "시인은 인간의 기도의 전체적 좌절을 확인한다. 그리고 자기의 개인적 패배를 통해서 인간 모두의 패배를 증언하기 위해서 자신의 삶이 좌절을 겪도록 처신"

그러나 시(인)의 참여, 시(인)의 정치를 이렇게 현실적 힘을 행사하는 효과 중심으로 논하는 사르트르의 입장에는 묘한 균열이 내포되어 있다. 시의 정치적 기능-없음을 설파해놓고, 그는 19세기 문학을 논하는 과정에서 은연중 시가 이미 '정치적으로 존재함'을 말하고 있다.

그러나 그들이 미처 알아차리지 못한 것이 있었다. 그것은 이제 태어나려는 구체적 혁명과 작가들이 빠져든 추상적 놀이 사이의 단절이었다. 이번에는 대중이 권력을 장악하려는 판이었다. 한데, 그 대중에게는 교양도 여가도 없었다. 따라서 이른바 문학적 혁명이라고 불리던 모든 활동은 기법의 세련화를 통해서 대중이 접근할 수 없는 작품들만을 만들어 냈고, 그 결과 사회적 보수주의에 봉사했던 것이다 (p 168)

플로베르와 보들레르로부터 초현실주의에 이르는 문학의 변화를 논하면서 사르트르는 이들이 정치와 무관함을 강하게 질타하지만, 인용문을 보면 이들의 작품이 '정치적으로 존재함'을 인정하고 오히려 이를 문제시한다. 작품의 양태('기법의 세련화')가 "사회적 보수주의

(p. 54)한다고 말한다. 시와 시인의 정치적 무용성은 이 같은 설명에 의해 간신히(!) 구제된다. 하지만 이것은 참여의 의미를 정치에서 윤리의 차원으로 전환함으로써 세계 내에서의 시인의 존재 양태를 해명한 것이지 정치적 실천으로서의 참여라는 본래의 가치를 시인의 몫으로 부여한 것은 아니다. 문맥에 따르면, 시인에게 참여란 실패라는 윤리의 구현이다. '인간 기도의 전체적 좌절의 확인'이라는 보편적 범주로 논의가 확장된 것이야말로 시인의 가치를 정치적이 아니라 윤리적으로 해명하고자 한다는 것을 보여준다. 사르트르에게 문학의 참여란 본원적으로 정치적 참여이며, 그것은 시인이 아닌 작가의 몫이다. 이는 『문학이란 무엇인가』에서 사르트르가 시종일관 작가의 참여를 윤리가 아닌 정치로 요구하는 데서 분명히 드러난다.

'시의 정치성'을 말할 때 물어야 할 것들 155

에 봉사"함을 지적하는 대목이 바로 그것이다. 독자의 정치적 분노와 정열을 추동하든 추동하지 않든, 그것은 "사회적 보수주의"의 실천이라는 일련의 정치적 수행으로서 존재한다. 이는 시인의 참여 여부와 상관없이 시가 그 자체로 하나의 특정한 정치적 실재임을 긍정하는 것과 다르지 않다. 그렇다면 이것은 시의 존재 형태가 비정치적임을 말한 앞의 내용과 상반된다. 더구나 정치적 무용(無用)이 부르주아 계급에 대한 봉사이며, 그렇기에 "사회적 보수주의"라는 비판은 해석자의 정치적 이데올로기가 깊숙이 개입한 결과일뿐더러 석연치 않은 논리적 비약 또한 곳곳에 숨기고 있다.[4] 참여의 담론 내부에서 발생하는 이러한 모순은 문학과 정치의 관계 혹은 문학의 정치를 말할 때 어떤 비약을 만들어내고 풀리지 않는 궁금증을 연이어 일으킨다. 가령 작가의 참여야말로 문학의 정치적 효과를 담보하는 심급이라면 왜 그러한 참여가 없는 경우에도 특수한 정치 이데올로기의 봉사를 지목하는지, 정치적 효과야말로 문학의 정치성을 좌우하는 본래적인 것이라면 의도했던 효과에서 벗어나거나 아무 효과도 빚지 못한 경우, 혹

---

4) 가령 위의 구절은 다음과 같은 궁금증을 낳는다. 이들의 작품이 '사회적 보수주의에 대한 봉사'라면, 그러한 봉사는 무엇으로부터 기인하는가? 이들 시인과 작가가 보수주의자이기 때문인가——사르트르는 플로베르의 경우를 언급하며, 그가 부르주아 계급의 지배권을 용인하면서 "노동자에 대한 천한 욕설"(p. 170)을 서슴지 않았다고 지적한다. 결국 현실적 "무상(無償)"(p. 180) 행위로서의 작품을 목적한다 해도, 작가의 보수주의가 작품을 그에 대한 봉사로 만든다는 논리가 여기에는 숨어 있다——아니면 '기법의 세련화'라는 미학적 시도 자체가 보수주의인가? 플로베르, 보들레르, 랭보, 말라르메, 발레리, 앙드레 브르통 등의 작품이 보수주의라는 진단은 그들의 작품이 실제로 그런 것인가, 아니면 그들의 작품이 다수의 독자로부터 결별하여 부르주아 계급만 읽고 향유하는 소수의 교양적 특권이 되었다고 보는 해석자의 비평적 판단에 따른 것인가? 작품을 작가와 독자의 관계, 사회적 계급의 형성과 독자층의 변화와 관련하여 사유하는 것은 작가가 고려해야 할 사항인가, 아니면 비평가가 맡아야 할 역할인가?

은 의도와 정반대되는 효과를 야기한 경우에도 그 문학은 여전히 정치적인지 등을 되묻게 한다. 시의 참여/시인의 참여, 시와 정치/시의 정치, 정치적 효과/정치적 실재의 층위가 동일한 것으로 간주되는 한, 이러한 질문의 답은 논리적 비약을 초래하거나 오리무중에 빠질 수밖에 없다.

사르트르의 고전적 저작을 새삼 주목한 까닭은 '오늘날 시는 무엇을 할 수 있는가'라는 부제하에 이루어진 최근의 좌담[5]과 시인들에게서 시작된 미학과 정치의 관계에 대한 재고찰들,[6] 그리고 2009년 벽두부터 랑시에르에 집중된 비평계 안팎의 관심[7]을 접하면서 시의 정치성을 둘러싼 논제가 지금 현재 어떻게 재구성되고 있는지, 그 내용의 문면이 무엇인지를 살펴보고자 한 때문이다. 특히 사르트르의 19세기 문학론에 의거한 서동욱의 날카로운 질문[8]은 랑시에르의 입론에 기대 시의 정치성을 새로운 미학적 가능성으로 주목하는 경향에 대한 비판을 담고 있을뿐더러, 랑시에르 자신 또한 문학의 정치를 말하면서 사르트르를 직접 공박하였던 탓에 사르트르의 문학론을 다시금 정독할

---

5) 심보선·서동욱·김행숙·신형철, 「감각적인 것과 정치적인 것 사이에서—오늘날 시는 무엇을 할 수 있는가」, 『문학동네』, 2009년 봄호.
6) 진은영, 「감각적인 것의 분배」, 『창작과비평』, 2008년 가을호; 이장욱, 「시, 정치, 그리고 성애학」, 『창작과비평』, 2009년 봄호.
7) 랑시에르 인터뷰, 「'문학성'에서 문학의 정치까지」, 『문학과사회』, 2009년 봄호; 박기순, 「랑시에르: 민주주의에 대한 철학적 옹호」, 『문학수첩』, 2009년 봄호; 이택광, 「랑시에르의 미학론」, 『문학수첩』, 2009년 봄호. 이외에 허병식의 「문학의 공동체」(『문학수첩』, 2009년 봄호)와 진은영의 위의 글. 심보선 등의 좌담에서도 랑시에르는 직접 언급되거나 인용되고 있으며, 현재 그의 저작은 빠른 속도로 국내에 소개되고 있다.
8) 심보선 외, 위의 좌담 참조.

필요가 있었다.

랑시에르는 『문학의 정치』[9)]에서 문학의 정치란 작가의 정치, 즉 작가가 자신이 사는 시대의 정치적 투쟁에 실천적으로 참여하는 것을 의미하지 않는다고 말한 뒤, '문학의 정치'라는 표현은 문학이 그 자체로 정치 행위를 수행하고 있음을 함축하기 때문에 '작가가 정치적 참여를 해야 하느냐' 아니면 '예술의 순수성에 전념해야 하느냐'의 문제가 아님을 분명히 한다. 이것이 사르트르의 참여론을 겨냥한 발언임은 자명하다. 이를 명확히 하기 위해 랑시에르는 사르트르가 『문학이란 무엇인가』에서 시의 정치적 무용성을 설명한 부분을 언급하며 그의 풀이가 문학의 특수성을 언어학적으로 정초한 데 따른 것이고, 이는 사실상 문학과 정치를 분리시킨 뒤 문학을 특정 이데올로기로 독해한 것에 해당한다고 비판한다. 그리고 이러한 이데올로기 비평은 전혀 상반된 내용으로 귀결될 수도 있음을 지적한다. 예컨대 사르트르는 플로베르의 작품을 보수주의로 치부했지만, 그와 달리 플로베르식 스타일과 글쓰기야말로 "민주주의의 표시 자체"(p. 20)라고 본 경우——주로 플로베르 당시의 보수주의 비평가들——도 많다는 것이다.

그런데 사르트르에 대한 랑시에르의 비판을 읽다 보면, 이들의 입장 차가 문학의 정치성을 각기 다른 층위에서 파악한 데서 기인한다는 생각을 하게 된다. 사르트르가 정치적 실존성보다 실제적 효과를 중점에 두고 수용의 맥락에 따라 작가와 작품이 어떤 이데올로기적 기능을 하는지 비판했다면, 랑시에르는 문학이 정치적으로 실재함을 대전제로 하고 그것이 어떤 사회적·정치적 징후로서 존재하는지를

---

9) 자크 랑시에르, 『문학의 정치』, 유재홍 옮김, 인간사랑, 2009.

의미화하려 한다. 그렇기에 랑시에르는 문학을 "우리가 살고 있는 세계를 규정하는 감성의 분할 속에 개입하는 어떤 방식, 세계가 우리에게 가시적으로 되는 방식, 이 가시적인 것이 말해지는 방식, 이를 통해 표명되는 역량들과 무능들"(p. 17)로 정의한다. 이는 정치를 "시간들과 공간들, 자리들과 정체성들, 말과 소음, 가시적인 것과 비가시적인 것 등을 배분하고 재배분하는 것", 즉 "감성의 분할을 형성"(p. 11)하는 것으로 전제한 데서 출발한다. 그러므로 감성의 배분과 구획 안에 구체적으로 개입하는 문학은 충분히 정치적이며 이러한 개입이야말로 문학을 정치적 현실태로 존재케 한다는 것이다. 문맥상 사르트르와 랑시에르가 가리키는 정치(적인 것)의 의미는 크게 다르다. 정치를 바라보는 관점이 다르기 때문에 이들의 차이는 근본적이고, 이로 인해 문학의 정치를 각각 현실적 효용과 존재 형태의 층위에서 입론화하는 경향이 나타났다고 볼 수 있다.

한편 이로부터 추론 가능한 또 하나의 사실은 사르트르가 궁극적으로 문제 삼는 것은 19세기 문학으로부터 본격화된 문학의 자율성이며, 그가 보기엔 현실로부터 문학을 유리시킨 것과 다를 바 없는 자율성 개념을 이데올로기 비판을 통해 회의하고 부정하고 있다는 점이다.[10] 반면 랑시에르는 문학의 자율성이란 이미 하나의 정치적 현실로서 존재함을 승인한다. 그의 논법에 따르면, 문학은 비가시적인 것

---

10) 문학의 자율성에 대한 인식이 언어에 대한 새로운 인식, 즉 언어의 자율성과 그에 따른 급진적인 언어 실험을 통해 본격화되고 가속화된다는 점은 잘 알려진 바이다. 최문규의 다음 설명은 좋은 참조가 된다. "서구의 경우 새로운 언어관은 19세기로의 전환기인 1790년대에 나타나게 되는데, 그 핵심은 사물(혹은 사유)과 언어 간의 재현 관계가 붕괴하는 것이었다. 〔……〕 요컨대 새로운 언어관의 핵심은 언어에 의해 지칭된 것은 언어 밖의 실제적인 것과 서로 동일할 수 없다는 것이며, 이 점을 착각할 경우 소위 동일

을 가시적인 것으로 만들고 "발설되지 않는 말"(p. 30)을 말하는 방식으로 세계에 개입하기에 세계 내에서의 미적·문학적 현존은 본래적으로 정치적이다. 다시 말해, 문학의 정치는 문학을 정치 영역으로 환원시킴으로써 문학의 자율성을 부정하는 것과는 전혀 다르다는 것이 랑시에르의 입장이다. 오히려 문학의 자율성도 세계에 대한 정치적 개입의 한 양태로 풀이된다.

이렇게 사르트르와 랑시에르라는 긴 우회로를 거치는 까닭은 최근 젊은 시인들을 중심으로 일고 있는 시의 정치성의 재고에 대한 일련의 함의를 보다 잘 이해하기 위해서다. 앞서 언급한 좌담[11]은 근래의 비평적 화두와 시각을 짧지만 명료하게 함축하고 있는데, 특히 서동욱의 질문은 주목을 요한다. 그는 언어의 자율성을 추구하는 미학적 실험에 대한 사르트르의 비판을 근거로 의문을 제기한다. 그가 제기하는 문제의 핵심은 "언어의 사회적 기능에 대립하는 것"(p. 382), 즉 사르트르의 표현을 빌리면 "언어를 순수하게 무상한 것으로 만드

성의 논리가 생겨난다. 이것은 광의의 의미로 문학은 사회 현실이나 초월자의 목소리를 재현해내는 것이 아님을 뜻한다. 〔……〕 언어 그 자체의 힘과 운동에 대한 인식을 강조하고 있는 이들의 공통점은 두말할 나위 없이 언어와 그 사용자(혹은 사물) 간의 불일치이며, 바로 이러한 언어의 자율성을 토대로 문학과 사회의 불일치가 가능하게 된다."(최문규, 「문학과 사회의 차이성에 대한 모색」, 『문학이론과 현실 인식』, 문학동네, 2000, pp. 19~21) 이처럼 언어의 자율성을 기반으로 이루어지는 다양한 미학적 실험에 대해 사르트르는 "극단적인 기교주의"(위스망스), "모든 감각의 조직적인 착란"(랭보), "언어의 집중적인 파괴"(초현실주의), 소통을 불순한 것으로 여기는 "얼음장 같은 침묵"(말라르메)이라고 비판한다(p. 177). 이러한 비판에는 문학의 자율성 추구나 그것을 지지하는 담론은 보수주의에 대한 봉사라는 것, 왜냐하면 그것은 실제 효과 면에서 '무능'이자 '무용'이며 "순수한 소비의 최고의 형식"(p. 175)이고, 최악에는 "일종의 성자(聖者) 공동체"(p. 172)를 만드는 데로 귀결되기 때문에 결과적으로 보수주의의 지배권을 용인한 것과 다를 바 없다는 견해가 숨어 있다.

11) 심보선 외, 앞의 좌담 참조. 이후 이 글에서의 인용은 괄호 안에 페이지 수로 표기함.

는 것"(p. 383)과 "감성의 혁신"이 과연 "정치적 변화와 병행적"(p. 381)이라고 말할 수 있는지, 문학의 이러한 형식 실험을 "'정치적 효과'와 아무런 비약 없이 연결 지을 수 있느냐"(p. 383)에 대한 것이다. '문학적 아방가르드는 필연적으로 정치적 아방가르드이다'라는 텔켈 그룹의 테제를 인용하면서 그는 "정치적 효과를 현실적으로 확인해야 될 국면에서" 미학적 전위들은 언제나 문학의 혁신을 정치적 변화와 곧장 연결시키는 방식으로 "달아난"(p. 387)다고 지적한다.

이에 대해 심보선은 랑시에르의 자율성 개념과 '감각의 공동체'론에 근거하여 답하려 한다. 자율성이란 작가의 자율성이 아니라 "감각적 체험의 자율성"으로, 그것은 "평균적 일상의 감각 체험 속에 다른 감각적 체험을 기입하는 힘"이며, 랑시에르가 말한바 "문학이 수행했던 정치는, 작가의 정치의식이나 작품의 메시지로부터 기인하는 것이 아니라, 일상적인 감각의 분배체계를 교란시키고 재배열하는 문학의 미학적 효과에 있다"(p. 375)고 말한다. 또한 초현실주의는 "머릿속 세계의 혁명—또는 정신적 삶의 퀄리티 증진—을 꾸민 것에 불과"하고 따라서 "정치적으로 아무것도 아니"(p. 387)지 않은가라는 서동욱의 반문에 감각적으로 새롭게 혁신된 감수성들이 "하나의 공동체를 이룬다"면 그것은 "일반적인 정치과정에서 참여와 동원을 통해 형성되는 공동체"와는 다른 공동체, 가령 랑시에르가 지칭한 "불확실한 커뮤니티, 또는 아직 도래하지 않은 커뮤니티"(p. 387)라는 새로운 정치적 실체의 등장으로 가시화될 수도 있음을 답으로 제시한다. 그러나 여타의 미학적 실험의 정치적 효과란 실제로 전무(全無)한 것 아니냐는 추궁에 대해서는 미적 전위와 정치적 전위 간에 거리가 있음을 인정한다며 한발 물러선다.[12]

서동욱, 심보선 모두 사르트르와 랑시에르의 입장을 대변하고 있지는 않다. 게다가 서동욱의 경우 사르트르의 참여론을 옹호하고자 문학의 자율성을 비판하는 사르트르의 입론을 빌려오는 것은 더더욱 아니다. 하지만 흥미롭게도 둘의 대화 속에는 사르트르와 랑시에르에게서 확인되는 첨예한 입장 차가 동일한 형태로 관류하고 있다. 그것은 앞서 서술하였듯, 문학의 정치성을 실제적인 효과 즉 정치적 효용성의 차원에서 파악할 것인가, 존재 형태 즉 정치적 실재로서의 가능성 차원에서 가치화할 것인가의 문제로 집약된다. 이는 정치를 제도 내에서 이루어지는 권력 쟁투와 분배로 보는가, 공동 세계를 형성하는 형태들의 감각적 질서화 및 인식 구조의 질서화로 보는가의 차이이기도 하다. 전자의 경우는 문학과 정치의 관계를 사유할 때 제도 내의 권력 행사와 이를 둘러싼 헤게모니 다툼, 사회적 이익의 배분과 결합된 계급적·계층적 갈등 등을 정치로 보기 때문에 문학이 그러한 사회적 권역에 진입할 때 어떤 기능과 역할을 할 수 있는지를 주로 묻게 된다. 반면, 후자의 경우는 정치란 통치 체제 내에서의 권력 운용과 그 배분에 국한되지 않으며, 기존 체제의 고착화로부터 발생하는 말과 말의 충돌, 제도적 규범과 윤리의 충돌, 억압적 구조와 그 구조로부터 벗어나려는 욕망의 충돌, 현재의 가치와 아직 없는 가치의 선

---

12) 진은영과 이장욱도 관점을 공유한다는 점에서 심보선의 입장과 연속선상에 있다. 진은영은 최근 비평계에 랑시에르에 대한 관심을 촉발시킨 장본인이기에 심보선의 입장과 가장 근접 거리에 있다.(진은영, 앞의 글 참조) 이장욱은 러시아 아방가르드 운동의 계보를 통해 미적인 것과 정치적인 것이 어떻게 상호 조우하는가를 살피는데, "자율성은 문학이 자신의 지분을 주장하기 위해 필요한 것이 아니라, 거꾸로, 문학이 삶/정치에 생산적으로 접속되기 위해 요청되는 모든 것의 이름이기도"(이장욱, 앞의 글, p. 311) 하다며 랑시에르의 미적 자율성의 정치학으로부터 그리 멀지 않은 곳에 시의 정치성을 담론화하고 있다.

점을 둘러싼 충돌 등 삶의 조건을 결정하는 힘들의 집중과 분산을 뜻하므로, 문학은 어떠한 담론과 욕망과 윤리와 가치로서 삶의 존재론적 조건 가운데 놓여 있는지를 묻게 된다. 이처럼 정치에 개입되는 양상이 다르다고 보기 때문에 후자의 경우 전자와 같이 제도적 권력 행사에 미치는 영향력으로 문학의 정치적 효과를 판단하지는 않는다.

이러한 상황은 시의 정치성을 둘러싼 작금의 논의에는 '정치(적인 것이)란 무엇인가'라는 원론적 물음에 대한 성찰이 내포되어 있으며, 이러한 물음이 제기된 저간의 사정[13]에 대한 문학적 반응으로, '그렇다면 이러한 현실에서 시는 어떻게 존재하는가(랑시에르)/무엇을 할 수 있는가(사르트르)'라는 자기반성적 질의가 잇달아 촉구되고 있음을 보여준다. 그렇기에 과거와 달리 시인들 자신이 먼저 시의 정치성을 고민하고, 미적 자율성에 근간을 둔 언어 실험의 미적 가치를 정치적 실재로서 수긍하는 랑시에르의 문학론에 가장 빨리, 적극적으로 호응하고 있는지도 모른다. 그리고 그 고민에는 가장 핵심적인 문제, 즉 문학의 자율성이 본래의 위상과 가치를 유지하면서 한편으로 그것이 정치적으로 무용하다는 비판으로부터 어떻게 다른 긍정성을 획득할 수 있는가에 대한 자기 탐색이 자문(自問) 형태로 내재되어 있다.

그런데 보다 중요한 것은 현실의 변화로부터 비롯된 바도 있지만 시의 정치성이 새롭게 부각된 배경에는 2000년대 이후 감각의 혁신과 파격적인 언어 실험으로 대표되는 한국 시의 내적 변모가 한층 더

---

13) '저간의 사정'이란 최근 한국 사회의 변화, 특히 형식적 민주주의의 안착 이후 지속적으로 제기되어온 '민주주의의 위기'가 현실에서 구체적으로 체험되는 일련의 상황을 지시한다. 그리고 이와 연동하여 새로운 사회적·정치적 패러다임으로 부각되고 있는 '정치적인 것의 귀환' 또한 정치를 근본적 차원에서 재검토해야 한다는 인식을 낳고 있다.

근본적인 요인으로 가로놓여 있다는 사실이다. '감각의 유물론'의 유례없는 홍성이라 할 만한 이 변화는 문학(시) 내부의 자율적 역사로부터 요청된 바이며, 자율성의 원리에 따라 언어의 자기 파괴라는 극단성까지 마다 않는 새로운 '시적인 것'의 추구로부터 연유한다. 이는 모든 미적 현대성이 그렇듯, 기존의 어법과 관습에서 더 이상의 새로움을 찾을 수 없다고 감수(感受)한 시의 자기 갱신이 미개척지를 향해 언어 스스로를 변신시켜나간 자발적 변전에 해당한다. 따라서 이는 사회적 현실이나 외부 세계의 객관성으로부터 자유로운 문학 내부의 사적(史的) 변화라고 할 수 있다. 그런데 이 같은 변화가 신체적 말단이자 하부 조직으로 간주되는 감각의 갱신을 통해 도모되었다는 점이, 역으로 그것이 말단이고 하부인 만큼, 그 속에서 새로운 사회적·정치적 변화의 가능성을 엿볼 수 있지 않을까라는 기대감을 낳는다고 볼 수 있다. '감각의 논리'를 재발견한다는 것은 외부의 지각 체계를 그대로 수용하지 않고 우리의 감각 기능을 확장하고 증대하고 변모시켜 세계의 인식을 이질적 방식으로 심화시키는 계기로 작용할 수 있으며, 이러한 변화가 기존의 제도적 체계를 기초부터 달리 지각하게 함으로써 비록 경미할지라도 우리 자신과 현실 세계에 역으로 새로운 자극과 영향을 미쳐 사회적 변환의 맹아를 그 내부에 심을 수 있다는 바람을 키우기 때문이다. 감각의 자율성이 문학의 정치성이 대두되는 자리에서 초점화되는 것은 이런 사정과 무관하지 않다. 여기에는 미래 지향적인 유토피아적 희망 또한 아로새겨져 있다. 바로 그렇기에 이 같은 미학적 전망을 바탕으로 시의 새로운 가능성, 즉 현실의 변화를 선취하거나 직관하는 정치적 감각의 형상과 현현을 확인해보려는 욕망이 생겨나는 것일 터이다.

더구나 젊은 시인들이 먼저 그것에 촉각을 곤두세우는 것은 그들 자신이 수행하고 있는 언어 실험의 가치를 문학 내재적 측면에서뿐만 아니라 문학 외부와의 관련성 속에서 사유하려는 노력이라는 점에서 귀추가 주목된다.[14] 왜냐하면 이들의 미적 자의식이 스스로에게 묻고 있는바 어떻게 정치적 감각과 (무)의식적으로 만나는가에 따라 시의 내적 진화는 다른 지평을 그릴 수 있기 때문이다. 그러므로 시의 정치성에 대한 작금의 성찰은 2000년대 한국 시가 급격히 탈바꿈되던 순간부터 스스로 대면하도록 예비되어 있던 일종의 자기 거울이다. 그리고 그 거울 면은 복수(複數)여서 다양한 반사상을 형성한다. 정치적 수행으로서의 가능태라는 형상은 그중 하나로 시와 시인에게, 그리고 우리 앞에 지금 막 제출되고 있다. 시의 언어란 "신의 편"에만 있지는 않다. 랑시에르의 표현을 빌리면, "고유한 것과 비고유한 것, 산문적인 것과 시적인 것 사이에 있는 하나의 새로운 관계"(16)의 표상인 까닭에 시의 언어는 원한다면 '인간의 편'으로 제 몸을 돌릴 수 있다. 언어란 늘, 결국, 인간의 언어라는 것, 이 점이야말로 시를 정치성의 지평에서 사유하고 조망하고 헤아리려는 시도를 계속해서 낳는 이유이다. 그러므로 시의 정치성이 옳은가 그른가를 묻는 것은 그리 현명하지 않다. 그것은 문학의 필요에 따라, 현실의 요청에 따라 소환되는 영원한 질문이며, 그렇게 질문으로 귀환할 때 존재값을 갖는다. 형상은 아직 미정(未定)이다.

이 글은 사르트르가 옳은지 랑시에르가 옳은지, 그들 중 누구의 문

---

14) 진은영의 시인으로서의 솔직한 자기 고백은 이를 잘 보여준다. 진은영, 앞의 글, p. 69.

학론을 수용해야 하는지를 밝히는 데 목적이 있지 않다. 그보다는 시의 정치성이 다시금 호출된 연유와 맥락을 짚어보고, 그것이 문학 외적·내적 필요성에 따른 것이라면 시와 정치, 미적인 것과 정치적인 것의 관계를 논할 때 간과해선 안 되는 물음이 무엇인가를 살피는 데 주된 관심이 있다. 무엇보다 시 내부의 자율적 변화가 외부 세계의 정치적 욕망과 만나는 지점에서 작금의 화제가 돌출된 것이라면, 질문은 좀더 섬세해질 필요가 있다.[15] 그중 한두 가지만 원론적으로 꼬집어내는 걸로 글을 마무리하자.

우선 시의 정치성을 말한다면, 정치적 행위의 수행이 시의 몫인지 시인의 몫인지를 분명히 구분할 필요가 있다. 시인이 정치 행위의 최종 주인공이라면, 시의 정치성이 아닌 시인의 정치성을 물어야 한다. 이때 시는 시인의 의식적 노력이 투과된 결과물에 해당한다. 시는 시인의 목적에 복속되어 운산된 인과적 소산인 것이다. 이는 시의 정치성을 온전히 시인에게 귀속시킨다. 시인이 참여한다면, 시는 자연 발생적으로 참여에 수반된다. 이때에는 시인의 정치의식 수준, 그의 발

---

15) 그런 점에서 짚고 넘어갈 것은 문학의 정치성을 말할 때면 제기되는 그것, 즉 '정치적 효과'란 무엇인가 하는 점이다. 그것은 현실에서 정치적 변화를 유도하는 실질적 힘을 뜻하는가? 예컨대 여론을 형성하고 사람들을 움직이게 하고 구체적 권력 행사로서 정치를 바꾸는 힘? 그렇다면 그런 힘에는 어떤 것들이 있나? 사실 그런 힘은 무수히 많아서 오히려 정답을 찾기 힘들다. 정치적 변화란 몇몇 심급이나 요소, 성분, 인자 등으로 이루어지지 않기 때문이며, 모든 사회적 변화란 세분화된 요소와 성분들 간의 다양한 운동에 의해 중층 결정된다는 사실은 이제 거의 상식에 속한다. 그런데도 문학을 정치적 지평에 놓는 순간 그것의 실제적 효과에 의문을 표현하면서 문학의 무용성을 전경화하는 데로 나아가는 것은 문학의 자율성을 고유의 가치로 긍정하기 위함인지, 그것의 현실적 무능을 강조하기 위함인지 구분하기 힘들 때가 많다. 정치(적인 것)의 의미가 하나의 답안으로 작성될 수 없다면, 마찬가지로 시의 정치성을 말할 때 실제 효과를 문제 삼는 것은 답이 아주 많거나, 그래서 답할 수 없는 것을 묻는 것과 같다. 물어야 할 것은 다른 많은 것들이다.

화 기술, 목적에 부합하는 내용과 형식의 정합성 여부 등이 시의 성패를 가늠할 것이다. 말하자면 시인의 본래 의도가 잘 살면 정치적으로 성공한 시가 되고, 그렇지 못하면 실패한 시가 된다. 그러나 과거의 역사적 경험이 시인의 현실 참여와 시의 문학적 성공을 결합하려는 이러한 강제적 형태―정해진 목적 아래 의식적, 의도적으로 기획된다는 점에서의 강제―는 미학적으로도, 정치적으로도 실패할 수밖에 없음을 알려준다.[16)] 사실상 이런 식의 정치적 참여라면 시의 실패는 필연적이다. 작가와 작품, 도덕과 문학이 불일치하듯, 문학과 사회 현실은 불일치하기 때문이다. 언어가 기표와 기의 간의 미끄러짐으로 인해 재현의 투명성과 의미 전달의 동일성을 보증하지 못한다는 것 자체가 문학과 사회의 관계를 본원적으로 비동일적인 것으로 만든다. 따라서 시인의 참여를 시가 배반하고, 혹은 그와 반대로 시인의 정치적 무관심을 시가 위반하는 사태가 시 내부에는 상존한다.

반면, 정치성을 물을 때 그 대상이 시인이 아닌 시 자체라면 시와 시인은 각기 분리되고, 표상된바 그 자체로서의 시가 논의의 핵심이 된다. 그리고 쓰인 바대로의 시가 거두는 효과, 기능, 역량 등이 시인과 독립하여 주목된다. 요컨대 시인은 정치적 의도를 겨냥하지 않았지만, 시는 고유의 정치성을 산출한다고 읽힐 수 있다. 가령 낭만적 이상향에 대한 개인적 희구와 바람은 현실의 불의를 거부함으로써 파생된 정치적 무의식과 상상력의 역투영이라는 해석이 가능하다.[17)]
그런데 이처럼 시의 정치성을 시인과 별도의 것으로 간주할 때에는

---

16) 비근한 예로 1920년대 카프 시와 이제는 기억조차 희미해진 1980년대 수많은 민중시를 떠올릴 수 있다. 이러한 역사적 사례가 무엇을 의미하는지를 인식하기 때문에 시의 정치성에 대한 최근의 사유는 이러한 정치적 실천으로서의 시인의 참여를 논외로 하고 있다.

두 가지 물음이 제기된다. 첫째, 그러한 정치적 의미/의의는 시에 본래적으로 내재된 것인가, 아니면 둘째, 해석자의 주관이 시를 정치적 수행의 한 형태로 간주하여 텍스트로서 맥락화하는 것인가. 사실 이 물음은 서로 연속적으로 마주하고 있다. 만일 시의 정치성이 내재적인 것이라면, 바로 그렇기 때문에 해석의 가능성이 담보되는 것으로 설명할 수 있다. 반대로 내재적이지 않다면, 해석자의 주관이 시의 정치성을 가정하여 그것을 밝혀내는 데 주력하는 임의의 노력이 된다. 하지만 이러한 텍스트 비평이 설득력을 갖고 성공할 경우 시의 정치성은 텍스트 내부의 것임이 확인되므로, 이는 정치성을 시에 내재적 양태로서 되돌려주는 일이 된다. 따라서 이 둘은 순환론적 구조를 이루며 상호 연관되어 있다고 할 수 있다. 그렇다면 이로부터 다음과 같은 물음이 도출된다. 시의 정치성이 시인으로부터 독립적이며 그것의 내재성 여부가 작품에 본래적이지 않고 비평적 해석에 따라 밝혀지는 것이라면, '시의 정치성을 추구한다(/지향한다/의도한다)'라는 말보다 '시의 정치성을 규명한다(/판단한다/논증한다)'라는 말이 논리적으로 더 타당하지 않은가?

이러한 질문의 의도는 명백하다. 시의 정치성은 시가 정치를 욕망한다는 것을 의미하지 않으며, 정치적 효과를 위해 시가 그것을 의식적으로 경주한다는 것을 뜻하지도 않는다. 시는 예술로서 언제나 자

---

17) 물론 쓰인 바대로의 시의 정치성에 주목하는 일이 작품 내재적 비평이 취하는 절대주의적 관점을 고수한다는 것을 뜻하지는 않는다. 다만 시인의 시대 의식, 역사의식, 정치 이념 등은 텍스트의 해석과 비평을 위한 참조 사항일 수는 있으나 주된 심급일 수 없음은 강조할 필요가 있다. 작가로부터 작품의 분리가 작품을 텍스트로 전환하는 출발점이며, 이로부터 텍스트의 자율성을 논할 수 있다는 점은 푸코 이후 텍스트 비평이 취하는 기본 전제 조건이다.

율의 영역에 있다. 이 자율성의 미학적 효과가 사회의 타 영역과 만나 교호하고 부딪치면서 예술을, 그리고 사회를 자기 성찰적으로 만든다는 것, 바로 이 자기 성찰성에 대한 '해석'이 시를 정치적 지평으로 옮겨놓는다. 이는 시가 쓰이는 순간, 그리고 시가 발생하는 그 순간은 해석의 시간 내에 있지 않음을 뜻한다. 해석은 사후적이다. 게다가 시인은 이 사후적 시간 속에 있지 않다. 시인은 예술로서의 시의 시간 안에 있을 때 시인이다. 만일 시인이 사후적이라면, 그것은 그가 시에서 나온 후이다. 이때의 시인은 또 한 명의 해석자, 독해자, 텍스트 비평가일 뿐이다. 그렇다면 자기 성찰성에 대한 해석이 시를 정치적 지평으로 옮긴다는 것은 무슨 뜻인가? 가령 다음과 같은 전언. "문학은 배고픈 거지를 구하지 못한다. 그러나 문학은 그 배고픈 거지가 있다는 것을 추문으로 만들고, 그래서 인간을 억누르는 억압의 정체를 뚜렷하게 보여준다."[18] 문학은 다만 '거지가 있음'을 말한다. 그러나 문학이 말하는 '거지 있음'은 문학 자신의, 그리고 외부 세계의 거울이 된다. 이 거울에 비친 '거지 있음'의 상(像)을 "추문"으로 인증하는 것, 이것이 해석이다. 그리고 이 해석은 '거지 있음'을 말하는 문학을 정치적인 것으로 확증한다. 왜냐하면 "인간을 억누르는 억압의 정체를" 뚜렷이 보여준다는 저 해석으로 말미암아 문학은 억압의 고발이 되고, 그것의 해방을 촉구하는 자리에 서게 된다. 그러니 이보다 더 정치적인 것은 없다.

하지만 잊어선 안 될 것이 있다. 문학은 '거지 있음'을 말하는 자기 행위에 대한 해석으로 존재하지 않는다는 점이다. 문학은 '거지 있

---

18) 김현, 『한국 문학의 위상』, 문학과지성사, 1996, pp. 32~33.

음'을 자신의 사건으로 되삶으로써 존재한다. 문학은 그 '되삶'의 생산이다. '거지 있음'이 "추문"이며 그러한 "억압의 정체"를 폭로하겠다는 미리 계산되고 준비된 해석에 개입하는 순간, 문학은 문학이 아닌 정치의 영역에 복속된다. 따라서 시의 정치성은 추구의 대상이 아니다. 그것은 시로 있음으로써 사후적 확인을 요구하는 또 하나의 가능한 해석이다. 그러므로 시여, 해석은 자율의 뒤에 있으니, 너는 충분히, 전적으로 자율이어도 좋다, 아니 자율이어야 한다! 이 선언은 결코 정치를 등지지 않는다.

3부 멀리 보기 혹은 되비추기

그들이 '현대'의 기치를 높이 들어 올렸을 때[1]
―1950년대 모더니스트들의 '전위성'

이어령이 1950년대 후반 "우리는 화전민이다. 우리들의 어린 곡물의 싹을 위하여 잡초와 불순물을 제거하는―그러한 불의 작업으로써 출발하는 화전민이다. 새 세대 문학인이 항거해야 할 정신이 바로 여기에 있다. 항거는 불의 작업이며 불의 작업은 신개지를 개간하는

---

1) 이 글은 본래 한국 시의 '전위의 계보'를 부분적으로나마 밝혀달라는 청탁을 받고 쓰였다. 하지만 글을 준비하면서 '계보'보다는 '계보'를 말할 수 있는 역사적 기점에 대해 쓰는 것이 좋겠다고 판단하였다. '전위'의 의미가 파괴를 자기 목적으로 삼아 새로운 건설을 추구하는, 말하자면 파괴와 건설을 동시에 실천하려는 미학적 목적의 구체적 실현태, 그것의 실제적 주체와 행위자, 그리고 그 둘의 복합적 결과물을 가리키는 것이라면, 그에 부합하는 '전위'의 계보를 역사적으로 그리는 일은 한국 시의 경우 김수영 이후에야 가능하다고 여겼기 때문이다. 따라서 이 글은 그러한 '전위'의 내포적 뜻에 부합하는 사적(史的) 영향 관계를 추적하기보다는―그것은 시 형태의 변화 양상에 대한 정치한 분석 없이는 가능하지 않다. 왜냐하면 한국 시는 근대 문학 초기부터 1960년대에 이르기까지, 심지어 전통의 부정과 시의 혁신을 주장할 때조차도, 한국어로 쓰인 근대 시의 '건설'이라는 테제를 실천하고 완성하는 데 전력을 기울여왔던 까닭에, 그러한 테제의 실천이 어떻게 실제로 언어적 형태로 구현되었는가를 밝히지 않고서는 설명될 수 없는 문제이기 때문이다―자기 존재태를 앞선 것(전통 혹은 기존의 인식적, 형태적 관습 그리고 기성의 문학 세대)의 '부정(否定)'으로 삼고, 그러한 '부정'을 자신의 미학적 정체성으로

창조의 혼이다"[2]라며 비장하게 목소리를 높이기 이전부터 자기 앞에 놓인 문학적 전례(前例)를 불살라 스스로 전혀 다른 '새로움'의 창조자가 되어야 한다고 선언했던 또 한 사람이 있었으니, 바로 천상병이다. 박인환이 「현대시의 불행한 단면」에서 후반기 동인의 실험을 T. S. 엘리엇이 「황무지」에서 시도한 것과 동일하다고 주장하며 자신들의 입장을 옹호하고,[3] 이봉래가 "지금 우리 시단의 주류처럼 항간(巷間)에서 오인되고 있는 청록파가 구태의연한 관념 속에서 아무런 반성 없이 시작을 영위하고 있으며 하물며 이러한 시인의 사회적 실존을 용인하고 있다는 사실은 아마 우리 시단이 19세기적인 세계관이나 인생관 속에 의로히 사뭇쳐 있다는 것을 의미하는 이외의 아무 것도 아닐 것이다"[4]라고 말하면서 신세대로서 자신들의 입지를 사적(史的)으로 선점하기도 했지만, 다가온 새 시대로서의 '현대'에 발맞춰 문학의 환골탈태와 시의 혁신을 '부정(否定)'을 사는[生] 방식으로 이루어야 한다는 견해를 피력한 이들 중 한 사람이 천상병이었다. 그의 시적 이력(履歷)이 본래의 논리적 지향과 동일한 형태로 진행되지 않았다는 점은 아이러니하지만, 오히려 그러한 의외성이 여러 가지를 시사한다는 점에서 다음 구절은 더더욱 주목에 값한다.

구현하고자 골몰한 첫 번째 세대군(群)의 등장 및 그들의 출현을 둘러싼 당대의 반발과 그러한 반발을 극복하지 못했던 상황에 대해 말하고자 한다. 요컨대 '전위'가 되고자 했으나 문학사 전체에 걸쳐 최악의 '실패자'로 낙인찍힌 이들에 대한 짧은 상기(想起)인 셈이다. 하지만 '전위'로서의 자의식을 급진적으로 표명하고 선언했다는 점에서 이들은 한국 시의 '전위'의 계보 중 앞자리에 놓이기에 충분하다.
2) 이어령, 「화전민 시대—신세대의 문학을 위한 각서」, 경향신문, 1957. 1. 11~12.
3) 박인환, 「현대시의 불행한 단면」, 『박인환 전집』, 맹문재 엮음, 실천문학사, 2008, p. 257.
4) 이봉래, 「현대시의 새로운 기능」, 『자유세계』, 1952년 4월호.

제네레이슌의 교체가 항상 부정의 손으로 집행되었다는 것은 역사가 증인(證人)이 되어줄 것이다. 그러므로 우리는 부정을 획득하여 하루 빨리 제네레이슌 교체를 진행시켜야 할 것이다. 〔……〕이 땅의 문학의 현행 상태를 타개하는 유일한 방법론은 오늘 우리가 부정을 획득한다는 것이다. 〔……〕20세기의 위기의 체험이 유일한 우리들의 방법론이라는 것은 20세기에 의한 패배(敗北)를 의미하는 것이 아니다. 그것이 전통의 본질이었던 것이다. 거부하고 반항하는 내일의 작가와 시는 오늘도 거부하고 반항하고 건설하지 않으면 안 될 것이다. 우리는 오늘의 전부를 거부하고 기성(旣成)에 대한 용감(勇敢)한 도전(挑戰)에서 내일을 형성할 것이다.[5]

20대 문학청년에게서 흔히 나타나는 기성세대에 대한 반항이 한 사례로 치부할 수도 있지만, 심지어 천상병까지(!) 이렇듯 '부정의 획득'을 문학의 현재를 타개할 "유일한 방법론"으로 내세웠을 만큼, 1950년대에 등장한 신세대들의 공통된 특징은 스스로를 문학의 혁신을 감행할 '부정'의 주체로 내세웠다는 점이다. 대체로 천상병은 시사적(詩史的) 맥락에서 1950년대 모더니스트들과 다른 부류로 구분되지만, 적어도 그가 처음 시작(詩作)에 임할 무렵에는 스스로를 기존의 문학을 뒤엎을 미학적 '부정'의 첨병으로 생각했음이 위 구절에서 잘 드러난다. 하지만 그는 1950년대 모더니스트들이 그토록 공격했던 길, 즉 자연에 의지하여 달관과 초속의 태도를 취하는 길로 나아간다. 개인적 불행과도 맞물려 있는 일이었겠지만, 1950년대 모더니

---

5) 천상병, 「나는 거부하고 반성할 것이다—내일의 작가와 시인」, 『문예』, 1953년 2월호.

스트들이 '부정'을 획득하는 방법으로 언어의 실험을 염두에 두었던 것과 달리, 천상병은 많은 신세대군이 공박했던 서정주와 청록파 등 소위 한국적 서정이라 일컫는 시의 형태와 구조를 수용하는 방향으로 나아갔던 것이다. 초기의 과감한 발언이 무색할 만큼 그의 행보가 동시대 모더니스트들과 격이 졌던 데는 언어를 다루는 방식이 근본적으로 달랐던 데서 비롯한다고 볼 수 있다.

주목할 것은 이처럼 뜻밖의 시인까지 미학적 자기 정체성을 문학적 전통을 부정하고 파괴함으로써 새로운 창조의 길을 여는 데 두었을 만큼 1950년대 신진들의 내면에는 강렬한 '전위(前衛) 의식'이 너 나 할 것 없이 자리 잡고 있었다는 점이다. 그리고 이러한 '전위 의식'──이어령 식으로 표현하면 '화전민 의식'──을 바탕으로 이들은 시의 '현대화'를 주창하기에 이른다. 한국의 시는 이제 낡은 '근대'의 구태를 벗어버리고 작금에 도래한 '현대'의 형식과 내용과 전망을 '현대시'로 새롭게 구현할 것을 선언했던 것이다. 물론 이들이 자신들이 말한 바대로 부정과 파괴로서의 새로운 시를 한국 시사(詩史)에 오롯이 새겼는지는 별개의 일이다. 엄밀히 말해, 그와는 반대로 부정과 파괴를 주장할 때조차 그들의 시는 한국 시의 '건설'이 목적이었고, 부정과 파괴의 '포즈'는 '건설'을 위한 수단과 도구로 활용되었다고 말하는 것이 더 정확할지 모른다. 때문에 이들을 한국 시의 전위라고 부를 수 있을지 의구심이 생길 수도 있지만, 분명한 점은 이전과 비교할 때, 1950년대 모더니스트들만큼 자신들의 문학적 정체성을 부정과 파괴의 이름으로 명명한 이들이 없었다는 사실이다. 박인환, 김경린, 김규동 등 후반기 동인을 위시한 전봉건, 조향, 김차영, 박태진, 이봉래, 이철범 등은 이러한 전위로서의 자기 공언을 주도한 핵심 멤버

들이었으며, 후일 한국 현대 시의 역사적 진일보를 이야기할 때 첫 번째 자리에 놓이는 김수영과 김춘수 또한 동세대로서의 이들의 시적 테제를 수용하고 동조하고 비판하면서 자기 세대가 배태한 한계를 극복해나감으로써 고유의 시학을 구축하게 된다.

그런데 이들이 '근대/현대' '근대 시/현대 시'를 이분하여 사고한 까닭을 주의 깊게 들여다보면, 자신들의 문학적 입지와 위상을 전위로 보았기 때문에 이러한 이분법이 파생되었던 것만은 아니었음을 알게 된다. '근대(시)/현대(시)'라는 역사적 단절의 창안에는 보다 심층적인 (무)의식적 구조가 내재되어 있었던 것이다. 1950년대 모더니스트들은 전후의 한국 사회를 세계사적인 보편성이 담지된, 즉 "국제적인 코스"[6]를 따르는 발전 과정으로 인식했다. 이는 한국전쟁을 현대 사회의 심각한 한계 상황이 반영된 세계사적 사건으로 파악한 데서 비롯한다. 무질서와 혼란의 '현대'는 어느 개별 국가나 특정 사회에 국한된 현상이 아닌 전 세계적인 현상이므로 제1·2차 세계대전과 한국전쟁은 '현대'의 혼돈상을 예증하는 동일한 성격의 사건으로 해석되었던 것이다.

그러나 한국전쟁과 세계대전의 동일시는 서구적 특수성을 세계사적 보편성으로, 서구 사회의 특수성을 한국 사회의 특성으로 등치시키는 논리적 비약을 동반하기 마련이다. 지역적·역사적 특수성을 등한시하고 서구적 보편성만을 세계사적인 동시성으로 인식하는 이러한 의식은 박인환의 경우 "황폐와 광신과 절망과 불신의 현실이 가로놓인 오늘의 세계에 있어서는 『황무지』적인 것이나 『불안의 연대』나

---

6) 박인환, 앞의 글.

그 사상과 의식에는 정확한 하나의 통일된 불안의 계통이 세워져 있다고 해도 과언은 아닐 것이다"[7]라고 표현되기도 한다. 여기서 주목할 사실은 이러한 세계 인식의 틀 이면에 식민지적 무의식의 한 전형이 감추어져 있다는 점이다. 서구/비서구, 고급/저급, 중심/주변, 적절/부적절로 이분화된 문화적 본질주의와 이 이분법의 좌변을 문화적 헤게모니의 중심축으로 적극 내면화하는 자기 식민화의 무의식적 양태가 이들의 담론 내부에 깊숙이 자리하고 있다. 부정과 파괴를 미학적으로 실천해야 한다고 말하면서 정작 그것을 모방하고 따라야 할 세계사적 목표와 당위로 둔갑시킴으로써 '근대'로서의 기성세대를 부정하고 자기 앞의 역사적 산물을 파괴하는 것이 곧 '현대'로서의 지위를 누리는 것이라는 등식의 내면화를 '국제적인 코스'를 밟는 것으로 자위한 이면에는 왜곡된 근대로 지칭되는 피식민의 과거를 서둘러 망각하고자 하는 욕망과 '남(큰타자로서의 서구)과 같아지기'를 원하는 자기 식민화의 욕망이 선후 없이 착종되어 있었던 것이다.

1950년대 모더니스트들이 대개 해방과 한국전쟁이라는 역사적 사건을 동반한 탈식민화 과정과 함께 출현하였다는 점은 이러한 식민지적 무의식[8]의 일단(一端)이 이들의 담론 내부에 자리할 수밖에 없었으리라는 추론을 가능케 한다. 실제로 이들이 세계대전 이후 서구 사회 내에서 제기된 현대 문명에 대한 자기반성의 담론을 자기 동일화의 대상으로, 세계 인식의 준거로 삼았다는 점은 이를 입증하는 한 실례이다. 1950년대 영·미 시의 흐름을 자신들이 따라야 할 '현대시'의 전범으로 내세웠던 까닭도 이와 무관하지 않다. 그런 점에서 현

---

7) 박인환, 앞의 글, p. 254.
8) 고모리 요이치, 『포스트콜로니얼』, 송태욱 옮김, 삼인, 2002.

대 시의 세계화, 향토적 서정의 청산, '화전민'으로서의 역할 등 이들이 스스로에게 부여한 문학적 과제와 미학적 정체성의 위의(威儀)에는 탈식민화 이후에도 상존하는 자기 식민화의 상황을 인식하지 못한 채, 큰타자로서의 서구의 시선에 의지하여 중심, 고급, 적절성이라는 이데올로기적 헤게모니를 자기 고유의 것으로 전유하고자 한 욕망이 내포되어 있다. 이렇듯 '남과 같아지기'라는 자기 식민화의 타율성이 이들의 내면에 깊이 뿌리내리고 있었다는 점이야말로 1950년대 모더니스트들이 극복할 수 없었던 가장 큰 난관이자 시대의 한계였을 것이다.

그런데 이들에 대한 문학사적 평가가 그간 부정적 비판이 주를 이루었던 사정은 이러한 맥락과는 사뭇 다르다. 이들을 향한 비판의 주 내용은 시의 현대화를 주창하고 부정과 파피를 통해 시의 '현내화'를 이루겠다는 야심 찬 시도와 달리, 정작 이들의 시는 1930년대 모더니즘 시가 거둔 성취에도 미치지 못했으며, 오히려 한국 시의 완성도를 질적으로 떨어뜨리는 결과를 가져왔다는 데 초점이 맞춰져왔다. 특히 이들의 무반성적인 서구 추수적 태도는 시에 외래어의 남용을 초래했고 그 때문에 생경하고 조악한 단어들의 조합은 시의 기본적 요건도 갖추지 못한 채 우리말의 아름다움을 손상시켰다는 당대의 비난이 쏟아졌다.

이러한 이상주의적 경향의 시(유치환과 서정주의 시를 가리킴—인용자 주)를 가리켜 진부한 것으로 규정하고, 그 가장 심각한 정도인 것이 『나비와 광장』에서 보는 바와 같고, 그치도 않으면 헤리콥타니 로타리니 가로수(街路樹)니, 소공동(少公洞)이니, 이렇게 현대의 표피

(表皮)만 스쳐가는 현실주의적 경향의 얄팍한 감각이나 우울(憂鬱)한 상황 등을 가장 현대적(現代的)인 양 규정(規定)하는 것은, 시의 본질을 망각한 가치전도라 아니할 수 없다. 〔……〕 우리는 이러한 모던이즘의 빈곤한 시론의 약점을 틈타 발호(跋扈)하는 수많은 이십대의 습작편(習作篇)들을 한편 기대를 가지면서도 한편 근심스러운 낯으로 대하게 된다. 헤리콥타-나 신식 문명 이기(利器)의 용어를 등장시킴으로써, 혹은 극단의 주관적인 난삽(難澁)한 구절들을 마치 분열된 의식처럼 나열함으로써, 심지어는 외래어를 범람(氾濫)케 함으로써까지 새로운 시의 묘기를 체득한 것처럼 망단(忘斷)하는 경향을 보게도 된다. 이러한 경박(輕薄)한 현상은 현대시의 진정한 면목을 왜곡(歪曲)시키는 값싼 시의 유리쪼각들이 되고 말 것이다.[9]

20대를 주축으로 등장한 1950년대 모더니스트들에 대한 김현승의 신랄한 비판 이면에는 신세대를 중심으로 1950년대 비평계를 풍미했던 전통 단절론에 대한 거부감이 숨어 있다. 하지만 그가 가장 심각한 문제로 거론한 것은 "현대의 표피(表皮)만 스쳐가는" "극단의 주관적인 난삽(難澁)한" 시어들이다. 그들의 "이러한 경박(輕薄)한 현상"은 "값싼 시의 유리쪼각들이 되고 말 것"이라는 것이 그의 최종 진단이다. "새로운 시에 대한 우리들의 동일한 관심은 시에 채용되는 새로운 용어보다는 그 용어들이 하나하나의 근육(筋肉)으로서 그들의 표현의욕의 골격과 불가분의 관계에서 얼마나 밀착되어 있느냐"[10]는 것이며, 이는 모더니스트들이 아니라 오히려 서정주와 유치환 등

---

9) 김현승, 「인생파와 모던이즘」, 『현대문학』, 1956년 2월호, pp. 151~52.
10) 김현승, 위의 글, p. 149.

의 인생파에서 실현되고 있다는 것이 그의 주장이다. 1950년대 모더니스트들에 대한 이러한 평가 이면에는 모국어로서의 한국어가 얼마만큼 완미한 시어로서 형태화되고 있는가로 시의 성공 여부를 가늠하는 완고한 가치 기준이 가로놓여 있다. 즉 미학적 실험 이전에 문학어로서의 한국어의 가치를 확인시켜주는 시편들이 우월한 작품들로 인정되고 있는 것이다. 문학어로서의 한국어가 완미한 형태로 실현되는 것을 한국 시가 선취해야 할 으뜸의 과제로 인식하고 이를 작품 평가의 우선적 잣대로 삼는 입장은 이미 당시의 신세대 비평가였던 유종호의 「토착어의 인간상」에서도 명쾌하게 나타난다.

물론 전근대적인 인간상도 그것이 현실적인 인간상인 이상, 그것은 마땅히 부가되어야 하며 또 사실상 우리의 신문학 중에서 우수한 부분을 차지하고 있는 토착어의 인간상의 형상은 응분의 평가를 받아야 한다. 그러나 우리 문학의 새로운 가능성은 토착어의 자리를 대치하여 가고 있는 생경한 언어군을 어떻게 예술적으로 형상해 가느냐는 점에서 찾지 않으면 안 될 것이다. 이것은 어려운 길이다. 언어의 혼란은 전근대적 생활양식에서 근대적 생활양식으로 진화하려는 과도기적 사회혼란을 그대로 반영하고 있다. 그러나 이 곤란한 가능성을 건설하는 것이 우리 문학의 가장 중요한 과제가 됨은 의심할 여지가 없다.[11]

우리 문학의 앞날은 "전근대적 인간상을 싸고도는 후광"[12]의 토착

---

11) 유종호, 「토착어의 인간상」, 『현대문학』, 1959년 12월호; 『비순수의 선언 — 유종호 전집 1』, 민음사, 1995, p. 188에서 재인용.
12) 유종호, 위의 글, p. 189.

어로부터 벗어나 새로운 문학어로서의 한국어를 수립하는 데 달려 있다는 이러한 언어 의식은 기존 문학의 타파와 혁신을 주장하고 나선 신세대들에게서 한결 두드러지는 바이다. 하지만 해방 후 민족 정체성 확립에 문학이 기여해야 함을 사회적 역할로 인식했던 대부분의 문학인들에게 이것은 반론이 필요 없는 견해였다.

문학이 언어를 매개로 하는 예술 행위인 이상 새로운 문학을 위해 언어의 혁신이 선행되어야 함은 일종의 진리이다. 하지만 한국어의 문학적 쇄신을 새 시대의 주체로 거듭나야 한다는 당대의 역사적 사명에 결부시키는 의식에는 공식 언어와 국민 언어의 통합을 통해 '정당한 언어'의 재생산이라는 언어적 규범의 제시와 그 정당성 강화에 특정의 문화적 성향habitus을 아로새김으로써 '상징적 지배symbolic domination'[13]를 수행하려는 정치적 무의식 또한 개재되어 있다. 한국어의 예술적 승화는 문학 이전에 민족(/국민)의 역량과 능력을 증명하는 유효한 잣대이자 부인할 수 없는 증거이며, 언어적 위계상 우월한 위치를 점하는 사회적 귀감으로서 문화적 권위를 획득했던 것이다. 이는 시와 시인의 사명으로 민족어나 모국어에의 기여를 꼽았던 이면에 내포된 정치적 욕망이 무엇인가를 보여준다. 그것은 시와 정치를 하나로 결합하여 시의 예술적 완성을 정치적 과제—집단의 문화적 정체성을 발견함으로써 정치 공동체로서의 자기 정체성을 확인하고 이를 통해 구성원 간의 사회적 통합을 실현하는 것—의 해결과 동일시함으로써 문학의 매진이 정치적 과업과 분리된 것이 아니라 오히려 정치적 요구와 목적을 심미적으로 고양하고 실천하는 좋은 예임

---

[13] 피에르 부르디외,『상징폭력과 문화재생산』, 정일준 옮김, 새물결, 1995.

을 사회적으로 용인케 하는 방법이었던 것이다. 이런 점에서 볼 때, 국어의 순화 및 문학어로서의 완성이라는 요구가 언어적 민족주의의 형태로 표면화된 것은 논리적인 면에서도 자연스러워 보인다.

언어적 민족주의는 해방 직후 문학 작품의 경향과 수준을 가늠하는 주요한 이데올로기적 토대가 되어 큰 힘을 발휘하였다. 많은 문학인들이 언어적 민족주의의 영향에 따라 식민 치하 내내 모어(母語)로서의 지위만을 지탱해온 조선어를 국어의 위상에 걸맞게 만드는 것을 중차대한 문화적 과업으로 삼고 이를 문학이 맡아야 할 역사적 임무로 인식했다. 그중 이태준의 평문 「국어재건과 문학가의 사명」은 민족과 언어와 문학을 하나의 함수로 대응시킨 대표적 예이다.

조선 문학가란, 유일한 조건, 조선말로 쓴다는 것만으로 규정되는 것이다. 국어재건에 있어 우리는 먼저 이 근본사실을 우리 자신에게 고조하자. 그렇다고 팔, 이오 이전과는 달리 조선어에 대한 감상적 기분을 도움은 아니다. 이제는 조선과 함께 조선어도 해방이다. 불우했을 때 말이지 백일 하에 선 자유조선어에 우리는 더 감상적일 필요가 없다. 〔……〕 현하 건국 수도(首途)에 있어 우리 민족으로부터 우리 문학가에게 요청이라기보다 우리 자신으로부터 국가에 대한 중대한 의무가 있음을 자각해야 할 것이다. 국가에 대한 의무는 고만두고라도 국어의 완전한 정리가 없이는 우리가 쓰는 원고는 그 표현형식에 있어 영원히 미정고임을 면치 못할 것이다. 국어재건이란 곧 우리 문학건설의 기초공작인 것이다.[14]

---

14) 이태준, 「국어재건(國語再建)과 문학가(文學家)의 사명(使命)」, 『건설기(建設期)의 조선문학(朝鮮文學)』, 조선문학가동맹 편, 백양당, pp. 172~73.

국어의 재편과 관련하여, 당시 문학인들 사이에 팽배했던 의식의 한 단면을 여과 없이 드러내는 이 글은 국가(/국어)의 '재건'이라는 시대적 담론을 둘러싼 문학가들의 대응이 이렇듯 자국어의 정화와 갱신을 작가로서의 시대적 책무이자 식민 치하의 잘못을 속죄하고 새롭게 거듭나는 방책임을 강조하는 것으로, 이를 위해서는 창작자의 의식의 혁신——스스로를 새로운 정치 공동체의 일원으로 자각하고 공동체 전체의 이익에 참여하여 복무하는 것이 새 시대의 작가적 사명임을 내면화하는 것——이 필요하며 이는 자신이 다루는 언어를 예술적으로 순화하여 공동체에 되돌려주는 방식으로 실현되어야 한다고 주장하는 것으로 표면화되었음을 보여주고 있다.

이러한 언어 의식은 몇몇 문학가들에게만 국한된 현상이 아니었다. 1950년대 내내 문학을 언어와 연관시켜 논한 글들은 대체로 문학의 진보를 모국어(/민족어)의 발전을 견인하는 원동력으로 내세운다. 이 시기의 많은 비평들이 작품으로서의 시의 완성도를 평가할 때 언어 사용에 예민한 반응을 보인 것이나, 한국어의 조탁이 시의 경우 빠지지 않는 칭찬거리가 된 까닭은 이러한 문학 외적 사정과 무관하지 않다. 하지만 실제로 1950년대 문학인들이 직면하고 있던 제반 사정과 여건은 그리 간단치 않았다. 무엇보다 한국 시의 신세대로 부상한 젊은 시인들은 언어적 민족주의의 관점에서 볼 때 태생적이라 할 만큼 치명적인 결함을 안고 있었다. 이 치명적 결함으로 초래된 여타 현상들이 지배 이데올로기화된 언어적 민족주의에서는 쉽게 용인될 수 없는 비정상적인 모국어의 운용으로 비쳤으며 국어의 아름다움을 손상시키는 성급하고 무모한 도발로 받아들여졌다.

그렇다면 이들의 시는 1950년대 한국 시 전반을 일제 말에 버금가는 '암흑의 시대'로 만들었다고 폄하될 만큼 문학사적으로 가치가 필소한 것일까? 언어 실험을 토대로 한 시의 '현대성' 추구를 한국 시의 제일 과제로 여긴 이들의 시적 열망은 한국 시사에 어떤 긍정적 소산도 남기지 못한 졸렬한 실패인가? 만일 이들의 생소하고 낯선 문학적 모토가 당시 팽배했던 언어적 민족주의 '바깥'에서 발생하고 성장한, 시대의 주류에서 벗어난 이질적 의식의 산물이라면, 이들에 대한 그간의 평가는 온당한 것이라 할 수 있는가? 민족주의 '바깥'에 놓여 있었기에 가능한 미학적 혁신이 이들에게서 나타나고 있지는 않은가? 이에 대해 답하려면, 질문은 처음부터 다시 수정되어야 한다. 예컨대 이들의 시는 왜 이렇게 생경한 상태에 머물 수밖에 없었나? 이들은 왜 부족한 한국어 실력으로 언어 실험에 매진했던 것인가?

이러한 질문의 답을 이중 언어의 상황에서 찾은 것이 김현의 평문 「테로리즘의 문학」이다. 1950년대 문학에 대한 날카로운 통찰로 꼽히는 이 글에서 김현은 1950년대 작가들, 특히 시인들이 겪었던 언어의 곤란을 '50년대의 비극'으로 지칭한다.

20세를 전후해서 해방과 전쟁을 맞이했다는 것은 (......) 두 가지 면으로 이해되어야 한다. 하나는 언어의 급변으로 인한 의식조정의 곤란이다. 한국어 말살 정책에 의해 국어로 일본어를 알고 성장한 세대는 급작스러운 해방 때문에 문장어를 잃어버린다. 그래서 한글로 개개인의 사고와 감정을 표현해야 한다는 어려움에 부딪친다. 사물에 대해 반응하고, 그것을 이해하고 비판하는 작업은 일본어로 행해지는데, 그것을 작품화할 때는 일본어가 아닌 한글로 행해야 한다는 어려움, 그것은 사고와 표현의 괴리현상을 낳는다. (......) 일본어로 사고하고 한국어로 표현한다는 이 절망적인 현상은 국적불명의 언어로 소설을 쓴 개화초기의 비극과 맞먹는다. 그것은 사고와 표현이 한 차원에서 이해되지 않고, 서로 다른 차원에서 행해진 비극이며, 그것은 50년대 문학인들의 의식 속에 두 개의 국가가 공존한 것을 뜻한다.[15]

일본어로 사고하고 한국어로 표현한다는 "이 절망적인 현상"은 김현이 직접 작가들의 말을 빌려 인용하기도 했지만, 실제로 1950년대에 작품 활동을 시작한 많은 시인들이 여러 글에서 고백한 어려움 중 하나였다. 일례로 김수영은 모국어를 터득하지 않고 학습했던 자기 세대의 특수성을 들어 "우리나라의 문학의 연령을 편의상 대체로 35세를 경계로 해서 2분"[16]하기도 하였고, 김춘수는 스스로를 "일본어 세대"[17]라고 부르기도 하였다. 김수영도, 김춘수도 자신들을 '일본어 세대'라고 칭한 데는 그들 세대가 이전 세대나 이후 세대와 '다르다'는 의식이 깔려 있다. 사실 일본어에 능한 문학인들은 이들 외에도 많다. 식민치하를 살았던 식자(識者)층이나 일본 유학을 다녀온 이들의 대다수가 일본어에 능통했다고 봐도 무리는 아니다. 하지만 이들이 자신들을 유독 '일본어 세대'라고 부른 데는 '다른' 함축적 의미가 내포되어 있다.

중학 3학년까지 조선어 시간이 있었다. 주 한 시간 정도가 아니었던가 한다. 4학년이 되자 그 한 시간마저 없애고 일제는 국어(일본어)

---

15) 김현, 「테로리즘의 문학」, 『문학과지성』, 1971년 여름호, pp. 338~39.
16) 김수영, 「히스프레 문학론」, 『김수영 전집 2-산문』, 민음사, 2003, p. 278.
17) 김춘수, 「시인이 된다는 것」, 『처용단장』, 미학사, 1991, p. 155.

상용을 강요했다. 학교에서는 절대로 조선어를 못 쓰게 했고, 국어(일본어)로 일기를 써서 매주일 담임의 검열을 받아야했다. 쓸 것도 없는데 매일 일기를 쓴다는 것이 귀찮고 짜증스럽기는 했으나 국어(일본어)로 써야하는 사실에 대해서는 별로 저항을 느끼지 못했다. 아닌 말로 왜놈이 다된 셈이다. 또한 창피스럽다.[18]

김춘수가 중학 4학년이 된 해가 1938년이니, 제3차 교육령에 따라 그해 교과 과정에서 조선어가 사라졌음을 기억하는 그의 기억력은 매우 정확하다. 그런데 조선어 교육이 없어지고 일본어 교육이 강화된 것에 대해 저항하거나 반발하지 않았다는 그의 회상은 단순히 이 시기의 언어 교육이 이전과 달랐다는 점만을 가리키지 않는다. 식민 치하의 조선인들은 강한 민족의식으로 일제에 대한 거부감을 안고 살았으리라 추측하는 후세의 상상과 달리, 김춘수의 말처럼 일본의 '국민'으로 자란 이들 세대는 "왜놈이 다된 셈"이었다. "왜놈이 다된 셈"이었던 이들에게 해방은, 그러므로 '민족 해방'을 뜻하지 않았다. 이들에겐 피식민인으로서의 '민족적' 자의식이 거의 없었기 때문이다. 김춘수가 연거푸 "창피스럽다"고 말하는 것도 지금 와서 돌이켜보니 그러한 자의식이 없었음이 문제였다는 사후적 자책과 반성의 표시이지 그 당시에 '왜놈이 다 되었음'을 의식했다는 뜻은 아니다. 오히려 "창피스럽다"는 반복적 강조 자체가 역으로 자신들이 제국의 '국민'이라는 점에 아무런 의구심을 품지 않았다는 사실을 환기한다.
"왜놈이 다된 셈"이던 현상은 김춘수 한 개인에게만 해당하지 않는

---

18) 김춘수, 앞의 글, p. 155.

다. 1950년대 등장한 한국 문학의 신진들은 8·15를 '민족'이 해방된 날로 인식하기보다 세계 전쟁이 끝나고 그와 함께 낡은 '근대'가 물러가는 시점이자 새로운 '현대'로 진입하는 기점으로 보았다. 이들은 자신들이 구습의 제국주의적 압박에서 벗어나 역사의 진정한 주체로 세계사의 무대에 발을 들이는 출발점에 서 있다고 생각했다. 따라서 그에 걸맞게 문학 또한 '현대'의 창조와 반영으로 거듭날 필요가 있었고, 자신들을 그러한 문학적 임무를 부여받은 '신인(新人)'들로 자청했던 것이다. 이들의 급진적이고 돌발적인 '전위 의식'은 바로 이런 맥락에서 생겨난 것이다.

하지만 이러한 시대 인식과 미적 자의식은 예상치 못한 난관에 직면한다. 그 난관이 민감하게 가시화된 부분이 공적 상용어의 갑작스러운 전환이었다. 김수영이나 김춘수처럼 해방 후 등단한 시인들은 대부분 그들의 시대적 조건에 의해 일본어(공식 언어)—조선어(종족 언어)라는 이중 언어 체제의 영향으로부터 자유로울 수 없었다. 한글 중심의 단일 언어 체제는 빠르게 제도화되었지만 이들, 특히 후반기 동인을 위시한 1950년대 모더니스트들에게 가족어에 불과했던 한국어는 '현대적' 시를 창조하려는 이들의 문학적 이상(理想)에 걸맞지 않은 도구였다. 이들에게 한국어는 소수의 종족어이자 주변어이자 유아어에 머물러 있는 후진적 언어였으며, 제국어와 비교할 때 문명의 진보에 부합하지 못하는 지방어에 불과했다.[19] 해방은 언어 영역 전체에 그러한 한국어의 후진성과 변두리성을 무방비로 노출시킨 급작

---

[19] 식민 시기의 이중 언어 체계에 따른 조선어의 위상과 이데올로기적 형상에 대해서는 정백수, 『한국 근대의 식민지 체험과 이중언어 문학』, 아세아문화사, 2000, pp. 15~25 참조.

스러운 사건이었던 셈이다.

그러나 사회적 선(善)이자 진(眞)인 언어는 한국어였다. 따라서 이들에게도 한국어의 시적 진화는 자신들이 희구하는 시학(詩學)의 현실화를 위해 반드시 실현해야 할 당면 과제였다. 그리고 그것은 문명화의 방향과 대척되는 지점에서 모어의 낭만화로 나아가는 전통파 시인들[20]과는 '다른' 방식으로 시도되어야 했다. 외래어의 범람이자 조악하고 난삽한 시어의 조작이라고 폄훼된 이들 모더니스트들의 언어 실험은 모어의 조탁을 우선시하는 전통파의 입장을 대립 항으로 의식하면 의식할수록 그만큼 더 편향된 형태로 문명화의 전진 기지를 시 속에 만들려 했다. 그들의 시는 그러한 점증하는 욕구의 자기 반영태였다. 강박적으로 보일 만큼 '현대' '현대성' '현대화'를 주창한 이들의 언어 실험은, 한국어를 하루속히 제국어에 버금가는 '현대어'로, '세계어'로 만들기 위한 욕망에 근간한 것이었다.[21]

---

20) 조선어의 모어로서의 형상을 적극 활용하여 모어 자체를 낭만화하는 실험을 시도한 대표적 시인이 서정주이다. 서정주 시에서 나타나는 '모어의 낭만화' 과정에 대해서는 졸고, 「김수영은 왜 시작 노트를 일본어로 썼을까?」, 『현대시』, 2005년 8월호, pp. 99~100 참조.
21) 전통파 시인들과 그 방법은 다르지만, 이들이 희구했던 한국어의 문명화 혹은 현대화가 '문학어로서의 한국어'의 발전을 목적으로 한다는 점에서만큼은 전통파 시인들과 그리 멀지 않다. 다만 전통파 시인들이 민족 문화의 전통을 창출하고 재발견하는 작업을 모어의 낭만화와 동일시하였다면, 이들 모더니스트들은 한국의 문명화를 세계사 일반의 원리이자 역사의 예정된 길로 여기고 이를 시의 현대화, 언어의 현대화와 등치시켰다는 점에서 큰 차이를 갖는다. 해방과 함께 세계사의 진정한 일원이 되었다고 여긴 이들의 관념은 일종의 '세계 시민주의'로, 이는 한국어의 문학적 운용을 둘러싼 (무)의식적 지향 가운데 암암리에 드러난다. 특히 후반기 동인들의 작품집 제목이 '새로운 도시와 시민들의 합창'이었다는 점은 이들이 가지고 있던 '세계 시민'으로서의 자기 인식의 면모를 잘 보여준다. 하지만 이 '세계 시민주의'야말로 1950년대 모더니스트들의 시적 열망이 실패할 수밖에 없었던 근본 요인일 것이다. '세계 시민'이 되기 위한 물적 토대를 이들은 전혀 보유하지 못했기 때문이다. 관념적 지향과 물적 토대의 괴리는 이들이 안고

한편 언어 체제가 모어 중심주의로 바뀌는 순간, 일본어로 사고하는 것이 더 익숙하다는 데서 기인한 이질감이 이들의 의식 심층에 자리 잡았을 가능성을 생각해볼 필요가 있다. 한국어가 랑그langue로 내면화되지 않는 이상, 이들은 언어 주체로서는 소외 지대에 있을 수밖에 없다. 언어 주체로서 주변에 머문다는 것은 이들의 현존 의식에 큰 영향을 미치기 마련이다. 언어는 자기의식의 가장 직접적이고 실제적인 근거이기 때문이다. 만일 그렇다면, 스스로를 한국 시의 새로운 적임자로 자처하는 이들의 내면에 아이러니하게도 자신들이 구사하는 언어로부터 배척되고 소외되는, 현존과 언어 사이에 간극이 상존하는 상황이 발생하리라는 점을, 즉 자기의식과 언어 간의 이러한 불일치가 필연적으로 국외자의 설움과 낯섦을 유발하리라는 점을 짐작할 수 있다. 그렇다면 1950년대 모더니스트들의 시에서 빈번히 나타나는 원인 불명의 애수와 감상성은 먼저 이들이 처한 언어적 조건에서 빚어진 것일 수 있다.[22] 김현은 이러한 현존과 언어 간의 상처(相馳), 사고와 표현 간의 불협화를 가리켜 '50년대의 비극'으로 지칭한 것이다. 그의 말처럼, 1950년대 문학인들의 머릿속에는 "두 개의 국가"가 공존하고 있었던 셈이다.

하지만 그것이 과연 '비극'이었는지는 다시금 따져볼 일이다. 랑그와 파롤, 사고와 표현의 불일치가 만드는 의식의 분열과 혼란은 의식하지 못한, 혹은 의도하지 않은 굴절을 시와 언어와 존재에 일으킨다. 왜냐하면 일본어-사고/한국어-표현의 이중 경로는 자기의식

있던 또 다른 난관이었던 셈이다.
22) 1950년대 모더니스트들의 이중 언어 의식과 '근/현대' 담론의 성격에 대해서는 졸고, 앞의 글, pp. 101~07 참조.

내에서 일어나는 번역 과정에 다름 아니기 때문이다. 번역은 동일한 것의 반복이 아니라 여러 언어들이 지니는 이질성과 대결하는 모종의 임시적 방식[23]이며, 자기 내부의 내적 논쟁으로 인해 언어의 개별적 요소들이 선택되거나 배제되는 가운데 하나의 기표에서 다른 기표로 미끄러지면서 원문과 다른 요소를 생성하고 예기치 못한 부산물을 만드는 과정이다. 다시 말해 번역은 언제나 '번역 불가능한 나머지'를 자기 내부에 아로새긴다. 이 '번역 불가능한 나머지'가 사고와 표현 양쪽에 자기 자신으로 환원되지 않는 잉여를 때로는 결핍의 형태로, 때로는 과잉의 형태로 남긴다. 이 같은 번역 절차가 일본어(사고)→한국어(표현)의 구조로 되풀이된다는 것은 표현된 언어 형식뿐만 아니라 사고 내용의 본래 출처까지 형용 불가능한 '나머지'를 잔존시켜 사고에서 표현으로의 이행을 동일한 것의 반복이 아니라 비동일적인 것의 현현으로 만든다. 따라서 일본어-사고/한국어-표현의 이중적 층위는 모어의 순결성을 유지하고 보존하는 것을 한국 시의 기본 바탕으로 삼는 언어 형식과는 다른 형태의 시를 배태한다.[24] 1950년대

---

23) 발터 벤야민, 「번역가의 과제」, 『언어 일반과 인간의 언어에 대하여/번역가의 과제』, 최성만 옮김, 길, 2008, pp. 130~31.
24) 그 대표적인 선례가 이상(李箱)의 시이며, 이상에게서 자신의 전범을 발견한 김수영의 시다. 새로운 문학어로서의 한국어(조선어)의 가능성을 번역 과정을 통해 발굴·발명한 것을 한국 시의 '전위'를 가늠하는 한 축으로 삼을 때, 김수영은 이상의 적자(嫡子)에 해당한다고 해도 과언이 아니다. 한편 이와 동일한 맥락에서 2000년대 들어 등장한 젊은 시인들의 시가 자국어에 '외국어성'을 이식하거나 창출하는 방식으로 기존 언어의 파괴를 시도하고 있다는 점은 이들 시의 전위성을 해명하는 데 유효한 틀로 작용할 수 있다. 번역어로 만듦으로써 한국어의 새로운 문학적 지평을 연 예로 황병승 시를 다룬 황현산의 평문 「완전 소중 시코쿠」(『창작과비평』, 2006, 봄호)는 그런 점에서 좋은 참조가 된다. 한편 이중어 체계로부터 비롯된 번역 사정과 연관된 이상과 김수영의 직접적 관계에 대해서는 졸고, 「김수영은 왜 시작 노트를 일본어로 썼을까?」 참조.

한국 시의 '신인'들이 이러한 자기 내적 번역 과정과 효과를 스스로 인식했든 못했든, 설령 그들의 언어 실험이 이후 세대의 반면교사에 불과했다 해도, 토착어를 심미화하고 동양적 자연을 미학적 전통으로 삼는 당시의 주류적 경향과는 '다른' 한국 시의 가능성을 문학적 현실로 각인시켰다는 점만큼은 부인할 수 없다.

오랫동안 한국 문학의 지배적 이데올로기로 자리 잡았던 언어적 민족주의는 1950년대 모더니스트들의 언어적 실험을 한국어에 능숙지 못한 세대의 문학적 오류와 미숙함으로 비난했다. 그러나 역으로 이들의 전위성은 그들이 내세운 이론적 전언이나 선언적 명제가 아니라 이 '잘못된' 언어 사용에 빚진 바 크다(이는 이상(李箱)의 경우도 마찬가지이다). 왜냐하면 이러한 두 겹의 언어 층위로부터 김수영의 시가 탄생하였기 때문이다. 그가 고백한 바 있듯, 몇 차례에 걸친 "언어의 이민"과 그에 따른 내적 번역 과정은 아름다운 순우리말의 조탁과도 거리가 멀뿐더러 일상적 상용어로서의 한자어 사용과도 구분되는 어색한 일본식 한자어 조합을 만들어내면서 민족어의 순결성을 훼손하는 방식으로 시를 만들어냈다. 민족어의 고결한 순백함을 유지하고 보존하는 것, 혹은 그러한 순결함을 입증하는 것을 시(어)의 최대 과제로 여겼던 한국 시의 전통에서 김수영의 시는 시의 언어란 그 자체로 순수한 것일 수 없다는 인식을 바탕으로 그러한 전통에 반하는 반역자의 형태로 나타났던 셈이다. 어쩌면 1950년대 모더니스트 대부분이 시어로서의 한국어의 완미한 형상에 심각한 균열을 일으킨 반항 아였는지 모른다. 그래서 그들의 시는 오랜 기간 동안 용서받을 수 없는 실패로 치부되었던 것일 터이다. 하지만 그러한 반항으로부터 김수영의 시가 파생되었다는 사실은 쉽게 부인할 수 없다. 다음의 평가를 접할 때에는 더더욱 그렇다.

김수영의 시는 무엇보다도 민족어의 용법을 확장했다. 때로는 민족어의 결을 훼손하는 것처럼 여겨지고 자주 번역 어투를 느끼게 하는 그의 시는 바로 그 방식으로 낱말 하나하나에 강한 물질성을 부여하고 언어 그물의 강도를 높임으로써 말의 추상성과 구체성이 가장 긴밀하게 결합되는 지점으로 모국어의 역량을 끌어올렸다. 그는 한국의 시인들 가운데에서 시기적으로 최초로, 자신을 장악하고 있는 강력한 감동들을 앞에 놓고, 자신의 육체를 던지는 듯한 직접적인 언어로 그 감동들을 주조하면서도, 그것들에 의해 깨져나가지 않는 언어를 발명해낸 시인인 것이다.[25]

모국어의 문학어로서의 가능성을 실험하고 실연(實演)하는 것은 언어적 민족주의 '바깥'에서도 얼마든지 가능하다. 김수영의 시가 그 실증적·실재적 사례이다. 게다가 언어적 민족주의의 영향에 강하게 지배되었던 한국 시의 경우, 파괴를 구축함으로써 새로운 창조의 가능성을 여는 미학적 전위성이 그러한 이데올로기를 내파(內破)함으로써 선취된다는 가정이 꽤나 설득력 있게 느껴지는 것도 이 때문이

---

[25] 황현산, 「모국어와 시간의 깊이」, 『말과 시간의 깊이』, 문학과지성사, 2002, p. 436. 황현산은 이 글에서 "민족 문학이란 '민족어의 번역'과 같다"는 의미심장한 말을 남기고 있다. 그는 "말의 현재적 상태를 그 총체적 가능성 속에 자리매김하고, 다른 한편으로 그 가능성을 현재화하려는 노력에서 비롯"하는 한, 그것 또한 "일종의 번역"이라고 설명한다. 덧붙여 "한 언어와 다른 언어 사이의 번역될 수 있는 가능성과 번역할 수 있는 가능성, 곧 개개의 국어가 지닌 외국어성은 문학이 일상어와 그 특수 관계를 맺으면서 드러내는 성격과 다른 것이 아니다"라고 적고 있다.

다. 우선 문학에서의 언어란 정해진 문법을 따르지 않는 자유를 누림으로써 타자와의 소통 가능성을, 그 폭과 넓이와 깊이를 확장하는 원동력을 부여받는다는 점에서 단일한 하나의 언어를 따를 수도 없고, 따라서도 안 되기 때문에 본떠야 할 규범적 언어를 만들거나 강요해서는 안 된다. 한편 민족주의란 동일성의 논리에 의해 지지되는 까닭에 나와 다른 타자를 배제하는 배타적 이념으로 작용하며, 그로 인해 언어의 실험성과 다양성을 억압하는 수단과 무기가 될 수 있으므로 그러한 이념성을 언어 내부에서 공격한다는 것은 미학적 전위의 본래 기능과 역할에 부합하는 것이기도 하다.

만일 그렇다면 1950년대 모더니스트들의 문학사적 자리와 위상과 가치도 수정될 필요가 있다. 비록 자신들이 표명한 바대로의 전위성을 성공적으로 실천하거나 획득하지는 못했다 해도, 그들이 시적 실험을 행한 자리가 언어적 민족주의로 포섭되지 않는 '바깥'으로 질주해나간 그 '어떤 곳'에 있었다는 점은 미학적 가능성으로서의 새 지평을 징후적으로 예고하고 있기 때문이다. 그리고 그렇게 언어적 민족주의의 '바깥'으로 탈주하는 도전과 모험은 이들을 출발점으로 삼아 이후 한국 시에서 중요한 한 흐름을 만들었으리라는 추측도 얼마든지 가능하다. 특히 '한국적 서정'이 한국 시를 일관하는 전통으로 구축되면서 아름다운 우리말의 조탁과 예술적 보존이 최상의 미적 가치와 시적 정전으로 꼽히는 상황에서 그러한 비평적 이데올로기의 위력에 반(反)하는 이질적 실험과 저항의 움직임이 어떻게 시도되었는지, 그것은 어떤 형태를 띠었는지, 또한 그로부터 그려지는 문학사적 계보의 정체와 내용이 무엇인지를 묻는 것은 분명 유의미한 일일 터이다. 하지만 아직 이에 대한 구체적인 질의응답은 이루어진 바 없다.

1950년대 모더니스트들에게서 짐작되는 '징후적 예고'의 해명이 낱낱의 시편을 형태론적으로 분석할 때 비로소 가능하고, 이로부터 이들 이후에 전개된 시의 '현대화'의 흐름이 어떠한 미학적 결과를 낳았는지를 계보학적으로 고찰하는 일이 시작될 수 있듯, 한국 시의 전위의 계보를 언어적 민족주의와의 싸움과 대결로 가늠해보는 것은 언어 운용의 양태 및 각각의 수사학적 특질, 그 안에서 파생되는 모국어의 새로운 '외국어-되기'의 과정이 면밀히 검토될 때 가능해질 것이다. 이 글은 이를 위한 문제 제기이자 짧은 서두이다.

김수영은 왜 시작 노트를 일본어로 썼을까?

1

　김수영이 일본어로 씌어진 이상(李箱)의 미발표 유고를 처음 번역한 것은 1960년 11월의 일이다. 이상의 유고가 발견된 것은 1960년의 일로, 조연현은 1960년 11월 『현대문학』에 「이상의 미발표 유고의 발견」이라는 제명하에 유고 발견의 경위와 자신의 고증을 거쳐 시인 김수영에 의해 유고 일부를 번역해서 싣게 된 사정을 밝히고 있다. 이후 1960년 12월과 1961년 1월 두 차례에 걸쳐 『현대문학』에는 이상의 유고가 연이어 실린다.[1] 번역자가 따로 명기되지 않은 것으로 미루어 11월호 이후에도 김수영이 계속 번역했음을 알 수 있다. 이상의 유고를 김수영이 번역하게 된 정황에 대해서는 정확히 알려진 바가 없지만, 김수영이 일본어에 능한 데다, 1950년대 중반부터 번역

---

1) 유고의 작품명과 게재 호수는 다음과 같다. 『현대문학』, 1960년 11월: 제목 없는 시 한 편과 「1931년(十九三一年) 작품 제1호(作品 第1號)」, 「얼마 안되는 변해(辨解)」, 제목 없는 수필 두 편, 1960년 11월: 「이 아해들에게 장난감을 주라」, 「모색(暮色)」, 제목 없는 수필 한 편, 1961년 1월: 「구두」, 「어리석은 석반(夕飯)」.

일에 종사했으며, 무엇보다 그가 '현대적' 경향의 시를 쓰는 시인이었다는 점 등이 번역자로 정해진 배경이 되었으리라 추측할 수 있다.

이상의 유고는 1966년 7월에 『현대문학』에 재차 번역 게재되는데, 이때에도 번역자로 김수영이 참여한다(다른 한 사람은 김윤성이다). 그가 번역한 작품은 「哀夜」이다.[2] 그런데 이 글을 번역하던 중, 김수영은 특이하게도 근작 시에 대한 작후감(作後感)을 일본어로 써서 발표한다. 1966년 『한국문학』 여름호에 실린 이 글을 잡지사는 독자의 편의를 위해 우리말로 번역해서 실었는데, 민음사 간(刊) 『김수영 전집 2』에 수록되어 있는 「詩作 노우트 6」이 바로 그것이다.

지금까지 김수영을 다룬 많은 글들은 이 노트의 한 대목을 시인이 한국어에 익숙지 않음을 보여주는 예로 인용해왔다. "하여튼 나는 해방 후 20년만에 비로소 번역의 수고를 덜은 문장을 쓸 수 있었다. 독자여, 나의 휴식을 용서하라"가 그 대목인데, 인용문의 앞 문장은 그가 한국어보다 일본어가 더 익숙한 세대이고 그로 인해 한국어가 능숙해지기까지 아주 오랜 시간이 걸렸음을 알려주고 있다. 그런데 그 다음 문장인 "독자여, 나의 휴식을 용서하라"는 무슨 뜻일까? 「시작 노우트 6」이 본래 일본어로 쎄어진 글이었음을 염두에 둔다면, 이는 한국어로 옮기는 과정 없이 생각한 바를 일본어 그대로 쓰는 일을 용서해달라는, 즉 번역의 수고가 없음을 이해해달라는 의미이다. 따라서 이 문장은 '독자여, 내가 일본어로 쓰는 것을 용서하라'는 뜻이 된

---

2) 1966년 『현대문학』 7월호에 실린 이 글은 이상의 유고로는 김수영의 마지막 번역이었다. 이후 이상의 나머지 유고는 두 차례 더 번역되었는데, 유정에 의해 1976년 7월 『문학사상』에, 최상남에 의해 1986년 10월 『문학사상』에 게재되었다. 만약 김수영이 살아 있었다면, 나머지 몇 편의 유고도 그가 번역하지 않았을까 싶다.

다. 그렇다면 질문은 다음과 같다. 그는 왜 뜬금없이(!) 일본어로 글을 써서 발표한 것일까?

그리 대수로워 보이지 않는 이 질문에는, 그러나 예상외로 매우 복잡하고 다양한 함의가 내포되어 있다. 이와 관련된 역사적 배경이나 맥락이 그리 간단치 않고, 이즈음에 이르러 자기 시대를 어떻게 극복할 것인가와 더불어 시의 모더니티에 대한 김수영의 사유가 어떤 전환점turning-point에 이르렀음이 예기(豫期)되어 있기 때문이다. 그러한 복잡성을 보여주듯, 「시작 노우트 6」은 내용의 전개가 비약적이고 함축적이며, 행간과 행간 사이에 미처 표현되지 않은 의미들이 산재되어 있어 문맥의 해석 또한 용이하지 않다. 더구나 '독자여, 용서하라'는 말을 반어로 만들듯, 김수영 자신은 일본어를 공적 언어로 사용하는 데 크게 개의치 않고 있다. 아니, 오히려 그러한 공개적인 일본어 사용을 강하게 의도한 것처럼 보인다. 그리고 이러한 '반민족적인' 문자 사용이 사회적으로 팽배한 반일주의(反日主義)[3]로 인해 비난의 표적이 될 수 있음을 예상한 듯, 김수영은 다음과 같이 말한다.

그대는 기껏 내가 일본어를 쓰는 것을 비방할 것이다. 친일파라고, 저어널리즘의 적이라고. 얼마전에 小山いと子(고야마 이도꼬)가 왔을 때도 한국(韓國)의 잡지는 기피했다. 여당의 잡지는 야당과 학생데모의 기억이 두려워서, 야당은 야당의 대의명분을 지키기 위해서. 동아일

---

3) 1964년 한일 협정 체결 당시 4·19에 버금가는 대규모 반대 시위가 발생했다는 점을 떠올린다면, 해방 후 반일 감정의 정도가 어떠했는지 짐작할 수 있다. '반일'은 감정의 차원을 넘어 하나의 '주의(主義)'로서 한국 사회에 자리 잡고 있었다. 그런 사회적 분위기 속에 한국 시인이 일본어로 글을 써서 잡지에 발표한다는 것은 '친일' 중에서도, 가장 고약한 '친일'로 비칠 것임은 분명하다.

보(東亞日報)라면 전통 때문이라고 할 것이다.『사상계(思想界)』지도 사장의 명분을 위해서. 이리하여 배일(排日)은 완벽(完璧)이다. 군소리는 집어치우자. 내가 일본어를 쓰는 것은 그러한 교훈적 명분도 있기는 하다. 그대의 비방을 초래하기 위해서이기도 하다. 그러나 인기 때문만은 아니다. 어때, 그대의 기선(機先)을 제(制)하지 않았는가.

김수영은 위의 인용문에 앞서 "그대는 근시안이므로" 자신이 일본어로 글을 쓰는 진짜 이유를 알지 못할 것이라고 말한다. 그리고 그러한 '근시안'으로 하여금 비방을 초래하기 위해 이런 글쓰기를 시도한다고 말한다. 결국 근시안의 비방쯤은 전혀 문제가 되지 않음을 역으로 강조한 셈이다. 그런데 주목을 요하는 것은 김수영이 은연중에, 이러한 근시안적 비방의 또 다른 양태를 지적하고 있다는 점이다. 일본의 저명 문학가가 방한을 해도 일언반구의 언급조차 없는 한국 사회의 '완벽한 배일(排日)', 이 철저한 함구야말로 '근시안' 사회가 무(無)-발언의 방식으로 상대를 제압하려는 술책인 것이다. 무조건적인 냉대는 무조건적인 환대와 다르지 않고, 무반성적인 폄하는 무반성적인 모방과 다르지 않다. 김수영은 이러한 고의적인 침묵이야말로 피식민의 경험에서 벗어나지 못하고 있음을 반증하는 뿌리 깊은 피해의식과 콤플렉스의 소산이 아니겠느냐고, 그리고 어떤 대상에 대해 말하지 않는 것은, 실은 그 대상이 되고자 하는 욕망이 너무 커서 차마 그에 대해 말할 수 없게 된 것이 아니냐고 꼬집는 듯하다. 만일 그렇다면 김수영의「시작 노우트 6」은 탈식민화 이후에도 존속하는 식민지적 무의식의 극복을 '일본어 글쓰기'로 꾀한 것인지 모른다. 즉 일본어를 써서는 안 된다는 공동체의 금기를 거스름으로써 그러한 금기의 무의식적 동기를 비판하고, 역으로 그 같은 금기를 자신이 직접 실행함으로써 집단적 무의식으로 자리 잡은 피식민자로서의 콤플렉스와 타자(제국)에 대한 모방적 동일시를 깨뜨리려 하는 것, 그것이 일본어로 글을 쓴 김수영의 첫 번째 의도라고 할 수 있다.

그런데 김수영의 이러한 의도는 집단 공동체의 공통적 경험이라는 역사적 차원의 문제만을 겨냥하고 있지 않다. 그의 일본어 글쓰기에는 자기 전대(前代)의 문학적 전통에 대한 성찰과 비판이 동시에 내재되어 있는데, 김수영은 그러한 전통의 정전으로 이상을 떠올린다. 조금 단언하자면, 「시작 노우트 6」은 김수영이 이상의 유고를 번역하면서 가졌던 궁금증에 대해 스스로에게 답변하는 형식으로 제출된 글이다. 이상의 글쓰기 방식, 즉 조선어가 아닌 일본어로 글을 쓴 방식을 따르면서. 더 정확히 말하면, 이상의 글쓰기 방식을 따르되, 그것을 거꾸로 뒤집는 방식을 취하고 있다. '일본어(사고)→조선어(번역)'가 이상의 글쓰기였다면, "해방후 20년만에 비로소 번역의 수고를 덜은 문장을 쓸 수 있었다"는 김수영의 말은 한국어로 사고하는 것이 더 익숙해졌다는 뜻이므로, '한국어(사고)→일본어(번역)'가 그의 글쓰기 순서인 것이다. 그렇다면 김수영은 이러한 역전 방식으로 이상에게 무얼 말하고 싶었던 것일까? 이상을 본뜨면서, 이상의 어떤 점을 초점화하고 재전유하려 했던 것일까?

그러나 생각이 난다. T. S. 엘리어트가 시인(詩人)은 2개(個) 국어(國語)로 시(詩)를 쓰지 말아야 한다고 말한 것을. 나는 지금 이 노우트를 쓰는 한편 이상(李箱)의 일본어(日本語)로 된 시(詩)「애야(哀夜)」를 번역하고 있다. 그는 2개 국어로 시(詩)를 썼다. 엘리어트처럼 조금 쓴 것이 아니라 많이 썼다. 이것을 어떻게 생각해야 할 것인가. 내가 불만스럽게 생각하는 것은 이상(李箱)이 일본적 서정(日本的 抒情)을 일본어로 쓰고 조선적 서정(朝鮮的 抒情)을 조선어로 썼다는 것이다. 그는 그 반대로 해야 했을 것이다. 그는 그렇게 할 수 있었을 것이다. 그러함으로써 더욱 철저한 역설을 이행할 수 있었을 것이었다. 내가 일본어를 사용하는 것은 다르다. 나는 일본어를 사용하고 있는 것이 아니라 망령(妄靈)을 사용하고 있는 것이다.

인용문은 김수영이 이상의 유고 번역과 관련하여 언급하고 있는 유일한 구절인데, 짧은 문구지만 의미 파악이 쉽지 않다. 가장 눈길을 끄는 부분은 이상이 "일본적 서정을 일본어로 쓰고 조선적 서정을 조선어로 썼다는 것" "그는 그 반대로 해야 했을 것"이며, "그러함으로써 더욱 철저한 역설을 이행할 수 있었을 것"이라는 지적이다. 이것이 대체 무슨 뜻일까? 더구나 자신은 "일본어를 사용하는 것이 아니라 망령을 사용하는 것"이라니? 수수께끼를 품은 듯한 이 모든 내용을 어떻게 이해해야 할까? 위의 문맥에 비추어 한 가지 추정할 수 있는 것은 김수영이 이상의 오류라고 판단한 바를 자신이 수정하는 방식으로, 즉 일본적 서정을 조선어로, 조선적 서정을 일본어로 쓰는 방식으로 '역설'을 이행했다는 점이다. 아마도 이것이 일본어 시작 노트를 쓴 김수영의 두 번째 의도이자 가장 직접적인 의도일 것이다.

2

1934년 8월 「오감도」 연재를 중단하며 이상은 「오감도 작자의 말」에서 다음과 같이 쓰고 있다.

왜 미쳤다고들 그러는지 대체 우리는 남보다 수십 년(數十年)씩 떨어져도 마음 놓고 지낼 작정(作定)이냐. 모르는 것은 내 재주도 모자라겠지만 게을러빠지게 놀고만 지내던 일도 좀 뉘우쳐 보아야 아니하느냐.[4]

"남보다 수십 년(數十年)씩 떨어져" 있으면서도 그것을 깨닫지 못함을 질타하는 이상의 말속에는 근대주의자로서의 그의 면모가 고스란히 담겨 있다. 「오감도」의 창작 의도가 무엇이든, 이상은 자신의 시가 수십 년씩 떨어진 조선의 현실을 뛰어넘어 '남과 같아지려는 노력'의 한 예임을 공표한 셈이다. '남'을 따라잡으려는 그의 자의식적 노력은 언어 실험 면에서 가장 첨예화되었는데, 이는 김기림에게 보낸 그의 편지에 잘 나타나 있다. "요새 조선일보(朝鮮日報) 학예란(學藝欄)에 근작시(近作詩) 「위독(危篤)」 연재중(連載中)이오. 기능어(機能語). 조직어(組織語). 구성어(構成語). 사색어(思索語). 로 된 한글 문자(文字) 추구시험(追求試驗)이오. 다행(多幸)히 고평(高評)을 비오. 요다음쯤 일맥(一脈)의 혈로(血路)가 보일 듯하오."[5]

---

4) 김윤식 엮음, 『이상문학전집 3』, 문학사상사, 1993, p. 353.
5) 위의 책, p. 231.

한글을 '기능어, 조직어, 구성어, 사색어'로 만들려고 시험 중이라는 이상의 말은 그가 조선어를 문명어, 과학어, 근대어로 만드는 작업을 시작(詩作)의 1차 과제로 삼았음을 보여준다. 황현산은 이상의 이러한 시험을 가리켜 그가 문학에 뜻을 두면서 직면했던 모국어의 궁핍함을 과학적 사고의 검열을 통해 건조하게 '순화'된 수학적 등식의 표현으로 극복하려 한 나름의 방식이었다고 설명한다.[6] 이상에게 시어는 과학처럼 계산되고 조직되고 검증되고 건설되어야 할 근대적 기획물의 하나였던 것이다. 그런데 이 같은 조선어의 근대적 문학어 만들기는 일본어를 매개로 수행되고 있다. 이상의 많은 작품이 일본어 습작을 거친 뒤 조선어로 번역되는 순서를 밟았다는 것은 익히 알려진 사실이다. 그의 문학은 일문 체계와 한글 체계를 오가는 사이에 이루어진 새로운 의미 생산의 결과이므로 그의 이언어(二言語) 체계에 대한 전문적 연구가 필요하다는 지적[7]은 '일본어의 선행 습작 → 한국어의 작품 완성'이 매우 중요한 문학적 의미를 담고 있음을 보여준다. 그런데 일본어로 구상하고 조선어로 최종 기호화한 경우가 이상만은 아니었다는 점에 우리는 주목할 필요가 있다.

소설을 쓰는 데 가장 먼저 봉착하여—따라서 가장 먼저 고심하는 것이 용어(用語)였다. **구상은 일본말로 하니 문제 안 되지만, 쓰기를 조선글로 쓰자니**, 〔……〕 거기 맞는 조선말을 얻기 위하여서는 많은 시간을 소비하고 하였다.[8] (강조-인용자)

---

6) 황현산, 「모국어와 시간의 깊이」, 『말과 시간의 깊이』, 문학과지성사, 2002, pp. 420~21.
7) 김윤식 엮음, 『이상문학전집 2』, 문학사상사, 1991, pp. 204~05. 참고 부분은 김윤식의 「공포의 기록」 해제 중 한 대목이다.

위의 인용문은 김동인의 술회 중 한 대목이다. 구상을 일본 말로 하고, 쓰기를 조선글로 쓰는 이언어적 상황을 무심결에 서술한 그의 문장에는 글쓰기 주체가 일본 말로 구상하는 일을 어색하게 여기거나 문제라고 생각했던 흔적이 없다. 그를 난감하게 했던 사태는 일본어에 대응되는 조선말을 얻기 어려웠다는, 즉 근대어로서는 결핍과 빈곤의 언어였던 조선어와의 대면이었다. 여기서 1920년대의 조선어가 근대어인가 아닌가를 따지는 것은 그리 중요한 일이 아니다. 조선어를 정치적으로나 문화적으로 근대의 경험이 일천한 언어, 즉 낙후된 언어로 인식한 근대 초기 문학인들의 의식 세계를 고찰하는 것이 더 본질적인 문제이다.

이들의 의식 속에서 제국의 언어인 일본어는 조선어의 낙후성, 후진성을 비추는 거울의 역할을 담당하고 있었다. 1910년대 이후 일본어는 국어이자 제도어·중심어·표준어로, 조선어는 지방어이자 방언이자 유아어로 담론화되었다. 3차에 걸쳐 개정된 조선 교육령에 따라 일본어 학습은 점차 강화되었던 데 반해 조선어는 교육어로서의 지위를 점점 잃게 되었고, 급기야 1938년 제3차 교육령에 의해 조선어는 공적 언어로서의 기능을 완전히 상실하게 된다. 그리고 중일전쟁(1937) 전후로 '조선어 방언화'론은 일본의 '고쿠고(國語)'의 위상 정립과 맞물려 식민지 언어 정책의 핵심 담론으로 부상한다.[9] 이처럼 위계적인 이중 언어 체계에 대해 한국의 근대 문학이 어떻게 대응하

---

8) 김동인, 「문단 30년(三十年)의 자취」, 『김동인전집』 제15권, 조선일보사, 1988, p. 327.
9) 국민 국가적 언어 편제와 식민지의 언어 정책에 대해서는 야스다 도시아키, 「제국 일본의 언어 편제—식민지 시기의 조선, '만주국', '대동아공영권'」(미우라 노부타카, 가스야 게이스케 엮음, 『언어 제국주의란 무엇인가』, 고영진 외 옮김, 돌베개, 2005) 참조.

였는가를 살펴보는 것은 별도의 논의를 필요로 하지만, 발달된 언어와 미개한 언어라는 도식이 발전 단계로서의 진화 과정이라는 근대적 논리와 설법에 힘입어 강한 설득력을 가지고 근대 초기 문학인들의 지적 세계를 지배했다는 점은 김동인의 무의식적 진술에서 확인할 수 있다. 식민지를 열등하고 비천하고 낡은 것으로 바라보는 제국의 시선이 역으로 내면화되는 식민지적 무의식의 양상이 이중 언어 상황에서도 반복되고 있는 것이다.

그렇다면 일본어의 매개 역할을 당연시한 김동인과 달리, '한줄기 피의 길'("일맥의 혈로")을 찾기 위해 일본어 글쓰기를 의도적으로 실행한 이상의 작업은 어떤 의의를 지니는 것일까? 제국어의 이미지에 비추어 조선어를 인식하면서도, 그러한 비(非)근대어로서의 조선어를 제국어를 능가하는 언어로 탈바꿈시키려 했던 이상은 자신의 언어적 난관을 어떻게 극복하려 했을까? 대략 두 가지 답을 떠올릴 수 있다. 첫째, 문학어로서의 과학어의 발견. 둘째, 일본어와의 일본식 싸움. 문학어로서 과학어, 수학어가 "추구시험"이 된 가장 큰 이유로는 그것이 가치 중립적 기호[10]인 까닭에 이중 언어의 관념적 우열 체계를 뛰어넘을 수 있는 문자로 인식되었으리라는 점을 들 수 있다. 그는 수학의 언어를 시의 언어로 만듦으로써 새로운 문학어, 새로운 조선어의 창출을 동시에 시도한 것이다. 한편 일본어와의 일본식 싸움의 의의는 그의 언어 실험과 서정주의 그것을 비교할 때 잘 드러난다.

서정주의 언어를 가리켜 "종족의 방언으로 자주 종족만이 알아듣게 말한"[11] 언어였다고 평한 예리한 지적도 있듯이, 서정주의 시어는

---

10) 과학의 언어와 수학의 문자가 정말 가치 중립적인 기호인지에 대해서는 엄밀히 따져보아야 할 일이지만, 여기서는 논외로 한다.

모어의 순결성을 유지하고 보존하는 것, 혹은 순결함을 입증하는 것을 한국 근대 시의 최대 과제로 여긴 가장 대표적인 예로 꼽힌다. 서정주와 조선어의 관계는, 의식과 언어 사이에 존재하는 현실적 소외를 은폐하고 자신과 공동체 간의 합체뿐만 아니라 공동체 구성원 간의 통합을 가능케 한다고 믿어지는, 모어를 둘러싼 환상[12]에 기반하고 있다. 그의 시가 언어와 대상의 일치, 언어와 꿈의 일치, 언어와 감정의 일치, 언어와 사유의 일치를 의심하지 않는 언어로 구축될 수 있었던 까닭은 일본어의 강제라는 외부적 충격에 대해 조선어가 본래의 고유한 언어로 관념화·실체화되는 가운데, '조선어=모어'라는 등식에 힘입어 모어로서의 조선어는 공동체의 성스러운 기억이 담지된, 자기도 모르는 사이에 육화된 고유어라는 '모어의 낭만화' 과정을 동반하고 있기 때문이다. 이러한 언어라면 언어와 시인의 일치는 자명한 일이 되고, 모어를 말함으로써 시인은 자연스럽게 자신의 신성함을 유지하게 된다. 서정주에게 종족의 모어는 시어로서 완벽한 언어였던 것이다.

그런데 그는 종족의 언어 중에서도 방언을, 즉 전라도 사투리를 조탁하는 데 심혈을 기울였다. 일본어에 비겨 지방어인 조선어, 그중에서도 지방어인 전라도 방언에 미적 가치를 부여한 것이다. 이는 '모어의 낭만화'와 마찬가지로 낭만주의적 미의식에 근거한다. 근대화로 인해 존재 가치를 잃어가는 것, 점차 사라져가는 것을 이 세계에 존재하지 않는 '저 너머'의 아름다움이라는 관점을 통해 재가치화하여

---

11) 황현산, 앞의 글, p. 430.
12) 조선어가 모어의 형상을 얻게 되는 과정에 대해서는 정백수, 『한국 근대의 식민지 체험과 이중언어 문학』, 아세아문화사, 2000, pp. 23~25 참조.

본래적인 것으로 지각하고 경험하는 것은 낭만주의의 미학적 전통이다. 따라서 서정주의 언어 실험은 과거의 것을 재전유함으로써 새로운 것을 선취하는 작업이었다고 할 수 있다. 다만 변두리어인 조선어를 '더 변두리어'로 탁마하는 방법으로 즉 '방언의 방언'을 언어적 무기로 택하는 역설적 방법으로 서정주는 한국 근대 시의 새 경지를 개척한 셈이다.

토착어에 기댄 서정주의 이러한 언어 실험은 이상의 경우와는 극단적으로 대비되는 위치에 있다. 이상에게 '방언의 방언'은 견고하게 질서화되고 제도화되는 이중 언어의 위계를, 그리고 그러한 위계를 고정 사실로 만드는 식민지적 근대를 극복할 수 있는 좋은 무기가 아니었다. 그는 제도의 힘이 어떠한가를 조선 총독부 건축 기사였던 자신의 체험으로 알고 있었다―「얼마 안되는 변해(辨解)」는 건축술로 표상되는 근대적 제도의 힘을 공포로 감지한 이상의 (무)의식 세계를 잘 보여준다―따라서 그는 서정주와는 정반대 지점에서 출발한다. 일본어를 일본식으로 철저히 사용하는 것. 즉 중심(제도)에서 중심(제도)을 실천하는 것. 그리고 그러한 싸움을 통해 조선어의 가능성을 확인하는 것. 그러나 일본어에서 조선어로의 변환 과정은 모어 시스템으로부터의 이탈을 뜻한다. 그것은 언어 공동체 내부의 동질성, 동일 언어 사용자 간에 보장되는 의미의 공유, 독자와 작가 간에 형성되는 발화 시의 기대 지평 등에 균열을 가함으로써 발화자-수화자 사이의 소통 불가능성을 야기한다. 이상은 일문 체계와 한글 체계를 오가면서 조선어이지만 '모어는 아닌', 낯선 언어로서의 제3의 언어를 발명하려 한 것이다. 이상의 언어는 결과적으로 모어의 탈낭만화를 지향한 셈이다.

이상에게 번역은 번역 불가능한 나머지, 즉 조선어로 옮겨지면서
발생하는 일본어와의 의미론적, 화용론적 틈(간격)을 지각함으로써
조선어의 근대적 문학어로서의 현주소와 가능성을 확인하는 작업이
었을 것이다. 그리고 그것은 모어 내에서 자신의 언어를 이방인의 언
어로 만드는 일이기도 했다. 그의 말대로 "일맥의 혈로"로 나아가는
"시험"이었던 것이다. 이러한 이상의 의도를 김수영은 어느 정도 간
파했던 듯하다. 어쩌면 자신이 벌였던 현대와의 현대식 싸움의 전례
(典例)를 이상에게서 본 것인지도 모른다. "그는 그 반대로 해야 했
을 것이다. 그는 그렇게 할 수 있었을 것이다. 그러함으로써 더욱 철
저한 역설을 이행할 수 있었을 것"이라는 김수영의 평은 이상의 일본
어 글쓰기에 내포된 의미가 무엇인지를 직감한 데서 비롯한다. 그리
고 그 말속에는 이상에 대한 김수영의 고평(高評)이 함축되어 있다.
그러나 이러한 문학적 인정(認定)과는 별도로, 김수영은 이상의 방
식이 잘못되었다고 말한다. 이상은 "반대로" 했어야 했다. "반대로"
어떻게? 김수영이 시작 노트를 일본어로 쓴 까닭은 이 '어떻게'의 답
을 찾을 때 비로소 명확해질 것이다. 답을 위한 힌트는 수영에게 상
(箱)이 반면교사였다는 점에 있다.

3

김수영은 1921년 태생이다. 중일전쟁이 발발했을 때, 그는 열다섯
살이었고 선린상업학교에 재학 중이었다. 태평양전쟁이 일어났던 스
무 살 때 도쿄 유학길에 올랐고, 도일(渡日)을 위해 창씨개명도 했을

것이다. 해방되던 1945년에 김수영은 스물네 살의 어엿한 성인이었다. 갑자기 김수영의 연보를 재확인하는 이유는 그의 지적 성숙기가 역사적으로 어떤 시기와 겹쳐져 있는가를 상기하기 위해서이다. 선린 상업학교에 입학한 1935년부터 도쿄 유학 시절을 거쳐 징집을 피해 만주로 이주한 1945년까지는 일제의 파시즘 체제가 가장 강화된 때로, 김수영은 이 시기 동안 일본 '국민'으로 교육받고, 일본어를 '국어'로 배우며, 지적 소양과 문화적 감수성을 일본의 근대 문화 안에서 키웠다. 식민 치하의 피착취인이었으니 이 시절의 소년들과 청년들이 강한 민족의식을 가지고 있었으리라 추측하는 것만큼 잘못된 상상력도 없다. '황국 신민'으로 '대동아 동영권'이 주창되는 군국주의 체제하에서 일본어, 일본식 교육, 일본 문화가 자연스러운 일상이 된 이들 세대에게 해방은 "하나의 충격"[13]이었고 예상치 못한 국면의 전개였다. 그런 점에서 해방 직후 새로운 공적 언어로 그 위상이 재정립된 한글은 이들에게 새로 습득해야 할 이질적인 타자였을 공산이 크다. 이러한 언어적 조건의 변화를 김수영은 "몇 차례의 언어(言語)의 이민(移民)"(「거짓말의 여운 속에서」)이라고 표현한 바 있다. 한글을 '터득'하지 않고 '학습'하였던 경험을 그는 여러 글에서 언급했는데, 「히프레스 문학론」이 대표적 예이다. 그는 이 글에서 "우리나라의 문학

---

13) 유종호, 『나의 해방 전후』, 민음사, 2004, p. 111. 해방 전후에 겪은 유소년기의 체험을 생생하게 기록하여 이 시기를 이해하는 데 귀중한 자료가 될 이 책에서 필자는 해방의 순간을 다음과 같이 적고 있다. "해방은 그 시절의 우리에게 하나의 충격으로 다가왔다. 어제까지 듣던 얘기와는 정반대의 얘기를 같은 교사의 입을 통해 듣는다는 것은 정신이 멍멍해지는 충격이었으나 그것을 깨끗이 잊어버린 것이다. 〔······〕 그때는 해방이니 독립이니 생소한 낱말을 사용하며 그전과는 정반대되는 얘기를 하여 무엇인가 세상이 크게 달라졌다는 실감을 다시 갖게 되었다."

의 연령을 편의상 대체로 35세를 경계로 해서 2분해본다". 이유는 다음과 같다.

35세라고 하는 것은 1945년에 15세, 즉 중학교 2, 3학년쯤의 나이이고 따라서 일본어를 쓸 줄 아는 사람이다. 따라서 35세 이상은 대체로 일본어를 통해서 문학의 자양을 흡수한 사람이고 그 미만은 영어나 우리말을 통해서 그것을 흡수한 사람이다. 그리고 35세 이상 중에서도 우리말을 일본어보다 더 잘 아는 사람들과 일본어를 우리말보다 더 잘 아는 비교적 젊은 사람들이 있다. 이 후자에 속하는 사람들 중에는, 전봉건(全鳳健)이가 언제인가 시작노우트에서 말했듯이 해방 후에 비로소 의식하고 우리말을 공부한 사람도 적지않다.

김수영의 구분에 따른다면, 그 자신은 일본어를 쓸 뿐만 아니라 일본어를 우리말보다 더 잘 아는 사람들에 속할 것이다. 그의 몇몇 사적인 글은 일본어가 그의 의식 속에 얼마나 깊숙이 자리 잡고 있는지를 잘 보여준다. 1960년 9월 9일과 1961년 2월 10일에 쓰어진 일기가 대표적 예에 해당한다. 전자에는 일본어로 쓰어진 일기초가 바탕이 되어 한 편의 시가 창작되었음이 나타나 있다(「중용(中庸)에 대하여」가 그것인데, 이 시는 일어를 한글로 번역하는 과정 자체를 주된 모티프로 하고 있다). 후자에는 자신의 분열된 의식을 분석하며 이를 정돈하려고 애쓴 흔적이 역력하다. 김수영은 2월 10일의 일기에서 매우 의미심장한 말을 남긴다. "지금 나는 이 내 방에 있으면서, 어딘가 먼 곳을 여행하고 있는 듯한 기분이 들고, 향수인지 죽음인지 분별이 되지 않는 것 속에서 살고 있다. 혹은 일본말의 속에서 살고 있는 건지도 모른다."이 문장은 물론 일본어로 씌어 있고, '일본말'에는 방점까지 찍혀 있다. 이를 통해 짐작건대, 김수영은 자기의식의 존재처가 일본어 가운데 있음을 예민하게 '의식'하고 있었다. 그의 의식과 언어는 일본어와 한글로 이원화되어 있었던 것이다. 이는 그의 글쓰기가 식민지 언어 편제에 따른 이중 언어 체제를 바탕으로 시작되었음을 의미한다.[14]

해방 후 등단한 젊은 시인들 대부분은 김수영과 마찬가지로 '일본어(공용어)-조선어(가족어)'라는 이중 언어 체제의 영향 아래 작품 활동을 시작했다. 해방과 함께 한글 중심의 단일 언어 체제는 빠르게 제도화되었지만 이들, 특히 후반기 동인을 위시한 1950년대 모더니스트들에게 기존의 조선어로 창작한다는 것은 그들의 시적 지향과 부합하지 않는 일이었다. 이늘 대부분은 8·15를 '민속'이 해방된 날로 이해하기보다는 종전과 함께 낡은 '근대'가 끝나고 새로운 시대인 '현대'로 진입하는 역사적 분기점으로 보았다. 일본 제국에 종속되어 있던 시대가 '근대'였다면, 이제 그러한 '근대'를 털어버리고 세계사의 무대로 나아가는 '현대'의 출발점에 자신들이 서 있다고 인식한 것이다. 그런데 이러한 시대 인식과 자기 인식은 이들 모더니스트들을 이중의 난관에 맞닥뜨리게 하였다.

'현대'의 출발점에 서 있긴 하지만, 그들에게 주어진 '언어'는 주변어이자 방언이자 유아어였던 조선어였고, 그것은 조선어가 '현대어'

---

14) 「연극(演劇)하다가 시(詩)로 전향」에서 김수영은 처음 시작(詩作)에 관심을 가졌을 때, 일본어로 시를 창작했던 경험을 술회하고 있다. 최하림이 쓴 『김수영 평전』(실천문학사, 2001, pp. 45~47)에도 보면, 김수영이 선린학교 시절에 이미 일문 시를 창작한 바 있음이 밝혀져 있다. 몇몇 일화로 보건대, 김수영과 일본어의 관계가 쉽게 간과될 만한 사항이 아님은 분명하다.

로서 매우 미흡하고 불충분한 언어였음을 뜻한다. 해방과 함께 조선어는 후진성과 변두리성을, 문명어·지성어·사색어로서의 모자람을, 너무나 갑작스럽게, 무방비 상태로 노출하고 만 셈이다. 더구나 이들에게 익숙한 일본어는 사회적으로 악덕이 되어버렸고, 해방된 '조선인'인 이상 그들에게 선(善)의 언어는 조선어였다. 문제는 이러한 조선어의 조탁에 몰두한 이들이 서정주와 청록파 등의 전통파 시인들이었고, 전통에 대한 강한 부정을 자신들의 문학적 지향으로 삼은 모더니스트들에게 이들 전통파 시인들처럼 전래의 조선어를 고수하는 것은 자신들의 문학적 입장과 상치되는 일이었다. 따라서 새로운 모더니스트로 스스로를 내세운 이들에게 필요한 것은 지금까지와는 '다른' 조선어, '다른' 한국어였다. 이러한 사정은 전통파 시인들에 의해 시도된 모어의 낭만화와는 다른 길을 걷도록 하기에 이른다. 외래어의 무조건적 남용이며, 생경하고 조악한 시어의 조합이고, 그로 인해 이전 시기의 시편들에도 못 미치는 미흡한 수준이라는 평가를 받아온 이들 모더니스트들의 언어 실험은 이런 맥락에서 볼 때, 한국어를 하루바삐 '현대어'로, '세계어'로 만들기 위한 욕망의 소산이었다고 할 수 있다.

한편 언어 체제가 모어 중심주의로 탈바꿈하는 순간, 일본어로 사고하는 것이 더 익숙하다는 사실과 맞닥뜨리게 되는 언어 사용 내부에서의 소외 국면은 이후 사회 역사적 변화 및 당대 사유 체계 변화와 함께 연동하면서 이들의 의식 심층에서 국외자 의식을 형성했을 가능성을 생각하게끔 한다. 한글이 랑그로 내면화되지 않는 이상, 이들은 언어 주체로서는 소외 지대에 있을 수밖에 없다. 그리고 언어 주체로서 주변에 머문다는 것은 필경 이들의 자기 현존 의식에도 큰 영향을 미칠 수밖에 없게 된다. 언어는 자기의식의 가장 직접적이고 물리적인 근거이기 때문이다. 상황이 이러하다면, 시대 의식의 불철저함 때문이라고 지적되어온 1950년대 모더니스트들의 센티멘털리즘은 새롭게 이해될 필요가 있을지 모른다. 스스로를 새로운 시의 적자(適者)로 주장하는 이들의 문학적 담론 이면에는, 아이러니하게도 자신들이 구사하는 언어로부터 배척되고 소외된 채 현존과 언어 사이를 가로지르는, 동일화되지 않는 간극과 틈에 사로잡힌 국외자의 비극이 가로놓여 있는 것이다. 1950년대 모더니스트들의 시에서 공통적으로 나타나는 무력한 센티멘털리즘은 이러한 언어적 조건에서 빚어진 것일 수도 있다.

현대적 시어의 창출이 지난한 작업이 될수록 이들 모더니스트들은 자신들의 슬픔과 비애와 절망을 감추기라도 하려는 듯, 근대/현대, 전통/반전통, 주변/중심 등의 담론을 자신들의 주의 주장으로 내세웠다. 그러나 이는 제국과 식민, 문명과 비문명의 도식에 버금가는 이분법을 확대 재생산하는 일과 다름없었다. 김수영이 이들과 구분되는 지점은 그가 의식과 언어의 불일치 상태를 문제적으로 인식했다는 데 있다. 그는 우리말보다 일본어가 더 능숙하다는 사실을 예민하게 받아들였고, 그것의 의미를 스스로 추궁했다. 「중용에 대하여」는 이러한 김수영의 문제의식이 전면에 드러난 작품이다.

그러나 나는 오늘아침의 때문은 革命을 위해서
어차피 한마디 할 말이 있다
이것을 나는 나의 日記帖에서
찾을 수밖에 없었다

中庸은 여기에는 없다
(나는 여기에서 다시한번 熟考한다
鷄舍건너 新築家屋에서 마치질하는
소리가 들린다)

쏘비에트에는 있다
(鷄舍 안에서 우는 알 겯는
닭소리를 듣다가 나는 마른침을 삼키고
담배를 피워물지 않으면 아니된다)

여기에 있는 것은 中庸이 아니라
踏步다 죽음 平和다 懶惰다 無爲다
(但「中庸이 아니라」의 다음에「反動이다」라는
말은 지워져있다
끝으로「모두 適當히 假面을 쓰고 있다」라는
한 줄도 빼어놓기로 한다)

담배를 피워물지 않으면 아니된다고 하였지만
나는 사실은 담배를 피울 겨를이 없이
여기까지 내리썼고
日記의 原文은 日本語로 쓰여져 있다

글씨가 가다가다 몹시 떨린 漢字가 있는데

그것은 물론 現政府가 그만큼 惡毒하고 反動的이고
假面을 쓰고 있기 때문이다[15]

— 「中庸에 대하여」 전문

이 시가 일본어 일기를 모티프 삼아 씌어졌다는 점은 앞서 설명했는데, 시인은 일문으로 기록된 일기의 문장을 하나하나 한글로 해석하고 분절하면서 그것의 의미를 재차 검토한다. 그리고 그러한 검토 과정을 시화(詩化)한다. 작시(作詩) 과정이 그 자체로 한 편의 시가 된 셈이다. 그런데 이 시가 의도하는 바는 이것이 전부가 아니다. 이 시에는 두 개의 주체가 겹쳐져 있다. 일어 일기를 쓴 주체 (a)와 그것을 한글로 번역하는 주체 (b)가 그것이다. (a)는 혁명에도 불구하고 변화의 진전이 없는 한국 사회를 숨어서 비판한다. 사회주의 국가를 긍정하는 (a)의 발언은 한글로 표현될 수 없기 때문이다. 진정한 혁명을 바라는 (a)의 욕망은, 따라서 일본어 속에 은밀하게 감춰진다. 그런 (a)를 주시하고 관찰하는 시선이 (b)이다. (b)는 (a)를 면밀히 분석하고 조망한다. 일본어에 숨겨진 (a)의 욕망을 (b)는 한글이라는 공적 언어로 노출시킨다. (b)는 심지어 (a)가 지운 문장과 (a)의 한문 글씨체까지 지적한다. 그리고 그것을 근거로 "현정부(現政府)"의 "악독(惡毒)"과 "반동(反動)"과 "가면(假面)"을 비판한다. (b)는 (a)에 비해 훨씬 용감하고 직정적이다. '일본어-(a)'와 '한글-(b)' 사이의 간격은, 그러므로 시의 전개에 따라 점점 더 벌어진

---

15) 일기에 남겨진 이 시의 초고를 보면, 괄호 속의 문장들이 모두 안으로 밀려 있다. 괄호 속의 내용을 강조하려는 의도였던 것이 분명한데, 전집에 실린 「中庸에 대하여」에는 이와 달리 모두 같은 줄로 맞춰져 있다. 발표 당시의 원문을 확인할 필요가 있다.

다. 한데 이 시에는 또 다른 제3의 주체가 있다. 그것은 일어를 읽으면서 그 내용에 따라 행동하는 주체, 즉 괄호 속의 '나'이다. 일문의 내용에 긴장하고 주눅 들고 검열하고 삭제하는 '나'는 (a)와 (b) 모두 현실적으로 무력한 존재임을 드러낸다. (a)의 일본어 발화도, (b)의 한글 발화도, 괄호 속의 '나'를 괄호 밖으로 끄집어내어 현실 속에서 행동하는 주체로 탈바꿈시킬 수 없다. '나'야말로 한국 사회의 현재이며 가감 없는 사실인 것이다. 시인은 이러한 현실의 리얼리티를 괄호로 묶어둔다. 괄호로 묶어둘 수밖에 없는 이 점 또한 현실의 사실적 국면이다.

    김수영은 일본어로 사고하고 글 쓰는 자기 자신을 전경화함으로써 현실의 진짜 리얼리티를 재현하려 한다. 일기에 남겨진 시의 초고를 보면 이 점은 더욱 분명해진다. 초고는 발표작과 달리 3연 15행의 내용이 시의 서두에 더 첨가되어 있다. 김수영은 어떤 의도를 가지고 초고의 제4연부터를 '중용에 대하여'라는 제명하에 한 편의 시로 만들어 발표한 것이다. 혁명의 불이행과 점진적 타락을 비판하는 것이 표면적인 주제이지만, 앞의 분석에서 드러나듯, 이 시의 이면에는 자신의 의식과 언어에 강한 영향력을 행사하는 이중 언어 체제와 그것에 내포된 당대적 의미를 함께 성찰하는 시인의 내면 풍경이 가로놓여 있다. 우리는 김수영의 이러한 자기 분석으로부터 그가 자기의식의 자리를 일본어도, 한국어도 아닌, 일본어와 한국어 '사이'에 두고 있음을 알 수 있다. 아니, 그는 일본어에도, 한국어에도 의식의 거처 혹은 '존재의 집'을 확정할 수 없었다는 말이 더 정확한 표현일 것이다. 이것이 뜻하는 바는 무엇일까?

    김수영은 1950년대 모더니스트들이 '근대/현대'라는 이분법적 도식에 의거해 '한국어=세계어'의 등식에 무비판적으로 함몰되고 만 것을 경계한다. 제국/식민의 이분법만큼 이들이 제출한 담론들도 도식적인 이분법이긴 마찬가지였다. 그것은, 그의 표현에 따르면, "실험을 위한 실험을 난행(亂行)하"며 "세계문제와 직결되어" 있지 않은 자국의 현실을 세계사의 근간으로 등치시키면서 "한국의 현실같지가 않"은 세계를 시의 현실로 탈바꿈시키려는 "현대성에의 도피"(「〈現代性〉에의 도피」)와 다를 바 없었다. 김수영에게는 이러한 시대착오적인 이분법과 싸우는 것이 '현대적'이 되는 길이었다. 저 견고한 빗금선(/)을 깨고 나갈 때, '현대성'은 비로소 성취될 것이었다. 그러기 위해선 이중 언어에 근거하여 작동되는 의식의 추이를 운산(運算)하는 일이 필요했다. 그것은 한국 사회의 후진적인 현실과 현대성의 추구라는 역사적 지향의 내용을 구체적인 세목에서부터 확인히는 상징적 작업이었다. 김수영에게 빗금선의 붕괴는 이 같은 적나라한 자기 확인으로부터 시작된다. 그가 이상에게 가진 불만은 '일본적인 것/조선적인 것'의 빗금선이 깨지지 않고 유지되었다는 데 있다. 이상은 빗금선을 깨뜨렸어야 했다.

4

김수영이 보기에 '일본적인 것'과의 일본식 싸움을 통해 새로운 '조선적인 것', 전래의 것과는 다른 '조선적인 것'을 창출하려 했던 이상의 목적은 "방향은 현대"(「레이판彈」)라는 점에서 제대로 정향된 것이었지만, '일본적인 것/조선적인 것'의 이분법에 근거하여 추구되는 한, 그것은 도달할 수 없는 이상(理想)이었다. 저 빗금선은 자기의 감각과 감정과 의식과 언어를, 즉 자기의 근대적 정체성을 스스로 자신하지 못하고 있다는 자기 불신의 징표이며, 담론이 사실을 앞서는 식민지 근대하에서 관념과 현실의 일치를 일찌감치 포기한 데서 생겨난 좌절의 흔적이다. 그것은 또 그러한 좌절을 불변의 사실로 확정한 뒤 그러한 확정을 자기 유지의 토대로 삼았다는 증거이기도 하다. 한편 그것은 '남'과 '나'를 엄밀하게 구분시켜 자기 동일성의 보존을 약속하는 안전선이지만, 동일성과 상이성을 가르는 기준이 '일본적인 것'이라는 바깥의 준거를 따르고 있는 이상, 이러한 이분법에 의거한 자기 정체성은 외부의 상징적 타자에 여전히 종속되어 있음을 방증하는 한계선이기도 하다. '일본적인 것-일본어/조선적인 것-조선어'라는 대응식의 빗금에는 이렇듯 상이한 것과의 뒤섞임을 꺼리는 순결 콤플렉스와, 상이하게 되고자 하는 욕망이 정작은 '남'으로부터의 종속을 심화한다는 아이러니가 숨어 있다. 이것이야말로 근대주의에 드리워져 있는 역사적 그늘이고 어둠이다.

김수영은 이러한 문제들이 이상에게서도 발견됨을 아쉬워한다. 김수영이 파악하듯, 이상의 문학이 실제로 그 같은 이분법의 형태를 취하고 있는지는 별도로 따져보아야 할 일이지만, 김수영이 판단하기엔 이상 또한 '조선적인 것'을 실재하는 동일성으로 여기는 관념과 환상으로부터 자유롭지 못했다. 이로써 김수영이 말한 "그 반대로 해야 했을 것"이라는 의미가 분명해진다. '일본적인 것/조선적인 것'의 이분법과 '일본어/조선어'의 위계를 해체하고, '남'과 '다른' '나'가 되려는 욕망 혹은 상이한 것, 독창적인 것이 되려는 집념이 사실은 서로 간의 차이를 무화시키는 "서로 닮는 방식"(「시작 노우트 6」)임을 깨닫는 것, 그리하여 '나'와 '타자'가 동일하게 되는 것을 두려워하지 않고 그것을 과감히 시도함으로써 "혼용(混用)되어도 좋다는 용기" (「시작 노우트 6」)를 얻는 것, 그것이 일본적인 것을 조선어로, 조선적인 것을 일본어로 뒤집어서, 반대로 짝지어야 한다고 말한 문맥의 진짜 의미이다. 그리고 그가 보기엔 이러한 방식이 '현대성'의 진정한 내용이자 형식이다. 김수영은 이러한 혼종성의 의미와 그것의 실행에 자신감을 가졌기에 일본어를 '망령'으로 사용할 수 있었다. 그에게 일본어는 더 이상 동경과 매혹의 대상도, 극복해야 할 대상도 아니다. 이제 일본어는 죽음을 선포받는다. 그가 달(達)한 모더니티의 정점을 일본어로 기술함으로써 일본어의 장례를 치르는 것, 이것이 김수영이 시작 노트를 일본어로 쓴 세 번째 의도이다.[16)]

긴수영이 일본어 시자 노트에는 이처럼 자기 문학의 전통에 대한 비판적 검토와 식민지적 근대로부터 기원하는 당대의 사회 역사적 모더니티에 대한 성찰이 함께 집약되어 있다. 그런데 이 노트에는 한 가지 더 중요한 내용이 담겨 있다. "쟈꼬메띠적 발견" "쟈꼬메띠적 변

---

16) 이런 맥락에서 볼 때, 1967년 작(作)인 「라디오界」는 김수영과 일본어의 관계가 「시작 노우트 6」이후로 크게 변화되었음을 보여준다. 「中庸에 대하여」와 비교할 때, 이 점은 더욱 분명히 드러난다. "지금같이 HIFI가 나오지 않았을 때/비참한 일들이 라디오소리 보다도 더 發光을 쳤을 때/그때는 인국방송이 들리지 않아서/그들의 달콤한 억양이 금 덩어리같았다/그 금덩어리같던 소리를 지금은 안 듣는다/참 이상하다//이 이상한 일을 놓고 나는 저녁상을/물리고 나서 한참이나 생각해본다/지금은 너무나 또렷한 立體音을 통해서/들어오는 以北방송이 不穩방송이/아니 되는 날이 오면/그때는 지금 일본말 방송을 안 듣듯이/나도 모르는 사이에 아무 미련도 없이/회한도 없이 안 듣게 되는 날이 올 것이다……"(「라디오界」) "금덩어리같던" 일본 말 방송을 아무 미련 없이 들을 수 있게 되기까지 그가 얼마나 굴곡 많은 싸움을 한국어와 한국 사회와 한국적 모더니티를 두고 벌였던가를 밝히는 것은 「中庸에 대하여」와 「라디오界」 사이에 놓인 그의 시적 인식의 변화를 밝히는 것과 동궤에 놓여 있다.

모"와 관계된 시의 스타일에 대한 탐구가 그것인데, 이는 1966년을 전후로 본격화된 듯 보이는 스타일의 창조를 둘러싼 김수영의 고민과 밀접하게 연관되어 있다.

나는 일본어를 사용하고 있는 것이 아니라 망령을 사용하고 있는 것이다. 아무도 사용하지 않는 것에는 동정이 간다. 그것도 있다. 순수의 흉내, 그것도 있다. 한국어가 잠시 싫증났다, 그것도 있다. 일본어로 쓰는 편이 편리하다, 그것도 있다. 쓰면서 발견할 수 있는 새로운 현상의 즐거움, 이를테면 옛날 일영사전을 뒤져야 한다, 그것도 있다. 그러한 현상의 발견을 통해서 시의 레알리떼의 변모를 자성하고 확인한다(쟈꼬메적 발견), 그것도 있다. 그러나 **가장 새로운 집념 상이하게 되는 것이 아니라 동일하게 되는 것**이다. 약간 빗나간 인용처럼 생각 키울지 모르지만 보부왈 가운데 이러한 일절이 있다.

「쁘띠 블의 패들은 모두 독창적으로 되려는 버릇이 있다.」라고 보올이 말했다. 「그것이 역시 서로 닮는 방식이라는 것을 모르고 있어.」 그는 치근치근히 또한 기쁜듯이 자기생각을 되풀이하고 있었다. 「노동자는 독창성같은 건 문제 삼지도 않고 있어. 나는 내가 그치들과 닮아 있다고 느끼는 것이 오히려 기쁘단 말이야.」

발뺌을 해두지만 나는 정치사상을 이야기하고 있는 것은 아니다. 시의 스타일에 관해 이야기하고 있는 것이다. **상이하고자 하는 작업과 심로에 싫증이 났을 때, 동일하게 되고자하는 정신의 용기가 솟아난다.** 이것은 뱀 아가리에서 빛을 빼앗는 것과 흡사한 기쁨이다. 여기

게재한 3편 중에서 「눈」이 그것이라고 생각된다. 이 시는 〈廢墟에 눈이 내린다〉의 팔어(八語)로 충분하다. 그것이 쓰고 있는 중에 **쟈꼬메띠적 변모**를 이루어 육행(六行)으로 되었다. 만세! 만세! 나는 언어에 밀착했다. 언어와 나 사이에는 한 치의 틈사리도 없다. 〔……〕 낡은 형(型)의 시이다 그러나 낡은 것이라도 좋다. **혼용되어도 좋다는 용기를 얻었다.** [17] (강조는 인용자)

「시작 노우트 6」의 독해가 어려운 것은 사회 역사적 모더니티에 대한 그의 사유가 새로운 시의 창출이라는 문학적 지평과 결합된 형태로 표출되고 있기 때문이다. 시작 노트의 핵심 부분인 위 대목이 이를 잘 보여준다. 이상의 이언어(二言語) 문제를 논하다가 갑자기 비약한 이 부분의 내용은 「시작 노우트 6」이 자코메티로부터 시삭되는 것과 관련이 있다. 이 노트를 쓰던 당시 김수영은 네 편의 글을 번역 중이었다. 그중 하나가 이상의 「애야」이고, 나머지는 수전 손탁의 「On style」(Partisan Review, 1965), 칼턴 레이크의 「자꼬메티의 지혜」(『세대』, 1966년 4월호), 스티븐 마커스의 「현대영미소설론」(『한국문학』, 1966년 6월호)이다. 김수영은 「시작 노우트 6」을 쓰면서 자신이 번역 중인 글을 모두 언급하는데, 「애야」를 제외한 나머지 글들은 예술 작품의 스타일을 논하고 있다는 점에서 공통적이다. 이 중 「자꼬메티의 지혜」가 「시작 노우트 6」의 직접적인 집필 동기라 할 수 있다. 이 글은 말년의 자코메티가 본다는 것, 본 것을 사실로 표현한다는 것이 무엇을 의미하는지를 방문자인 레이크와 함께 논의한 것을

---

17) 김수영, 「시작 노우트 6」, 『한국문학』, 1966년 여름호.

기록한 글이다. 그는 다음과 같이 말한다.

우리들이 참되게 보는 것에 밀접하게 달라 붙으면 달라 붙을수록, 더욱 더 우리들의 작품은 놀라운 것이 될 거예요. 레알리떼는 비독창적(非獨創的)인 것이 아녜요. 그것은 다만 알려지지 않고 있을 뿐이예요. 무엇이고 보는 대로 충실하게 그릴 수만 있으면, 그것은 과거의 걸작들만큼 아름다운 것이 될꺼에요. 그것이 참된 것이면 것일수록, 더욱 더 소위(所謂) 위대한 스타일(樣式)이라고 하는 것에 가까워지게 되지요.[18]

인용문에 앞서 자코메티는 참되게 보는 것의 한 예로 사람들은 결코 "등신대"로 보이지 않으며, "멀리 떨어져 있지 않고 가까이 있을 때에도" "훨씬 작게 보인다는 것"을 든다. 그는 "등신대는 존재하지 않"으며, "그것은 단지 개념"일 뿐인데, 대부분의 사람들은 추상적인 치수와 개념을 통해 사물을 본다고 말한다. 치수화된 개념으로 대상을 보기 때문에 이들 대부분은 리얼리티를 독창적이지 않다고 여긴다는 것이다. 그러나 그의 말에 따르면, 리얼리티는 비독창적인 것이 아니라 독창적인 것이다. 김수영이 주의 깊게 본 대목은 바로 이 부분인 듯싶다. 참되게 봄으로써 대상의 리얼리티와 동일해진다는 것, 그리고 그것이 독창적인 스타일을 낳는 방법이라는 것을 그는 자코메티의 말에서 발견한다.

그런데 참되게 본다는 것은 눈에 보이는 것, 즉 감각된 바를 그대

---

[18] 칼턴 레이크, 「자코메티의 지혜」, 김수영 옮김, 『세대』, 1966년 4월호, p. 316.

로 믿는다는 것과는 다르다. 이는 실제의 부피, 크기, 넓이, 높이를 감각하는 것 그 자체가 리얼리티는 아니라는 말과 상통한다. "우리들이 있는 곳에서 저기 있는 테이블까지의 공간은 여기에서 파리의 맞은편 끝까지의 공간이나 여기에서 달까지의 공간만큼 광대"하며, 그 거리에는 "차이가 없다".[19)]

자코메티의 말에 따른다면, 이 '차이 없음'을 보는 것이 참되게 보는 것이다. 그리고 그것이 사물과 대상의 진짜 리얼리티이다. 사정이 이렇다면, 본 것을 표현한다는 것은 대상의 모사(模寫)를 뜻하지 않는다. 모사는 "타인의 눈을 즐겁게 해주는 그림"인데, 김수영은 "참된 창조"를 위해 그런 그림을 중지했다는 『타인의 피』(보부아르 작)의 마르셀에게 감격한다(「시작 노우트 6」). "참된 창조"는 "상이하게 되는 섯이 아니라 동일하게 되는" 십념으로부터 나온다. 테이블의 공간이 파리의 끝이나 달까지의 공간과 동일하다는 것이 참 리얼리티이고, "참된 창조"는 그것을 간파할 때 가능해진다.

김수영은 이러한 자코메티의 말을 자신의 사유 속에서 재전유하여, 대상의 리얼리티는 본 대로 말해서는 보이지 않고, 보이지 않게 말함으로써 보이게 된다는 역설을 유추한다. 예컨대 그가 인용한 자코메티의 다음 말 "There is no hope of expressing my/vision of reality. Besides, if I did,/it would be hideous something to/look away from"에서, 김수영은 'to look away from'을 빼고 '끔찍한'의 뜻인 'hideous'를 '보이지 않는'으로 해석하여 문장의 뜻을 다시 새긴다.(「시작 노우트 6」) 이 문구를 김수영 식대로 읽는다면, 그것의 의

---

19) 앞의 글, p. 311.

미는 "내가 본 사실(혹은 실재)을 표현한다면, 그것은 보이지 않을 것이다"가 된다. 이렇게 읽을 경우, '본다는 것-표현한다는 것'의 관계는 본 것을 표현하면 보이지 않고, 보이지 않도록 표현하면 보이는 역설의 관계가 된다. 김수영은 이를 새로운 스타일을 창출하는 데 유용한 미학적 방법으로 판단한 듯싶다. 이러한 역설의 발견으로부터 언어의 이민을 여러 번 거친 자신의 언어적 조건에 미적 의의를 부여하고 있기 때문이다.

그는 일본어 글쓰기를 위해 일영 사전을 뒤지면서 언어의 변모를 새삼 느낀다. 그리고 하나의 기표에서 다른 기표로, 하나의 기의에서 다른 기의로의 언어 이동이 완벽하게 대응될 수 없는 '미끄러짐'의 연속임을 깨달으며, 보이는 형상이 보이지 않는 형상을 은폐하고, 역으로 보이지 않는 형상이 '다른' 형상을 보이게 하는 언어 작용의 시적 곡예를 경험한다. 그는 이를 "시의 레알리떼의 변모를 자성하고 확인"하는 "쟈꼬메띠적 발견"이라 칭한다. 그가 「눈」(1966)을 "쟈꼬메띠적 변모"가 이루어진, "혼용되어도 좋다는 용기"의 시적 증거로 선언할 수 있었던 것도 이러한 언어 작용의 심미적 측면을 새롭게 인식했기 때문이다. 이로써 그가 시작 노트를 일본어로 쓴 네 번째 의도가 드러난다. 김수영은 번역 과정에서 나타나는 언어의 '미끄러짐', 즉 표현 형상의 표층과 심층을 동시에 드러내면서 감추는 언어 작용의 효과를 자신의 시작 노트를 통해 보여주려 한다. 그것은 '남'의 방식으로 '남'과 싸운 이상의 용기와는 다른, "혼용되어 좋다는 용기"의 시적 발현이기도 하다. 그리고 글쓰기의 스타일이 때로 "낡은 型" (「시작 노우트 6」)의 것—일본어 작품—일지라도 그것이 진술 내용을 창조적으로 탈바꿈시키는 도구적 언어의 "희생"(「시작 노우트

6」)―망령으로서의 일본어―을 바탕으로 한다면, 그것은 예상치 못한 시적 긴장을 낳을 수 있음을 보여준다. 그의 일본어 시작 노트 는 이러한 모든 (무)의식적 의도를 동시에 담고 있다.

1964년 무렵부터 '언어 서술'과 '언어 작용'(「生活現實과 詩」)을 시 의 스타일과 연관시켜 고민하던 김수영은 「자꼬메티의 지혜」에서 그 에 대한 답을 찾은 게 아닌가 여겨진다. 「시작 노우트 6」을 쓴 뒤, 그 의 시 형태가 매우 달라지기 때문이다. 「풀의 影像」 「엔카운터誌」 「電 話이야기」 「꽃잎」 1·2·3, 「먼지」 「元曉大師」 그리고 「풀」. 이 시들의 특징을 살펴보는 것이 김수영의 후기 시를 연구하는 일이 될 터인데, 1966년을 전후로 김수영의 시가 어떻게 내적으로 변화되는가를 살피 는 것은 추후의 과제이다. 다만 이에 대한 검토는 「시작 노우트 6」에 서 짧게 언급된 수전 손탁과 스디븐 마키스를 오가며, 스타일의 의의 에 대해 긍정과 부정, 다시 재긍정을 거듭한 김수영의 시적 사유를 추적하는 것으로부터 출발되어야 함을 부기(附記)해둔다.

'미적 전위'의 탄생[1]
─4·19혁명이 한국 시에 미친 영향 하나

1

한용운이 「복종」에서 "복종하는 데 복종하는 것은 아름다운 자유보다 달콤합니다. 그것이 나의 행복입니다"라고 했을 때, 그 기저에는 자기가 옳지 않다고 생각하는 것에 복종하지 않는 것을 진정한 자유로 여기는 의식이 숨어 있다. 스스로 규범을 세우고 그것에 자발적으로 복종하는 자유의 발견, 그것은 도덕적 자유에 대한 자각을 의미한다. 도덕적 자유란 기존의 법을 정의와 구별하고, 스스로 규정한 법에 복종하는 데 더 큰 가치를 두며, 자신의 규칙에 따라 행동하는 것을 자유의 본래적 의미로 판단함으로써 자신에 대한 구속을 자유와 동일시하는 것을 통칭한다.[2] 타자의 의지에 종속되지 않으면서 타자

---

[1] 이 글의 내용 중 일부는 필자의 논문 「1960년대 한국시에 나타난 윤리적 주체의 형상과 시적 이념─김수영, 김춘수, 신동엽의 시를 중심으로」(연세대 박사학위 논문, 2008)에서 수정·발췌한 것임을 밝혀둔다.
[2] 자유란 자신이 원하는 바를 하는 것이 아니라 자신이 원하지 않는 것을 하지 않는 데 있다고 여기는 이러한 자유 개념은 루소의 법과 자유론에 뿌리를 두고 있다. 루소의 자유 개념에 대해서는 J. 플라므나츠, 『정치사상사 2』, 김홍명 옮김, 풀빛, 1986, pp. 57~73 참조.

의 의지를 자신의 의지에 종속시키지 않는 것을 자유로 인식하는 이러한 루소적 관념은 한용운의 「복종」을 관통하는 자유론의 핵심이다. 이러한 자유 개념은 법 일반과 정의의 규칙이 일치하지 않을 수 있으므로 만약 진정한 자유를 바란다면 양심(루소)이나 정언 명령(칸트)을 행하려는 윤리적 실천이 필요하며, 그러한 윤리적 결단은 오직 자율로부터만 발원함을 전제한다. 자유가 자율이며, 자율은 자발적 구속이라는 등식은 이로부터 나온다. '남들이 사랑하는 자유'보다 복종이 더 달콤하고 그것이 "나의 행복"이라는 말은, 그런 점에서 자유를 개인의 윤리성과 결부시켜 사고하는 의식의 전환이 한용운의 내부에서 일어났음을 보여준다. 한용운은 한국 시에서 자율과 자유를 윤리의 문제로 사고했던 첫번째 선구자이다.

하지만 한용운의 도덕적 자유는 루소의 자유론이 '시민으로서의 자유', 즉 개인을 어떻게 시민으로 만들 것인가라는 고심에서 나왔으며, 시민을 이루는 최종 심급이자 덕목이 자율성에 기반한 도덕 원칙의 내면화임을 주창함으로써 시민이라는 새로운 정치적 존재의 윤리학을 정초하는 데 바쳐졌다는 점[3]과 비교할 때, 너무나 '도덕적'이라는 한계를 지닌다. 그의 자유론은 윤리학의 범주를 넘어서지 않는다. 한용운의 자유 개념은 공동체의 도덕적·법적 질서가 개인의 의지를 침해하고 방해할 때 개인이 자기 의지를 실천하고 수호하기 위해 어떻게 해야 하는가에 대한 답을 제시하지 못한다. 사회가 정의롭지 못하다면 그것을 바꿀 수 있는 것, 아니 바꿀 수 있어야 하는 것도 개인의

---

3) 토도로프는 루소의 자유론과 도덕론이 근대적 인간의 개인화를 목표로 하며, 그것의 최종 목적은 개인의 시민으로서의 재탄생임을 자세히 서술하고 있다. 츠베탕 토도로프, 『덧없는 행복』, 고봉만 옮김, 문학과지성사, 2006 참조.

자발적 선택의 대상이다. 기회 제공 면에서 볼 때, 그것 또한 엄연한 자유이다. 개인이 자아실현의 기회를 확대하기 위해 의지의 관철을 방해하고 자아실현을 억압하는 조건들을 바꿀 수 있는 자유란 도덕적 자유와는 그 층위를 달리한다. 그것은 정치 영역과 밀접히 상관된 자유이다.[4] 한용운의 자유는 시대적으로 자유가 윤리 영역을 벗어나 탐색되고 구가될 수 없었던 현실적 조건에서 파생된 답이자 그것을 적극적으로 정치화될 수 없었던 상황에서 개인의 참된 가치로 궁구되었던 자유의 제한적 형태를 보여준다. 그에게 현실의 실정법은 '나'와 '우리'의 일반 의지가 아니므로 다만 부정의(不正義)에 불과했다. 기존의 법을 따르지 않는 것이야말로 한용운에게는 개인이 누릴 수 있는 자유의 최대치이자 그것 외에는 선택의 여지가 없었던 필연적 한계치였던 셈이다.

소극적 자유와 달리 현실의 조건 자체를 바꾸려 하는 적극적 자유의 형태를 한용운 이후의 시사(詩史)에서 찾는다면, 임화를 꼽을 수 있다. 반제, 반자본의 기치 아래 세계 혁명을 의도한 사회주의 이념의 정치적 실천은 벌린이 말한바 적극적 자유의 대표적 전형에 해당한다. 첫 시집인 『현해탄』(1938) 이전의 시—「우리 오빠와 화로」「네거리의 순이」「우산 받은 요꼬하마의 부두」「병상에서 죽은 녀석」 등—는 제국주의에 항거하는 프롤레타리아 계급의 투쟁을 자유를 실현하는 혁명적 노력으로 주창하며 이를 위한 동지적 우애와 계급

---

4) 이사야 벌린은 이러한 자유를 가리켜 '적극적 자유'라고 칭한다. 불간섭, 독립, 즉 '~하지 않을 수 있는 자유'인 '소극적 자유'와 달리, 자유의 증진을 위해 행동할 수 있고 그러한 권리 보장을 위해 주어진 조건과 환경을 변화시킬 수 있는 자유, 그러한 변화에 참여할 수 있는 자유가 '적극적 자유'이다. 이사야 벌린, 『자유론』, 박동천 옮김, 아카넷, 2006 참조.

간의 연대를 낭만적 열정으로 기린 작품들이다. 그러나 자유에 대한 정치적 사유가 피상적 차원에 머물렀다는 점은 시 전체에 걸쳐 일관되는 감상주의에서 여실히 드러난다. 역사적·정치적 모순이 사회주의 혁명이라는 만능열쇠로 해소되리라는 믿음에서 임화가 다소간 벗어난 시기는 제2차 검거로 카프가 해산된 이후이다. 『현해탄』의 시들을 쓰던 시기에 임화는 계급 투쟁과 세계 혁명이라는 추상적 일반성의 선전·선동이 아닌 식민지 청년의 운명이라는 개인적, 개별적 존재의 현재성에 대해 내면적으로 성찰하게 된다.

근대 세계로의 진입을 가슴 벅찬 희망의 길로 새기며 동시에 그것을 싸워 이겨야 할 대상으로 인식하는 낭만적 주체의 내면은 "청년(靑年)! 오오, 자랑스러운 이름아!/적이 클쑤록 승리도 크구나//삼등 선실 밑/땅그란 유리창을 내다보고 내다보고,/손가락을 입으로 깨물을 때,/깊은 바다의 검푸른 물결이 왈칵/해일(海溢)처럼 그의 가슴에 넘쳤다"(「해협의 로맨티시즘」)라고 표현된다. "적이 클쑤록 승리가 크"다는 의미심장한 구절은 식민지 청년의 자아상(像)이 상징적 타자의 시선에 노출된 형태로 구축되는 한편, 그러한 큰타자를 반드시 극복해야 할 대상으로 삼는다는 점에서 식민지 청년이 지닌 주체화의 욕망이 어느 정도인지를 가늠케 한다. 그에게는 적을 이김으로써 획득될 '승리'의 모든 가능한 몫과 크기와 정도가 적극적 자유의 내용이 될 것이다. 그러나 그것의 실패가 인지되는 상황에서 임화는 다음의 시를 쓴다.

적이 나를 죽도록 미워했을 때,
나는 적에 대한 어찌할 수 없는 미움을 배웠다.

적이 내 벗을 죽엄으로써 괴롭혔을 때,
나는 우정을 적에 대한 잔인으로 고치었다.
적이 드디어 내 벗의 한 사람을 죽였을 때,
나는 복수의 비싼 진리를 배웠다.
적이 우리들의 모두를 노리었을 때,
나는 곧 섬멸의 수학을 배웠다.

적이여! 너는 내 최대의 교사,
사랑스런 것! 너의 이름은 나의 적이다.

때로 내가 이 수학 공부에 게을렀을 때
적이여! 너는 칼날을 가지고 나에게 근면을 가르치었다.
때로 내가 무모한 돌격을 시험했을 때,
적이여! 너는 아픈 타격으로 전진을 위한 퇴각을 가르치었다.

[……]

패배의 이슬이 찬 우리들의 잔등 위에 너의 참혹한 육박이 없었더면,
적이여! 어찌 우리들의 가슴 속에 사는 청춘의 정신이 불탔겠는가?

오오! 사랑스럽기 한이 없는 나의 필생의 동무
적이여! 정말 너는 우리들의 용기다.

——「적(敵)」부분

임화가 이 시를 썼을 당시 내적으로 주체의 위기를 겪고 있었음을 고려한다면, '적'은 주체의 재정립을 위해 자기의식의 변증법 내에서 호출된 가상의 타자라 할 수 있다. 문제는 이 타자의 자리가 어디인가 하는 점이다. 자기 내부로부터 발원하였음에도 불구하고, '적'은 지금 절대적 바깥에 있다. '적'은 부인할 수 없는 상징적 큰타자로 '나'를 응시하면서 '나'의 정체를 구성하는 외부적 심급으로 작용한다. 그리고 그의 실제적 힘과 '나'에게 미치는 영향력은 '강한 아버지'의 형상과 크게 다르지 않다. 제국의 제도와 질서와 상징적 가치가 큰타자의 위상을 점하던 당대에 비추어보면, 싸워야 할 '적'의 형상이란 자기 반영의 형태를 띠기 마련이다. 그런데 이 시의 '나'는 그러한 '적'을 배척하기보다 동일시의 대상으로 인정한다. '적'은 식민지 청년의 빈민교사이자 그의 의식과 행동을 추동하는 외부적 근원이다. 타자로서의 '적'에 대한 이런 인식은 '나'의 정체가 어떻게 구축되는가를 살피는 자기 성찰임에 분명하다. 그러나 '적'이 큰 만큼 '승리'도 크다는 것에 함축된 '나'의 숨은 욕망은, '적'이 정의와 무관한 악한 세력인 만큼 그와의 투쟁에서 얻을 전리품은 자동적으로 사회적 평등의 실현과 자유의 확대임을 주장——사회주의는 이를 논리적으로 당연시했다——하지만, 그것의 진짜 내용은 큰타자로서 '적'이 누리는 지위와 권한을 자기 소유로 만드는 데 맞춰져 있다. '적'은 '나'의 정치적 욕망의 투사이자 거울상인 것이다.

적극적 자유의 실천이 요원한 시대 상황에서 '나'의 자아성을 외부의 타자성으로 재확인하는 노력은 주체화 과정의 한 모색이자 나름의 정직한 자기 응시이다. 그러나 이러한 욕망을 기반으로 한 적극적 자유의 실행은 강압적 권위를 무력화하는 것이 아니라 그러한 권위를

'미적 전위'의 탄생 231

자기 손아귀에 쥐려는 쪽으로 귀결될 수밖에 없다. 타자의 윤리학이 결여된 식민지-사회주의-청년의 내적 한계를 임화는 '적'의 인식에서 이렇게 노출한다.

2

한용운과 임화에게서 예시되는 자유에 대한 근대적 인식은 김수영에게 오면 질적으로 다른 문제가 된다. 해방과 더불어 본격화된 국가 건설 과정은 외부로부터 이입된 법 체제를 다만 주어진 제도라는 형식적 외양으로 구축한 탓에 실제로 많은 한계와 모순을 안고 있었지만, 그러한 질서의 운용은 한국인들에 의해 선택된 문제였다. 적어도 한국인들은 '조선인'과 달리 법의 잘못된 체제와 구조, 운용에 항거하고 비판하고 거부할 권리를 해방 후 형식적으로나마 갖게 되었다. 그리고 그 형식을 힘으로 삼아 집단적 거부 의사를 정치적으로 표명했는데, 4·19는 그 역사적 증거에 해당한다. 4·19를 혁명으로 역사화할 수 있는가의 문제는 별도의 논의를 필요로 하는 사안이다. 다만 분명한 것은 해방과 함께 한국 사회가 자유 민주주의에 근간한 주권 국가임을 제도로써 확립한 순간, 한국인들은 "더 이상 백성도 아니고 신민(臣民)도 아닌 존재"[5]로 탈바꿈되었다는 것이다. 참정권 내지 시민권의 획득으로 대표되는 정치적 자유의 법적·제도적 마련은 새로운 변화였고, 이러한 변화는 집단적 차원에서 시민 사회나 계급 정

---

5) 전상인, 「해방 공간의 사회사」, 박지향 외 엮음, 『해방 전후사의 재인식』, 책세상, 2006, p. 169.

치를 가능케 하는 조건이 구비되었음을 뜻했다. 즉 "개인이 자신의 정치적 행위를 스스로 선택할 수 있게 됨으로써, 이제 시민적 이익을 보호하고 극대화하기 위해 시민사회를 자발적으로 형성하거나 근대적 이데올로기에 입각한 계급 범주를 조직화할 수 있는 계기가 마련된 것이다".[6] 그러나 익히 알려져 있다시피 1950년대 내내 현실은 이와 크게 달랐다.

이런 점에서 볼 때, 4·19는 현존하는 국가가 국민 통치의 토대인 입헌성을 어김으로써 지배의 정당성을 스스로 훼손하였고, 정당성을 상실한 국가는 더 이상 국민의 의지를 구현하는 대표체일 수 없으므로 합법성을 회복하기 위해 재정비되거나 또는 제도와 실행, 주어진 규칙과 구체적 실천 사이의 불일치를 해소함으로써 국민으로부터 다시 정당한 권위를 부여받아야 함을 내중이 직접 요구한 민주 혁명이라 할 수 있다. 물론 이러한 요구의 근저에는 법치 질서와 통치 구조의 정비를 통해 국가 체제가 더욱 확고해지길 바라는 소망이 깔려 있다. 국가가 '합법적'으로, '정당하게' 강화되어야 한다는 이러한 바람은 4·19 이전에는 찾아볼 수 없었던 정치의식이다. 국가 지배의 정당성을 그 근본에서부터 회의하며, 정해진 법률이 다만 형식이 아닌 실질적 힘으로서 수행되기를 요청하고, 국가가 개인을 억압하여 복종케 하는 강압적 권력이 아니라 개인의 동의에 따라 주권을 위임받은 대표체임을 자각하였다는 것은 한국인들이 4·19를 계기로 정치적으로 '다른' 존재로 거듭나기 시작했음을 방증한다. 다시 말해 그 같은 정치적 욕구의 자발적 발현은 4·19를 기점으로 한국 사회에 진정한 의

---

6) 전상인, 앞의 글, p. 169.

미에서 '시민'⁷⁾의 탄생이 시작되었음을 가리킨다.⁸⁾ 개인이 주권 국가의 정치적 참정권자인 시민으로 탈바꿈한다는 것은 정치적으로뿐만 아니라 사회적으로도 혁명에 해당한다. 이는 근대의 많은 혁명이 개인을 시민으로 해방시키는 과정이었으며 단순히 정치 구조와 집권 세력을 교체한 정치 변동이 아니라 사회 전 영역에 걸쳐 방대한 변화를

---

7) 근대 세계에서 '시민citizen'의 신분은 참여 자격 또는 권한들의 총체와 그에 수반되는 일련의 의무와 책무를 의미한다. '시민'의 위상을 결정짓는 것은 정치에의 참여이며, 이로부터 개인은 정치의 객체가 아닌 정치의 주체가 된다. '시민'을 국가의 창조자라고 부르는 것은 개인이 자기 지배권을 상호 간의 동의에 근거하여 국가의 주권으로 복속시킨다는 의무를 자발적으로 이행함으로써 그에 대한 대가와 보답으로 국가의 보호를 수락하는 계약적 관계의 주체로 인식되기 때문이다. 개인의 정치 참여를 법적으로 보장하고 합법적 권리로 인정하는 것이 근대 국가, 특히 민주주의 국가의 본질로 담론화되는 이유도 '시민'의 권리 보장이 관념이 아닌 사회적 실체와 힘으로 명문화되고 그것이 실제 행위의 구현을 통해서만 획득되는 결과로 간주되기 때문이다. 반면 '신민subject'은 개인이 이러한 정치 주체로서의 권리를 소유하지 못한 상태를 가리킨다. 어떠한 권리 행사도 자기 권리로 주장하지 못한다는 점에서 '시민'과 반대되는 개념이다. 근대 혁명이 개인이 '신민'에서 '시민'으로 해방된 역사적 전환점으로 불리는 것도 개인이 '시민'의 권리를 보장받는 것이야말로 국민 주권이라는 민주주의 이념을 실현하고 자유와 평등이 정치적으로, 법적으로 성취·완결에 이르는 것으로 여겨졌기 때문이다. 한편 '국민nation'은 명확히 경계지어진 영토 내에 존재하는 단일 행정의 대상이 되는 집합체, 혹은 단일 행정에 종속되는, 명백히 구획된 영토 내에 존재하는 집합체를 가리킨다. 그런데 실제로는 국가 nation-state, 국민nation, 국민주의nationalism 등은 한데 뒤섞여 하나의 격정적인 혼합물이 된다. 그래서 개념적 구분과는 별도로, 이것들은 현실의 맥락에 따라 다른 효과를 낳는다. 그럼에도 불구하고 '시민'이라는 개념이 이들과 다른 층위에 놓이는 까닭은 '시민'의 본질이 참정권에서 뒷받침되는 한, '시민'의 정치 참여는 점점 더 개입주의적 성향이 짙어져가는 국가에 대해 개인의 반발이 정당화되는 길이며, 이로부터 국가를 감시하고 제한을 가하고 필요할 때에는 국가에 대해 강력하게 저항할 수 있는 정치적 근거를 제공하기 때문이다. 그런 점에서 볼 때, '시민'은 하나의 개념이자 제도이자 형식인 데서 벗어나 정치적 이념이자 이상(理想)으로까지 부각된다. '시민' '신민' '국민'의 개념에 대해서는 크리스토퍼 피어슨, 『근대국가의 이해』, 박형신·이택면 옮김, 일신사, 1998 참조.
8) 이것은 역사적으로뿐만 아니라 문학사적으로도 중요한 의미를 지닌다. 존재 형태의 제도적·내용적 변화는 자아의 주체화 과정에서 새로운 욕망을 낳으며, 이는 역사적 변화와

초래한 사회 혁명의 출발점이었다는 데서도 확인된다.

김수영이 자유를 자율성, 자기 입법성 등 윤리 문제로 인식하기도 했지만, 그것의 정치적 의미와 효과와 기능에 대해 사유하게 된 계기에는 4·19혁명으로부터 초래된 이러한 근본적 변화가 가로놓여 있다. 자유에 대한 김수영의 고심은 한용운과 달리 윤리적 원칙으로서의 도덕적 자유에 국한되지 않으며, 임화처럼 정치적 자유의 꿈이 엄폐된 상황에서 개인의 주체성을 '적(敵)'을 새롭게 인식함으로써 그 가치를 재검토하려 한 것과도 구분된다. 김수영이 「푸른 하늘을」에서 자유에는 "피의 냄새"가 섞여 있고 '혁명은 고독한(해야 하는) 것'이라며 연결지은 '자유-고독-혁명'의 알고리즘은 4·19를 지켜보면서 정치 주체의 자유가 실제적 권리로 발휘되지 못한 채 실정법, 시민의 정치적 자유, 개인의 도덕적 자유가 충돌하는 상황에서 무엇이 올바른가를 자문했던 그의 시적 사유의 결과라 할 수 있다. 그는 혁명이 비혁명적 상황으로 후퇴하는 것을 목도하면서 제도적 자유와 정치적 자유와 도덕적 자유의 일치란 사실상 불가능함을, 따라서 '완전한 자유'란 불가능함을 깨닫는다.[9] 그렇기에 그는 자유와 혁명 사이에 '고

연동하여 이전과 다른 정치적 무의식을 형성하기 때문이다. 일본의 국민으로 자라 해방과 국가 건설, 한국전쟁을 역사적 동시성으로 경험한 1960년대 시인들, 특히 김수영·김춘수·신동엽에게서 나타나는 주체로서의 자기 정립 과정은 4·19혁명을 거치며 본격화되는 새로운 '아비-되기'의 무의식적 드라마를 통해 가시화된다. 이들은 이 과정에서 윤리적 전인(주人)을 자신들의 자아-이상ego-ideal으로 세우고 각기 다른 형태의 도덕 원칙을 내면화함으로써 윤리적 주체로서의 자기를 재정립해나간다. 민주주의가 새로운 사회 질서를 이루는 근간이 되어가는 초기에 각각의 개인이 권력 행사의 주인공('시민')으로 재탄생하는 시점에서 새롭게 정립되는 주체가 무엇보다 '윤리적'이어야 한다고 인식한 이들의 내적 변모는 이전에 없던 미학적 혁신과 정치성을 한국 시에 불러일으키는 토대가 된다. 이에 대한 자세한 설명은 졸고, 앞의 글, 2-3장 참조.

9) 그래서 그는 "革命은 안 되고" "방만 바꾸어"(「그 방을 생각하며」)버린다. 「그 방을 생

독'을 가교로 놓고, 자유와 혁명 양쪽에 '고독'을 내재적 본질로 부여한다. 자유와 혁명에 완성이란 없으며, 그것은 영원히 그 자체를 계속해서 실천하고 부단히 지속하는 것 외의 다른 것이 아니다. 김수영이 자유와 혁명을 말하면서 '고독'을 전경화한 진짜 이유는 이것이다. 자유와 혁명에 완성은 없다. '완전한 자유'와 '완전한 혁명'이란 환상이다. 이를 깨닫는 것도 온전히 개인의 몫이다. 때문에 자유와 혁명을 꿈꾸는 한, 피 흘리는 고독을 감수해야 한다.

이처럼 자유도, 혁명도 고독('피')을 요구하는 까닭은 그것들 모두가 자기 혁명이어야 하기 때문이다. 그런데 혁명은 결코 자기 혁명에만 머물지 않는다. 자유를 자율로서 내면화하는 것이 자기 혁명의 원리를 이룰 때, 혁명은 단수적 자기 변이에서 벗어난다. 그 속에는 발생학적으로 타자성의 윤리가 내재되어 있기 때문이다. 자율성으로서의 자유의 윤리학은 나에게 법으로 강요되는 어떤 근원적인 이타성에 비해서만 상대적으로 독립적인 그런 독립성을 자율로 본다. 이것은 타자와의 합의를 통해 법으로 인정된 것이 자아에게 제한을 가할 때 그것을 자율의 원리로서 수용할 수 있음을 뜻하는 것이기도 하다. 즉 상호 주체성이라는 배경에 주체성을 새기는 것이 자율성의 원리이다.[10] 이러한 자율성 개념은 개인이 주체성의 획득을 자율성에 둘 때,

---

각하며」는 김수영이 혁명을 정치적 혁명에서 미학적 혁명으로 관점을 이동시켜 사유하기 시작했음을 암시하고 있다. "革命은 안 되고 나는 방만 바꾸어버렸다/나는 인제 녹슨 펜과 뼈와 狂氣-/失望의 가벼움을 財産으로 삼을 줄 안다"에서 그는 정치 혁명의 실패와 불완전성 때문에 '방'을 바꾸었다고 말하지만, 대신 '바뀐 방'에서 "뼈와 狂氣"를, "失望의 가벼움"을 재산으로 삼아 '펜'을 잡는다. 김수영이 혁명을 미학적 관점에서 사유할 수 있게 된 배경에는 자유의 완전한 실행이란 정치적으로는 불가능한 환상임을 깨달으면서였다.
10) 알랭 르노, 『개인』, 장정아 옮김, 동문선, 2002, p. 51.

그러한 목표의 본래적 성격으로 인해 모든 개인 존재들이 스스로를 함께하는 세계의 일원으로 생각함으로써 자신의 단독성에서 벗어남을 의미한다. "내재성 속의 초월성"[11]으로 표현되는 이러한 특징으로 인해 무한한 이기성에서 빠져나온 개인은 자신의 개인성을 근원적 이타성으로 여기고 그것이 나의 자율성으로 내면화되면 타자를 자율적 존재로 대해야 한다는 의무를 지상 명령으로 의식하게 된다. 따라서 자율성은 이타성의 자각을 발생론적으로 내포한 개인성의 초월이다.

김수영이 자기 혁명을 주체화의 목적으로 여기고 그것의 원리를 자율로 삼았을 때, 자유를 향한 개인의 혁명은 단수적 혁명으로 끝날 수 없는 것이었다. 자율적 주체에 대한 욕망은 상호 주체성 및 이타성과 밀접하게 연관된 구조를 취하기 때문이다. "곧은 소리"가 "곧은/소리를 부르듯"(「瀑布」) 혁명은 혁명을 부른다. 혁명이 자유를 향한 깃인 한, 그것은 언제나 복수적(複數的)이다. 개인의 주체화가 자유와 혁명 간의 상호 연관성에서 탐구되는 이러한 인식적 구조로 인해 김수영의 자유의 윤리학은 사회적 관계성의 문제로 부각된다(이 점이야말로 김수영의 자유 의지가 한용운의 도덕적 자유와 다른 점이다). 그 시적 증거가 김수영의 '적(敵)'의 창안이다.

  우리는 무슨 敵이든 敵을 갖고 있다
  敵에는 가벼운 敵도 무거운 敵도 없다
  지금의 敵이 제일 무거운 것같고 무서울 것같지만
  이 敵이 없으면 또 다른 敵―來日

---

11) 알랭 르노, 앞의 책, p. 70.

來日의 敵은 오늘의 敵보다 弱할지 몰라도
오늘의 敵도 來日의 敵처럼 생각하면 되고
오늘의 敵도 來日의 敵처럼 생각하면 되고

오늘의 敵으로 來日의 敵을 쫓으면 되고
來日의 敵으로 오늘의 敵을 쫓을 수도 있다
이래서 우리들은 태평으로 지낸다

———「敵(一)」전문

    1962년 작(作)인 「敵」에서 "더운 날/敵이란 海綿같다/나의 良心과 毒氣를 빨아먹는/문어발같다"고 했을 때, '적'은 절대적 외부로서 나의 존재를 위협하는 적대자일 뿐이었다. 자아의 반(反)테제로 호명된 이러한 '적'은 '적'이라는 절대적 이타성을 발견함으로써 자신의 정체성을 인식하는 계기로 삼았던 임화의 '적'의 가치를 근본에서 회의하는 내용을 담고 있다. 4·19혁명을 실패한 혁명으로 바라보면서 "먼 곳에서부터/먼 곳으로/다시 몸이 아프다"(「먼 곳에서부터」)고 되뇌며 절망과 권태와 환멸 속에 내적 침잠의 시간을 보낸 이 시기의 김수영에게 '적'은 다만 나를 위해하는 외부의 타자로 의식된다. 하지만 1965년 작(作)인 앞의 시에서 김수영은 '적'을 일부러 세운다. '적'은 내가 '적'으로 삼는 순간 '적'이 되는, 자기의식 내에서 의도적으로 타자화되는 그런 대상이다. 주목할 것은 이 '적'이 '나'라는 동일성의 외적 투사가 아니라는 점이다. 그것은 내 안의 타자로서, 동일성의 균열이자 틈입이며 자아에게 불안을 조성하는 낯선 국외자이다. 이러한 '적'의 현시는 통합된 자아 혹은 견고한 자기 동일성이 한낱 환상에 불과함을 주체에게 통보한다. 동일화될 수 없는 '적'이 존재하는 한, 주체는 언제나 결핍된, 찢어진 주체이다. 주체를 내부로부터 파열하는 이러한 타자성을 김수영은 주체 바깥으로 산포한다. '적'의 현존은 내부에서 외부로 이어지면서 나의 불완전성을 적시한다. 다시 말해, '적'은 완성된/될 주체임을 자부하기 쉬운 자신을 반성케 하는 타자이다. 그것은 주체를 응시하는 타자적 시선에 가깝다.

그러나 이 시선은 절대적 외부에 있지 않다. '적'은 '나'의 부름에 따라 저의 시선을 나에게 돌린다. 내가 '적'과의 대면을 바랄 때 '적'이 나의 호출에 응한다는 것은 곧 '적'과 내가 간(間)-주관적 관계에 있기 때문이다. '적'이든, '나'이든, 주체든, 타자든, 모든 현존은 상호 주체적인 간-주관성이다(이 점이, 즉 김수영의 타자성 인식이 임화와 나른 점이다). 김수영의 '적'에 힘유된 시적 명제는 이것이다. '적'의 실재성에 대한 인정은 타자에 대한 열린 대면을 가능케 하고, 주체성의 본질을 '내재성 속의 초월성'으로 구조화하는 기능을 할뿐더러 사회적 관계(성)의 지평에서 나를 반성케 하는 기능을 한다. 주체와 타자의 관계를 간-주관적인 것으로 사유하는 이러한 현상학적 인식을 바탕으로 김수영은 '사랑'의 가치를 적극적으로 정치화하는 길을 트게 된다.

3

4·19혁명이 한국 시에 미친 영향의 하나로 자유 인식의 시적 계보를 추적할 때, 김수영과 더불어 거론해야 할 시인이 김춘수이다. 4·19

혁명에 대해 직접 언급한 경우는 없지만, 김춘수는 혁명이 일어나기 직전 역사적 예감처럼 의미심장한 시를 발표한다.「부다페스트에서의 소녀의 죽음」이 그것이다. 이 시는 1956년 헝가리의 자유 혁명을 모티프로 삼고 있는데, 시의 면면을 주의 깊게 살펴보면 김춘수가 4·19 혁명을 헝가리 혁명과 동일한 관점에서 파악하였으리라는 점을 짐작할 수 있다. 그런데 이 시의 판본은 두 가지이다. 하나는『꽃의 소묘』(1959년, 백자사)에 실린 것이고, 다른 하나는『부다페스트에서의 소녀의 죽음』(1959년, 춘조사)에 실린 것이다. 전자가 시기적으로 앞서는데, 후자를 재수록하면서 김춘수는 시를 대폭 삭제·개작한다.

　　나는 스물 두 살이었다.
　　대학생이었다.
　　일본 동경 세다가야서(署) 감방에 불령선인(不逞鮮人)으로 수감되어 있었다.
　　어느날 내 목구멍에서
　　창자를 비비 꼬는 소리가 새어 나왔다.
　　〈어머니, 난 살고 싶어요!〉
　　난생 처음 들어보는 그 소리는 까마득한 어디서,
　　내 것이 아니면서, 내 것이면서……
　　나는 콩크리트 바닥에 머리를 부딪고
　　북받쳐 오르는 울음을 참을 수가 없었다.
　　누가 나를 우롱하였을가,
　　나의 치욕은 살고 싶다는 데에서부터 시작되었을가
　　부다페스트에서의 소녀의 내던진 죽음은

죽음에 떠는 동포의 치욕에서 역(逆)으로 싹튼 것일까,
싹은 비정의 수목들에서보다
치욕의 푸른 멍으로부터
자유를 찾는 소녀의 뜨거운 피 속에서 움튼다.
  ─「부다페스트에서의 소녀의 죽음」부분

'역사=악한 의지'라는 도그마는 김춘수의 세계 인식의 한 틀이다. 그는 이러한 등식이 세다가야 서에서 겪은 영어(囹圄) 체험에서 비롯되었다는 것을 여러 산문과 자전적 소설에서 밝힌 바 있다. 삭제된 위 대목이 주목을 요하는 까닭은 역사를 개인에게 가해지는 폭력적 거세로 인식하는 데 주요인으로 작용한 개인적 체험이 시에서 처음 언급된 부분일뿐더러, 억압된 트라우마가 의식의 부면으로 솟아오르던 순간 시인에게 환기된 즉각적 감정이 무엇인지가 드러나 있기 때문이다. 그것은 다름 아닌 치욕이다. "콩크리트 바닥에 머리를 부딪고/북받쳐 오르는 울음을" 참지 못하면서 살고 싶다는 욕구에 휩싸인 그때 솟아오른 치욕감은, 위의 구절에 따르면, 누군가 자신을 우롱하고 있다는 감각에서 빚어진다. 그리고 비인간적 취급 속에 솟아난 이러한 감정은 '살고 싶다'는 동물적 본능이 맹렬해지는 순간, 인간으로서의 자존감이 포기된 징후로 느껴지면서 더욱더 배가된다.

치욕은 본질적으로 자신의 명예가 실추되었다는 데서 유발되는 감정이다. 간혹 치욕 때문에, 자신이 모욕당하고 있다는 느낌 때문에, 자신의 명예를 지키고자 죽음을 택하는 자들도 있다.[12] 치욕이 명예

---

12) 자크-알렝 밀레르는 라캉이 수치─김춘수의 어법으로는 치욕인 것─때문에 죽은 자로 바텔을 언급한 이유가 한낱 하인조차도 자기 명예를 위해 삶을 희생할 수 있음을 보

의 손상과 관련 있다는 것은 소녀의 죽음이 "비정의 수목"이 아니라 "치욕의 푸른 멍으로부터/자유를 찾는 소녀의 뜨거운 피 속에서 움튼다"고 말한 부분에서 드러난다. 치욕은 자신이 자유의 주인임에도 불구하고 그러한 주인으로서의 명예가 무력적인 총탄에 짓이겨져 "찢어진 명함"[13]이 되었다는 자각에서 비롯한다. 소녀의 죽음은 인간으로서의 명예 훼손이며, 치욕의 극한 용기이다. 소녀의 죽음을 자유와 연결시키고, 자유를 억압하는 무력적 침탈을 치욕으로 연관시키는 이러한 시적 논리는 역으로 인간의 명예는 자유의 보유로부터 지켜지며, 자유가 최고의 인간적 가치인 이상 각각의 개인은 자유의 주체일 때 명예로운 존재가 된다는 결론을 낳는다.

그런 점에서 김춘수의 치욕은 역사로부터 거세된 개인으로 하여금 자신이 자유의 주체임을 상기시키는 계기를 이룬다. 치욕을 '치욕'으로 느낌으로써, 개인은 개인 주체로서, 자유의 주인으로서 자기 명예가 땅에 떨어졌음을 깨닫는다. 치욕의 도래와 회귀로부터 '나'는 비로소 "일어설 것이다", 아니 '일어선다'. 이처럼 김춘수에게 혁명은 역사의 폭력에 의한 개인의 거세가 치욕의 자각으로 현재에 되살아나는 순간이며, 치욕의 귀환을 통해 개인이 자유의 점유와 소유권을 '개인성'의 최종 심급으로 재확인하는 순간이다. 아니, 더 엄밀히 말해, 혁명이 무력——국가로 대표되는 역사의 악한 의지——에 굴복할 때, 자유의 강탈은 인간으로서의 명예 손실이 되고, 이를 치욕으로 느끼는 개인은 존재 자체만으로 역사에 반(反)하는 이념이 된다. 이로써 치

여주기 위해서라고 말한다. 자크-알렝 밀레르, 「섭리적 민주주의 사회에서 '수치'의 기능」, 정과리 옮김, 『문학과사회』, 2004년 봄호, pp. 426~29 참조.
13) 자크-알렝 밀레르, 위의 글, p. 430.

욕의 주체인 개인은 역사가 인간을 치욕스럽게 만들고 있음을 현시한다는 점에서 역사에 반하여 존재하는 대립물의 위상을 얻는다.

김춘수에게 자유를 위한 혁명은 치욕의 주체인 개인(주의)을 역사에 대립되는 뚜렷한 강령으로 만드는 사건이다. 여기서 사건은 두 가지 의미를 지닌다. 그것은 첫째, 개인이 자유의 주체로서 자각되는 사건이며, 둘째 그러한 주체에게 자유의 손실은 인간으로서의 명예 훼손을 뜻하므로 그것의 회복이 추후의 과제로 남는 사건이다. 따라서 그에게는 주체로서의 명예 회복을 어떻게 이루어낼 것인가가 풀어야 할 숙제로 남는다. 이에 대해 김춘수는 안티고네적 주체가 되어 역사를 넘어선 초월자가 되는 길을 택한다. 그의 장편 시 「처용단장」에는 '처용'과의 동일시를 통한 주체화 과정이 내포되어 있다. 이 시에서 '처용'은 세세에 미만한 역사의 악한 의지에 의해 거세를 당한 존재이다. 박해받는 자가 동일시의 대상이 된 까닭은 그가 남근phallus을 소유하지 못한 자라는 데서 연유한다. 전래 설화를 빌리면, 남근이 없어서 그는 아내로부터 역신과의 내통이라는 형태로 거세를 당한 못난 아비이다. 거세의 보완으로 춤을 추지만, 그 춤은 아비의 자리를 지켜내려는 방책이라기보다 그것을 포기하는 육체적 기술(記述)에 가깝다. 하지만 춤은 특정 대상에 얽매이지 않음으로써 억압 없이 충동을 만족시키려는 몸짓이기에 역설적으로 '처용'을 상징적 아버지의 자리마저 넘어서는 극한의 초월자로 만든다. 스스로 주이상스적 주체가 됨으로써 쾌락 원칙 바깥으로, 언어적 형용이 불가능한 '물 Das Ding'의 영역으로 나아가는 것이다.[14] 따라서 역사에 의해 박해

---

14) 이때 '천사의 눈'이 향유jouissance의 기능을 담당한다는 점은 김춘수의 주체화 과정에 깊은 윤리학이 내재되어 있음을 가리킨다. '천사의 눈'은 상징적 큰타자의 시선보다 더

받지만 역으로 그것을 기존 세계의 폭력성이 노출되는 증거로 각인시
키면서 자신을 흡사 예수처럼 상징적 질서 너머로 이끌고 가는 '처
용'과의 자기 동일시는 궁극적으로 스스로를 역사-초월자로 만드는
것과 같다.

    그러나 이것만으로는 충분치 않다. 신이 아닌 이상 인간은 거세라
는 희생 없이 그러한 초월적 자리에 위치할 수 없기 때문이며, 김춘
수의 말처럼, "인간이 누릴 수 있는 자유에는 한계가 있"고 "한계는
구속"[15])이기 때문이다. 따라서 역사 내에서 개인의 구원은 어떻게 가
능한가라는 질문은 풀기 힘든 난제로 다가온다. 김춘수에겐 이에 대
한 답을 찾는 것이 더 궁극의 과제였다고 할 수 있다. 이에 대해 그가
내린 결론은, 오직 문학을 통해서만, 오직 시만이 그것을 이룰 수 있
다는 것이었다. 김춘수에게 시는 역사로부터 개인이 구제되는 유일의
긍정적 방법이었다.

    너머에 있는 눈, 즉 주체가 결코 가늠할 수 없는 순수한 타자의 눈이며, 그로 인해 주체
의 결핍뿐만 아니라 상징적 큰타자의 결핍까지 동시에 상기시키는 눈이다. 김춘수는 이
'천사의 눈'을 주체에 대해 외재하는 '영원한 시선'으로 만든다. 그가 평생에 걸쳐 안티
고네적 인물인 예수, 소크라테스, 정몽주, 베라 피그넬 등을 떠올린 것은 그들이 자신
들이 속한 세계의 명령과 금지를 위반하고 쾌락 원칙 내에 있을 것을 거부하면서 '상징
적 죽음'을 택했기 때문이다. 김춘수가 이러한 인물들을 누차 상기하는 까닭은 개인의
의지를 가로막는 세계의 잔인한 얼굴을 폭로하고 그러한 세계에서 자신의 윤리를 고수
하는 노력이란 죽음에 근접해가는 것과 다를 바 없음을, 하지만 인간이라면 누구나 자
신의 도덕률에 따라 행동하려는 충동을 지니고 있으니 그것을 포기해서는 안 된다고 되
새기기 위해서다. 그리고 그러한 의지를 갖는 자만이 진정한 의미에서 개인의 개인성,
즉 자기 입법적 존재로서의 자율성을 실천하는 자격을 갖추게 됨을 분명히 한다. '천사
의 눈'에 노출된 부끄러움을 자발적 고통으로 삼았다는 점에서 김춘수는 한국 시사에서
가장 '윤리적' 시인이었다고 해도 과언이 아니다.
15) 김춘수, 「자유, 꿈」, 『처용단장』, 미학사, 1991, p. 164.

4

혁명에 대한 근대적 이해는 두 가지 지평을 함축한다. 하나는 혁명이 장기간에 걸친 전환이 될 수도 있지만 유일무이한 새것임을 강력한 권리 주장으로 내세운다는 것이다. 또 하나는 계몽의 작업을 통해 비교적 조용하게 수행된 옛것의 복원도 포함한다는 것이다.[16] 전자가 일회성을 혁명의 본질로 규정한다면, 후자는 반복 가능성을 혁명의 본원으로 인식한다. 혁명 개념에는, 그러므로, 일회성과 반복 가능성이 착종되어 있다. 김수영의 경우도 초기에는 혁명을 이 두 가지 지평에서 사유한다. 한편으로는 혁명을 과거로부터의 단절이자 되풀이될 수 없는 시원적 사건으로 단언하지만, 다른 한편으로 반복 가능성의 지평에서 제시하기도 한다. 하지만 「꽃잎」 연작에 이르면 혁명은 어디로도 귀착되지 않는다.

> 누구한테 머리를 숙일까
> 사람이 아닌 평범한 것에
> 많이는 아니고 조금
> 벼를 터는 마당에서 바람도 안 부는데
> 옥수수잎이 흔들리듯 그렇게 조금
>
> [……]

---

16) 한스 로베르트 야우스, 『미적 현대와 그 이후』, 김경식 옮김, 문학동네, 1999, p. 68.

언뜻 보기엔 임종의 생명같고
바위를 뭉개고 떨어져내릴
한 잎의 꽃잎같고
革命같고
먼저 떨어져내린 큰 바위같고
나중에 떨어진 작은 꽃잎같고

나중에 떨어져내린 작은 꽃잎같고

——「꽃잎(一)」부분

　　꽃잎 위에 꽃잎이 포개지며 떨어지는 형상은 세계와 역사가 시작과 끝이 한 번씩만 존재하는 일회적 사건으로 구성되는 것이 아니라 시간의 열림이 계속적으로 반복·중첩됨으로써 중층화되는 것임을 암시한다. 김수영은 꽃잎의 이러한 연속적 떨어짐을 '혁명 같다'고 표현한다. 이는 혁명이란 '하나의' 꽃잎이 떨어져 내리는 일회적인 사건이면서 동시에 그러한 꽃잎 '들'이 연거푸 사건을 반복함으로써 일회성을 탈피해가는 사건이라 할 수 있다. '꽃잎'과 꽃잎 '들'이 연출하고 있는 일회성과 그러한 일회성의 극복이 혁명인 셈이다.
　　이로부터 김수영이 후기에 이르러 혁명의 본질을 어떻게 인식했는가를 추론할 수 있다. 요컨대 일회성과 반복 가능성이 혁명의 각기 다른 지평을 구성하는 것이 아니라 이 두 속성의 항구적인 교섭이 혁명인 것이다. 일회성과 반복 가능성의 영원한 교대, 이것은 영구 혁명의 이념이다. 다시 앞서가고 추격하고, 시작한 곳에서 재출발함으로써 이전에 이루어진 것에도 재차 변혁을 꾀하는 혁신적 시작(始作)의 반복은 영구 혁명에 내재된 이념이 무엇인가를 단적으로 보여준다. 그것은 시작의 끊임없는 되풀이다. 시작은 언제나 미래로의 시작이며 미래를 여는 것으로서의 시작이다. 혁명은 정치적 격변기에 현실적 효과를 유발하는 물리적·사회적 힘의 운동이라는 의미를 넘어 미래를 향해 열리는 '다른' 시간의 개시(開示)이다. 이때 시간은 미래에서 현재로 오지 않고 미래에서 미래로 흐른다. 미래를 끊임없이 유예시킴으로써 시작의 가능성을 영구화하고 이를 통해 인간의 역사적 시간과는 '다른' 시간의 열림을 목도하고 체험하는 것, 이것이 김수영이 지향하는바 영구 혁명의 이상(理想)이라 할 수 있다.

김수영은 이러한 혁명이 정치적 영역의 현실태일 수 없음을 4·19에서 이미 목격한 바 있다. 그는 「시여, 침을 뱉어라」에서 '시작의 영원한 반복'이라는 혁명 이념을 미학의 영역으로 이행시킨다. "시도 시인도 시작하는 것이다"[17]라는 구절은 '온몸의 시학'의 명제 중 하나로, '시작(始作)을 시작(始作)하는 것'으로서의 영구 혁명은 예술에서만 가능하며, 예술만이 이러한 시작의 갱신을 실천할 수 있다는 테제의 정립은 새로움이 곧 시작이며, 새로움의 끊임없는 자기 혁신이야말로 예술의 목적이자 현대적 미임을 뚜렷이 한다. '시작=새로움'이라는 등식은 김수영이 영구 혁명의 이념을 미학적으로 전유하면서 얻은 미적 가치 체계라 할 수 있다. 그는 이 등식에 자유라는 항을 덧붙인다. "새로움은 자유다, 자유는 새로움이다"[18]라고. 이와 더불어 새로움의 계속적 추구가 예술의 자유이며, 이를 현실에서 수행하는

---

17) 김수영, 「시여, 침을 뱉어라」, 『김수영 전집 2』, 민음사, 2003, p. 403.
18) 김수영, 「생활현실과 시」, 앞의 책, p. 264.

자가 시인이고, 시인에 의해 행사되는 이 자유야말로 시(예술)를 통해서만 선취되는 궁극의 자유로서 정치적 혁명이 이루지 못한 한계를 돌파하는 미적 전위의 것임을 분명히 한다.

한국 시에서 미적 전위는 이렇게 탄생한다. 단절의 수사학, 절대적 시작의 신화화, 미래를 내다보는 현재 속에서 새로움을 추구하는 것, 미래에 대한 역사의식으로 시대를 앞서가려는 의지,[19] 세계의 새로운 시작이 예술에서만 정립될 수 있으며 미적 혁명이 역사의 새로운 시작을 주도할 수 있다는 신념, 그리하여 새로움의 끝없는 진행은 영구 혁명의 미학적 수행이라는 선언.[20] 미적 전위의 내포가 이러할 때, 김수영이 혁명의 미적 전유를 거쳐 도달한 지점은 예술에서의 현대적 전위, 바로 그것이다. 물론 이러한 내용을 선언했다는 것이 그를 미적 전위의 효시로 만들지는 않는다. 전위가 파괴를 자기 목적으로 삼아 새로운 건설을 추구하는, 말하자면 파괴와 건설을 동시에 실천하고자 하는 미학적 목적의 구체적 실현태이자 그것의 실제적 주체와 행위이며 그 둘의 복합적 결과물을 가리키는 것[21]이라면, 마땅히 그러한 결과물로서 새로운 시가 산출되어야 하고, 시의 내용과 형식에서 혁신을 가능케 하는 방법론이 뒷받침되어야 한다. 1966년을 전후로 발표되는 그의 산문에서 확인되는 시의 형태 변화에 대한 고심들, 예컨대 "〈의미〉를 이루려는 충동"인 '언어 서술'과 "〈의미〉를 이루지 않으려는 충동"인 '언어 작용'[22]이 서로 강렬하게 충돌하면 충돌할수

---

19) 앙투안 콩파뇽, 『모더니티의 다섯 개 역설』, 이재룡 옮김, 현대문학, 2008, pp. 67~78.
20) 한스 로베르트 야우스, 앞의 책, pp. 82~83.
21) 졸고, 「그들이 '현대'의 기치를 높이 들어 올렸을 때」, 『시와 반시』, 2008년 겨울호, p. 184 재인용.
22) 김수영, 「변한 것과 변하지 않은 것」, 앞의 책, p. 368.

록, 그것이 변증법적 결합을 달성하면 달성할수록 힘 있는 시가 나오고, 시의 새로움을 창조할 때 언어 서술이나 언어 작용은 동등한 비중으로 동일한 정도의 감동을 유발하기 때문에 똑같이 결정적으로 중요한 문제라고 지적하는 것들은 시의 예술성을 실현하는 심급이 무엇인가를 논리화한 예라 할 수 있다. 시 언어의 내재적 통합과 "쟈꼬메띠적 변모"[23]로 대표되는 스타일 변화의 지속적 추구는 실제로 김수영의 후기 시들, 가령 「풀의 影像」 「엔카운터誌」 「電話이야기」 「꽃잎」 1·2·3, 「먼지」 「元曉大師」 「풀」을 연이어 낳는다.

김수영이 이렇듯 영구 혁명의 미적 전유를 통해 전위의 위상을 갖추는 동안, 김춘수는 다른 경로를 거쳐 이에 도달한다. 시만이 역사로부터 개인의 구원을 가능케 한다고 선언했을 때, 그의 관심은 역사를 해체할 방법적 미학을 시를 통해 구현하는 데 집중되어 있었다. 역사의 악한 의지가 이데올로기에서 연유한다고 본 김춘수는 언어의 해체를 통해 이데올로기의 해체를 실현하는 길로 나아간다. 그에게 이데올로기란 언어적 허구를 가리킨다. 따라서 이데올로기의 해체는 언어의 해체를 통해서만 가능하다. 그의 이러한 논리 속에는 말과 사물을 혼동하여 은유를 현실로 받아들이는 부당한 물화(物化)가 지속되면 그것이 곧 이데올로기로 고착되며, 그러한 은유의 물화가 해체되지 않는다면 이데올로기는 논리의 영역을 벗어나 맹목적인 신화의 영역으로 넘어감을 간파한 비상한 통찰이 숨어 있다. 역사를 이데올로기로, 그리고 이 이데올로기를 언어적 허구로 정의하면서 김춘수가

---

23) "쟈꼬메띠적 변모"의 내포적 의미는 김수영의 시론과 후기 시의 변화를 가늠케 하는 요소이다. 이에 대해서는 졸고, 「김수영은 왜 시작 노트를 일본어로 썼을까?」, 『현대시』, 2005년 8월호.

궁극적으로 의도한 것은 은유적 사고의 폭력적 동일화가 보편적 개념을 만들고 그것이 진리가 되어 정치적 힘을 발휘할 때의 상황을 문제시한 것이라 볼 수 있다. 때문에 그는 이데올로기의 해체가 언어의 해체여야 하며, 그것은 기존의 은유적 사고 구조와 체계를 교란시키는 방식으로 시도되어야 한다고 본 것이다.

김춘수는 기존의 은유를 새로운 은유로써 내파(內破)하는 방식으로 그러한 교란을 도모한다. 그가 '무의미 시'를 실험한 목적은 기존 언어의 의미화 작용, 즉 기표와 기의 간의 관습화된 연결망을 깨뜨림으로써 언어에 들러붙어 있는 이데올로기의 찌꺼기를 표백하고자 한 데 따른다. 이를 위해 김춘수는 기표와 기의의 불일치를 시도한다. 이것이 그의 시를 비동일성의 은유들이 집적된 공간으로 만든다. 그의 시가 보여주는 은유적 중첩의 시적 수사는 이러한 전복적 의식으로부터 형성된 결과이다. 그런데 더 중요한 것은 기존 언어의 의미 작용을 해체하려 한 김춘수의 '무의미 시'가 시에서의 대상 상실이자 의미 부재를 겨냥했을 때 최종적으로 맞닥뜨린 것은 시에서 언어는 더 이상 재현적이지 않으며, 언어가 점차 덜 재현적인 것이 되어갈수록 그것은 자율적 존재로 탈바꿈된다는 내재적 변화였다. "대상을 잃은 언어와 이미지는 대상을 잃음으로써 대상을 무화시키는 결과가 되고, 언어와 이미지는 대상으로부터도 자유로운 것이 된다. 이러한 자유를 얻게 된 언어와 이미지는 시인의 바로 실존 그것이라고 할 수 있다. 언어가 시를 쓰고 이미지가 시를 쓴다는 일이 이렇게 가능해진다."[24]는 말이 의미하는 바는 명백하다. 그것은 '언어의 자율성'의 확인이다.[25]

시에서의 '무의미'란 "무엇인가 의미를 덮어씌울 그런 대상이 없어졌다는 뜻"26)이며, "현대의 무의미 시는 대상을 놓친 대신에 언어와 이미지를 시의 실체로서 인식하게 되었다고 할 수 있다"27)라고 했을 때, 그리고 "폴 세잔이 사생을 거쳐 추상에 이르게 되는 과정을 나도 그대로 체험하게 되었고, 사생은 사생에 머무를 수만 없다는 확신에 이르게 되었다. 리얼리즘을 확대하면서 초극해가는 데 시가 있다는 하나의 사실을 알게 되고 믿게 되었다"28)고 술회했을 때, 이것들은 모두 사물/사유와 언어 간의 재현 관계를 근본에서 부정하고, '언어는 스스로 말한다'는 것, 즉 언어 그 자체의 힘과 운동에 대한 인식을 강조함으로써 언어의 자율성을 시의 본질이자 본원으로 환원시킨 것이라 할 수 있다. 그 스스로 '무의미 시'는 "가장 순수한 예술이 되려는 본능"이라고 규정한 까닭도, 그것의 근간은 "언어에서 의미를 배제하고 언어와 언어의 배합 또는 충돌에서 빚어지는 음색이니 의미의 그림자가 그것들이 암시하는 제2의 자연 같은 것"의 추구라고 설명한 이유도, 시의 진정한 조건은 언어이며, 이때 언어란 대상의 표현 수단이라는 관습적 상식의 비본질적 요소를 버리고 자기 조건의 본질적 속성을 온전한 자유로 누리는 자율적 존재임을 주창하기 위해서다. 그럼으로써 한국의 현대 시는 언어만의 '자연'이라는 절대적 순수의 영도(零度)로 "진화"29)하는 도정에 오를 수 있다고 김춘수는 믿었다.

---

24) 김춘수, 「한국 현대시의 계보―이미지의 기능면에서 본」, 『김춘수 시론 전집 I』, 현대문학사, 2004, p. 516.
25) '언어의 자율성'이 현대 시의 전위주의를 형성하는 고유한 특징이라는 것은 익히 알려진 바이다. 이에 대해서는 후고 프리드리히, 『현대시의 구조』, 장희창 옮김, 한길사, 1996; 앙투안 콩파뇽, 앞의 책, pp. 79~92 참조.
26) 김춘수, 「대상·무의미·자유」, 위의 책, p. 522.
27) 김춘수, 「한국 현대시의 계보―이미지의 기능면에서 본」, 위의 책, p. 512.
28) 김춘수, 「의미에서 무의미까지」, 위의 책, p. 535.

그가 동시대 어떤 시인보다 '무의미 시'의 형태 발생을 한국 시의 사적(史的) 계보를 통해 문학적 전통의 진화로 서술한 연유도 '언어의 자율성'에 대한 인식은 시의 역사에서, 특히 현대성을 추구하는 시와 시인일 경우에는 필연적으로 맞닥뜨릴 수밖에 없는 테제라고 보았기 때문이다. 그렇게 필연으로 인식되면 인식될수록, 언어의 자율적 운동을 극대화시키려는 형식 창출의 의지와 그에 대한 미적 자의식은 대체로 전통적 재현 방식으로부터 시를 과격하게 멀리 떨어뜨리는 방향으로 나아간다.

김춘수가 '언어의 자율성'을 의식하고 그것을 시의 "현기증 나는 자유"[30]와 연관시킨 이후, 형식에 대한 의지는 한국 시의 현대적 전통의 자기 계보를 형성하게 된다. 그에 의해 언어의 자기 지시성 혹은 자율성의 추구는 1960년대 이후 현대 시의 전위라면 누구나 지녀야 할 필수 덕목이자 스스로 전위임을 보증하는 예술적 정체와 증표가 되었다. 한국 시에서 미적 전위는 이렇듯 김수영과 더불어 김춘수에 의해 또 다른 기원(起源)을 얻고 있다.

---

29) 김춘수, 「대상·무의미·자유」, 앞의 책, p. 523.
30) 김춘수, 위의 글, p. 522.

'미래로부터 오는' 전통

─ 김수영의 「巨大한 뿌리」 다시 읽기[1]

　현행 문학 교육에서 김수영은 1960년대를 대표하는 참여 시인으로 분류되어 있다. 그의 시 「巨大한 뿌리」는 초기의 모더니즘적 경향에서 벗어나 민중적 전통의 발견과 현실 비판 의식이 본격적으로 드러난 대표작으로 거론되고, 유작 「풀」은 기층 민중의 굴하지 않는 생명력과 그로부터 예견되는 새로운 역사의 전망이 담긴 작품으로 풀이된다. 입시 참고서에 종종 등장하는 「死靈」「눈」「瀑布」 등은 현실의 부정성과 타협하지 않으려는 반성적 자아의 자기 다짐이 주제화된 작품으로 설명된다. 해묵은 1960년대식 '순수-참여' 논쟁에 기대거나, 아니면 '현실적 자아-반성적 자아'의 대립이라는 자아 심리학의 비역사적이고 형이상적인 틀──이 틀은 이상, 유치환, 윤동주, 김광섭, 황지우 등 많은 시인의 작품에 역사적 맥락과는 무관하게 일반적으로

---

1) 이 글의 일부는 필자의 논문 「1960년대 한국시에 나타난 윤리적 주체의 형상과 시적 이념─김수영, 김춘수, 신동엽의 시를 중심으로」(연세대 박사학위 논문, 2008)의 내용을 수정·보완한 것임을 밝혀둔다.

적용되고 있다——로 작품을 재단하는 것이 김수영 시에 대한 '정전화'된 교육의 전부인 셈이다.

모더니즘이나 (미적) 현대성에 대한 이해가 부족한 학생들에게 김수영의 시를 요령 있게 설명하기란 어려운 일임을 감안하더라도, 이성부의 「벼」와 김수영의 「풀」이 함께 짝지어져 같은 의미의 시구를 찾아내라는 객관식 문제로 등장하는 것을 볼 때면, '순수-참여'라는 낡은 이분법의 영향력이 얼마나 큰지, 민중적 주체의 형성이라는 시대적 염원의 뿌리가 얼마나 깊은지를 느끼지 않을 수 없다. 두 작품이 속성과 본질에서 '동일한' 시로 교육되고 기억되는 것이 문학 작품의 대중적 정전화와 직결되는 사안임을 상기할 때, 이러한 단순 논리의 근원이 무엇인가를 묻는 것은 문학의 해석과 평가와 교육에 복무하는 이들이 마땅히 자문해봐야 할 일이다. 마치 김소월의 시가 민요조 리듬에 따라 민족의 전통적 정서인 한을 구현하고 있다는 '상식'이 전통의 창출 invented tradition과 직결된 '만들어진' 가상 illision임을 밝히는 연구가 속속 발표되고 있어도 김소월은 언제나 한(恨)의 시인으로 기억될 수밖에 없는 것처럼, 김수영의 시가 4·19혁명을 기점으로 민중적 전통의 발견을 통해 현실 참여적 지향으로 나아갔다는 교과서식 해설은 '참여시'라는 모호한 정체의 유령에 시 해석의 다양성과 유연성을 내주어 시와 시인을 오해와 편견에 갇힌 박제로 만드는 것과 다를 바 없다. 그렇다면 왜 김수영은 참여시의 대표적 시인으로 분류된 것일까? 그것은 과연 온당한 평가인가? 분명한 것은 이러한 정전화의 원인이 김수영의 시를 둘러싼 비평적 전유의 역사와 결코 무관하지 않다는 사실이다.

김수영의 시에 대한 문학사적 평가의 역사는 이미 일목요연하게 정리된 바 있다. 박수연의 글 「김수영 해석의 역사」[2]가 그것인데, 이 글에서 필자는 각 시기마다 "사회적 역사적 요청으로 특이한 정세 속에서 반복적으로 재의미화"되고 그에 따라 시의 의미가 "정세적 효과로 재해석되었다는 점"[3]을 김수영의 시를 둘러싼 해석학적 비평사의 일관된 특징으로 꼽는다. 이는 한국 문학사에서 유례를 찾아볼 수 없는 특수한 현상에 속한다. 이러한 사적(史的) 예외가 발생한 이유는 일차적으로 모든 해석의 주관성이 용인되는 풍부한 함의를 텍스트 내적으로 자가 생산하는 것이 김수영 시의 특장(特長)이기도 하다는 데서 찾을 수 있다. 때문에 김수영의 시는 "문학사적 결절점에 응하여 그때마다 새로운 의미로 되살아났"[4]던 것이고, 한국 현대 문학사의 양 진영이 어떻게 지형화되는가를 보여주는 실례로서, 또한 작가와 작품이 비평적으로 전유되는 과정 및 그러한 사후적 전유에 내재된 이데올로기적 입각점의 내용과 정체가 무엇인지를 적시(摘示)하는 사례로 거론되어온 것이다.

특히 이 글에서 명쾌한 설명의 묘가 구사된 부분은 김수영의 시가 어떤 과정을 거쳐 모더니즘적 해석과 민중 시학적 해석으로 양분되어 평가되었는가를 밝힌 대목이다. 물론 이러한 관점이 서로 맞선 까닭은 김수영 시의 언어 미학이 단순화된 해석을 거부하는 복합성과 다층성을 지니고 있는 데서 기인한다. 이를 전제하고 볼 때, 현대적 언어 미학의 탐구라는 측면에서 김수영의 시를 평가한 유종호, 김현승으로부터 황동규로 이어지는 비평적 계보는 김수영 시의 특질을 형식

---

2) 박수연, 「김수영 해석의 역사」, 『작가세계』, 2004년 여름호.
3) 위의 글, pp. 132~33.
4) 위의 글, p. 132.

미학 속에 내재된 의미론의 지평을 밝히는 방향으로 나아간 반면, 백낙청과 김지하를 거쳐 채광석으로 이어지는 1970~80년대 진보주의적 독해는 민중적 주체의 확립을 역사적 과제로 내세웠던 탓에 김수영의 시에 "민중적 비판의 정치학이 없다는 것"[5]을 가장 큰 한계로 지적하는 논리가 구축되었다는 것이 박수연의 주된 설명이다.

한국 시의 과제로 '시의 현대화'가 전면에 대두된 것은 한국전쟁 직후의 일이다. 1950년대 모더니스트로 지칭되는 신세대군(群)은 '시의 현대성' 추구를 한국 시가 도달해야 할 첫번째 과제로 부각시켰다. 그러나 주지하다시피 이들의 시적 실험은 생경하고 난삽한 서구 추수주의에 머물렀다는 비판을 받았다. 이때부터 한국 시의 모더니즘은 표피적인 형식 실험에 머물러 있는 것이 아닌가라는 내·외부의 비판에 맞서 어떻게 현실적, 역사적 전망을 시의 이념과 형태로서 선취할 것인가를 핵심 문제로 인식하기 시작한다. 이는 이후 모더니즘 시학의 성패 여부를 가늠하고 판단하는 잣대로 자리 잡는다. '시의 현대화'를 주창하는 쪽에서는 이론이 아닌 작품을 통해 자신들의 테제를 실천함으로써 미학적 전위성을 스스로에게 입증해야 했다면, 모더니즘적 지향이 결과적으로 현실을 도외시하고 역사로부터 도피하는 방편이 아닌가를 의문시했던 쪽에서는 이론적 기치와 작품의 형태화 간의 괴리를 반성적으로 성찰함으로써 이를 한국 시의 반면교사로 삼아야 한다고 보았기 때문이다.

1950년대 이후 시의 변화와 흐름을 바라보는 이러한 두 가지 시각의 충돌은 당대 모더니즘 시의 가장 긍정적인 성취로서 김수영의 시

---

[5] 앞의 글, p. 142.

를 재발견하게 된다. 이 과정에서 김수영은 그의 문학적 후배들에게 상징적 '거울'의 역할을 담당하게 되는데, 김수영이라는 '거울' 앞에서 자기 세대의 문학적 가능성과 예술적 성취를 평가하고자 한 비평적 욕망은 한국 모더니즘 시의 현대적 갱신의 선구로, 혹은 그러한 갱신이 맞닥뜨린 한계 지점으로 김수영의 시를 '다르게' 호명하기에 이른다. 이러한 상황은 1970년대 중반 4·19 세대 비평가들에 의해 정점에 달한다. 특히 김지하의 「풍자냐 자살이냐」(1970), 김현의 「자유와 꿈」(1974), 황동규의 「시의 소리」(1976), 백낙청의 「역사적 인간과 시적 인간」(1977) 등으로 이어지는 김수영 시의 비평적 전유는 각기 다른 해석에 입각하여 첨예한 대립각을 세우게 된다.

예컨대 김현은 「자유와 꿈」에서 "김수영의 시적 주제는 '자유'이다"[6]라고 선언한다. 그는 김수영이 모더니즘을 "하나의 문학적 소유로 이해한 것이 아니라, 세계를 이해하고 관찰하는 한 정신의 태도로 받아"[7]들였다고 지적한 뒤 그의 이러한 세계 인식의 방법과 태도로서의 모더니즘의 내면화가 자유와 혁명을 동일한 연장선상에서 이해하게끔 만들었고, 자유를 실천하지 못하는 자기 한계에 대한 반성을 촉발하였다고 설명한다.[8] 초라하고 나약한 자기 모습을 적발하는 것이 한쪽에서 비판의 대상이 되었다면, 김현에겐 그것이 오히려 예술가적

---

[6] 김현, 「자유와 꿈」, 김현 문학전집 4 『문학과 유토피아』, 문학과지성사, 1992. p. 13.
[7] 위의 글, p. 14.
[8] 한편 김현은 김수영의 시에 진보주의적이며 민족주의적인 면모가 있음을 지적한다. 그 자신은 해명하지 않고 지나쳤지만, 그의 서술에 따르면 '정신의 태도'로서 모더니즘과 진보적 민족주의가 김수영의 시에는 상호 모순적으로 공존하고 있는 셈이다. 아니, 오히려 이러한 모순적 통합을 김현은 김수영의 장점, 즉 불가능을 추구하는 예술의 역할과 그 싸움의 증거로 본 듯하다.

정직성의 증거로 받아들여졌다. 김현의 김수영에 대한 긍정적 평가는 "그는 언어와 자유, 감동과 직관을 날카롭게 결합시킨 최초의 시인"[9] 이었다는 문장 속에 간명하게 축약되어 있다. 무엇보다 김수영의 예술적 전언이 "폭로주의적인 입장에 서 있는 민중주의자들이나, 낯선 이미지의 마주침이라는 기교를 원래의 초현실주의적 정신과 관련 없이 사용하는 기교주의자들의 비판의 대상이 되고 있"지만, "예술은 그러나 폭로도 기교도 아니다"[10]라는 김현의 말은 김수영의 '정신의 태도'로서의 모더니즘이 이룬 시적 성취를 1970년대 어느 비평가보다도 높이 평가하고 있음을 보여주는 대목이다.

한편 백낙청은 김현에 앞서 김수영의 시에 주목했는데, 「시민문학론」(1969)에서 그는 "1960년대 한국 시민문학의 가장 뛰어난 성과는 김수영의 작업이다"[11]라고 평가한다. 하지만 자신의 입론이 '시민문학론'에서 '민족문학론'으로 옮겨감에 따라 백낙청은 김수영의 시를 한국 모더니즘 시의 한계가 노출된 사례로 재평가한다. 그는 「역사적 인간과 시적 인간」에서 두 가지 흥미로운 지적을 한다. 하나는 김수영의 「풀」이 황동규의 지적대로 '풀'을 '민중'으로 풀이하려 할수록 시가 해독되지 않는 벽에 부닥치고 만다는 것에 동의하면서도 그것이 "그렇다고 '민중'과 결코 무관한 것도 아니다"라고 말한 점이다. "이 시에는 〔……〕 무궁무진한 '의미의 울림'이 담겨 있으며 그 가운데서 이 시 속의 '풀'과도 같은 민중의 삶에 대한 생각은 결코 군더더기가 아닌 것이다"[12]라고 못 박는다. 다른 하나는 김수영의 한계를 지적하

---

9) 김현, 앞의 글, p. 20.
10) 위의 글, p. 21.
11) 백낙청, 「시민문학론」, 『민족문학과 세계문학』, 창작과비평사, 1978, p. 70.

면서 김지하의 「풍자냐 자살이냐」를 인용한 것인데, 여기서 백낙청은 김지하의 말에 적극 동조하면서 우리 시대의 시인은 민중의 거대한 힘을 믿고 스스로 민중으로서 자기 긍정에 도달해야 하는데 그러한 민중적 자세가 모자랐기 때문에 "김수영이 '참여시'에 대한 그의 탁월한 통찰력과 남다른 정열에도 불구하고 우리 현실의 핵심문제인 남북분단에 대해서는 지극히 세계시민적인 상식에 안주하고 있었음이 드러난다"[13]고 비판한다. 덧붙여, 민족 시인·민중 시인으로서의 김수영은 당대의 관점에서 볼 때 많은 한계를 안고 있었다고 평한다.

김수영의 시적 이념이 모더니즘이라는 축을 중심으로 이렇게 상반된 평가를 받았던 것, 무엇보다 민족-민중주의의 관점에서 그의 시가 비판받았던 것은 1970년대 이후 중요한 비평적 정전의 하나로 자리 잡는다. 현실 비판의 목소리가 시에 직접 드러나면 '참여시'라는 이상한(!) 오해가 작용한 바도 없지 않지만, 김수영 시에 대한 작금의 '교과서적' 정전화가 만들어진 데는 이처럼 민족주의 혹은 민중주의와 연관 속에서 그의 시를 바라보았던 것이 결정적인 역할을 했다. 민족-민중문학론의 입장에서 김수영의 시를 바라보는 이러한 견해는 이후 1980년대 내내 지속되는데, 박수연은 "80년대 문학은 개인주의 비판으로부터 시작되었다. 이렇다는 점에서 한국 모더니즘의 완성자로서의 김수영의 시가 설 자리는 80년대에는 애초에 없었다고 해야 할 것이다"[14]라고 논평하고 있다. 비록 1990년대 들어 미적 모더니티에 대한 심도 깊은 논의가 활발하게 이루어지면서 김수영 시가 '자기

---

12) 백낙청, 「역사적 인간과 시적 인간」, 앞의 책, p. 189.
13) 위의 글, p. 191.
14) 박수연, 앞의 글, p. 139.

부정의 전통'이라는 모더니티의 본질이 선구적으로 구현된 현대 시로 재인식되고 그에 대한 탐색을 풍부히 제공해주는 한국 시의 보고(寶庫)로 새롭게 긍정되고 있음에도 불구하고, 그의 시에 대한 대중적 정보와 지식과 이해는 1970년대의 비평적 범주에서 크게 벗어나지 못하고 있는 것도 사실이다.

그렇다면 김수영 시에 대한 이러한 정전화가 온당한 것인지를 다시 검토하려면 어떻게 해야 할까? 1970년대 당시의 비평들을 비판적으로 고찰하는 것도 한 방법이지만, 그보다는 그러한 정전화의 근거가 된 작품을 현상학적 판단 정지를 통해 다시금 꼼꼼히 읽을 필요가 있다. 요컨대 기존의 해석과 서술에 괄호 치고 시를 원본 그대로의 대상으로, 드러난 그대로 표상되고 서술된 현상으로 바라본 뒤 새로운 해석의 틀이 현상으로서의 시 내부에서 떠오를 수 있도록 해야 한다. 이러한 관점에서 우선 살펴볼 시는 「거대한 뿌리」이다. 이 시에 나타나는바 "자신의 삶, 자신의 현실, 모든 진보의 터전으로서 자신의 전통이기 때문에 긍정한다"[15]는 '더러운 전통'에 대한 자기 긍정은 김수영이 민중적 전통을 발견하기 시작하였다는 독해를 뒷받침하는 직접적 증거로 간주되어왔다. 가령 "마지막에 제시된 '나도 감히 상상을 못하는 거대한 거대한 뿌리'는 바로 그가 민중의 역사 또는 민초들의 삶이 바탕이 되는 거대한 역사의 흐름을 자각했다는 뜻이기도 하다"[16]는 풀이는 백낙청이 「시민문학론」에서 「거대한 뿌리」를 언급한 이후 민중적 전통에 대한 김수영 식의 자각과 긍정이 의심 없이 인정되고 있음

---

15) 백낙청, 「시민문학론」, p. 74.
16) 최동호, 「김수영의 시적 변증법과 전통의 뿌리」, 김승희 편, 『김수영 다시 읽기』, 프레스21, 2000, pp. 79~80.

을 보여주는 한 예이다. '거대한 뿌리=민중적 전통'이라는 등식이 정답으로 통용되고 있는 셈이다. 하지만 이 등식은 정말 '옳은' 것일까?

> 傳統은 아무리 더러운 傳統이라도 좋다 나는 光化門
> 네거리에서 시구문의 진창을 연상하고 寅煥네
> 처갓집 옆의 지금은 埋立한 개울에서 아낙네들이
> 양잿물 솥에 불을 지피며 빨래하던 시절을 생각하고
> 이 우울한 시대를 패러다이스처럼 생각한다
> 버드 비숍女史를 안 뒤부터는 썩어빠진 대한민국이
> 괴롭지 않다 오히려 황송하다 歷史는 아무리
> 더러운 歷史라도 좋다
> 진창은 아무리 더러운 진창이라도 좋다
> 나에게 놋주발보다도 더 쨍쨍 울리는 追憶이
> 있는 한 人間은 영원하고 사랑도 그렇다
>
> 비숍女史와 연애를 하고 있는 동안에는 進步主義者와
> 社會主義者는 네에미 씹이다 統一도 中立도 개좆이다
> 隱密도 深奧도 學究도 體面도 因襲도 治安局
> 으로 가라 東洋拓殖會社, 日本領事館, 大韓民國官吏,
> 아이스크림은 미국놈 좆대강이나 빨아라 그러나
> 요강, 망건, 장죽, 種苗商, 장전, 구리개 약방, 신전,
> 피혁점, 곰보, 애꾸, 애 못 낳는 여자, 無識쟁이,
> 이 모든 無數한 反動이 좋다
> ──「거대한 뿌리」 부분

이 시에서 민중적 전통을 표상한다고 인용되는 구절은 "요강, 망건, 장죽, 種苗商, 장전, 구리개 약방, 신전/피혁점, 곰보, 애꾸, 애 못 낳는 여자, 無識쟁이,/이 모든 無數한 反動이 좋다"라는 부분이다. 그런데 김수영 본인이 이 시에 대해 쓴 글을 보면 이 부분을 언급하는 맥락이 후대의 독자들이 읽는 방식과는 많이 다름을 알 수 있다. 그는 「가장 아름다운 우리말 열 개」에서 자신이 쓴 이 구절을 내용적 실체로 풀이하지 않고 언어적 형식미로 다룬다. "언어의 로우테이션" 속에서 사멸해가는 낱말들이 이러한 말들이며, 이 말들은 기표의 묘미가 주는 생생함이 형식 미학으로 살아 있긴 해도 사회적으로는 잊혀가는 사어(死語)라고 설명한다. 그러면서 덧붙이기를 이것들이 아름다운 우리말이긴 하지만 "진정한 아름다운 말이라고는 할 수 없다"고 말한다. 김수영 본인의 말을 빌리면, "그런 것(향수 어린, 잊혀져 가는 우리말-인용자 주)"은 "현대에 있어서 〈아름다운 것〉의 정의— 즉 쾌락의 정의—가 바뀌어지듯이 진정한 아름다운 말이라고는 할 수 없다. 그런 것을 아무리 많이 열거해보았대야, 개인적인 취미나 감상밖에는 되지 않고, 보편적인 언어미가 아닌 회고미학에 떨어지고 마는 것이 고작이다".[17] 그는 "진정한 아름다운 우리말"은 "진정한 시의 테두리 속에서 살아있는 낱말들"이며, "그런 말들이 반드시 순수한 우리의 고유의 낱말만이 아닌 것은 물론이다"[18]라고 말한다. 이로부터 확인되는 사실은 그가 '요강, 망건, 장죽, 종묘상……' 등등의 낱말이 지시하는 내용과 실체가 아니라 그것의 기표가 발휘하는 효과에 관심을 두고 있다는 점이며, 이 낱말들이 자신이 지칭한바 "진정

---

17) 김수영, 「가장 아름다운 우리말 열 개」, 『김수영 전집 2』, 민음사, 2003, p. 377.
18) 위의 글, p. 377.

한 아름다운 우리말"은 아니라고 자평했다는 점이다.

물론 각각의 단어가 시 텍스트 내에서 맥락화될 때 빚어지는 효과는 다의적으로 해석될 수 있다. 그러나 시인이 자신이 쓴 시 구절을 산문에서 재인용하여 의미화할 때 그 의도에 내포된 무의식은 시 텍스트의 무의식과 별개로 존재할 수 없다. 그가 '요강, 망건, 장죽, 종묘상……'을 언급할 때 그것을 '민중'이라는 관념과 인접된 제유로 병렬한 것이라면, 「거대한 뿌리」의 시작 노트에 해당하는 「가장 아름다운 우리말 열 개」 안에는 그에 대한 언급이 잠깐이라도 부기되었을 것이다. 아니면, 그가 민중적 전통을 긍정하기 위해 이 구절을 삽입한 것이라면 언어 미학적 측면에서도 이 말들은 사후에 다시 긍정되는 것이 논리에 맞다. 하지만 김수영은 이 구절을 "언어의 로우테이션"이라는 측면에서만 다룰 뿐이다. 그리고 잊히기엔 아쉬운 우리말이지만 이 말에 매달리는 것은 "개인적인 취미나 감상밖에는 되지 않"는 "회고미학"일 뿐이라고 비판한다. 그렇다는 것은 '요강, 망건, 장죽, 종묘상……'을 썼을 때, 김수영의 시적 무의식은 민중적 전통의 재인식과 자기 긍정을 겨냥한 것이 아니라 다른 '무언가'를 의도하고 있었다고 보는 것이 더 타당함을 뜻한다. 그렇다면 그것은 무엇일까?

이에 대한 가장 적확한 해명은 황현산의 「거대한 뿌리」에 대한 분석이다. 황현산은 "傳統은 아무리 더러운 傳統이라도 좋다"고 김수영이 말했을 때, 그가 말하고자 하는 전통은 그가 타기하는바 전통이 아닌 것들에 의해 더 잘 설명된다고 말한다. 이때 전통 아닌 것이란 진보주의자, 사회주의자, 은밀, 심오, 학구, 체면, 인습, 동양척식회사, 일본 영사관, 대한민국 관리 등이다. 황현산은 이것들이 전통이 아닌 까닭은 이것이 "식민지주의와 그 부속물들이며, 그에 따른 반성 없는 인습의 미봉책들이며, 제 존재 이유를 자기 안에 지니지 못한 시늉들"[19]이기 때문이라고 풀이한다. 반면, 이와 대비되는 것이 '요강, 망건, 장죽, 종묘상……'으로, 이것들이 '반동'인 이유는 아이러니하게도 "진보에 거역하는 힘이 아니라 진보가 서둘러 덮어버린 것들이기 때문"이라고 설명한다. 따라서 '요강, 망건, 장죽, 종묘상……'은 "자기 존재 이유를 자기 안에 간직하고 있었으면서도 외부에서 그 존재 이유를 빌려온 것들에 의해 소외된 것들이라는 점에서 전통의 상처"이자 "다른 한편에서 그것들은 변화되지 않은 채 은폐된 것들이라는 점에서 진보의 상처"[20]를 함축한다고 말한다. 그렇다면 '요강, 망건, 장죽, 종묘상……'을 이중의 상처로 드러냄으로써 김수영이 의도한 바는 무엇일까?

황현산의 말을 빌리면, 김수영은 "이 상처에 대한 자의식이 없이는 역사적 기억의 일관성을, 그가 '거대한 뿌리'라고 부르는 것을 확보할 수 없었다"[21]는 것을 환기하고자 "무수한 반동"을 '전통 아닌 것'들의 반대편에 놓았다고 할 수 있다. 다시 말해, 김수영은 전통이 무엇인가를 실체화하기 위해 '거대한 뿌리'를 말한 것이 아니라 '거대한 뿌리'란 결국 '거대한 상처의 뿌리'임을 드러내고자 "무수한 반동이 좋다"는 아이러니적 수사를 동원한 것이라 볼 수 있다. 이를 아이러니로 읽지 않고 '좋다'는 말뜻 그대로 축어적으로 해석하였기에 훗날 이 부분이 '민중적 전통'에 대한 긍정으로 읽힌 것이다.

---

19) 황현산, 「모국어와 시간의 깊이」, 『말과 시간의 깊이』, 문학과지성사, 2002, p. 435.
20) 위의 글, 같은 곳.
21) 위의 글, 같은 곳.

그런데 이러한 아이러니적 태도와 언술에는 두 가지 의미가 함축되어 있다. 하나는 전통이란 "놋주발보다도 더 쨍쨍 울리는 추억"이어야 하는데, 그러한 역사적 기억은 현재 이중의 상처로 존재할 뿐이며, 만일 잠재태로라도 전통이 있다면 '요강, 망건, 장죽, 종묘상……' 등의 "무수한 반동"에서 확인 가능할 것이라는 점이다. 다른 하나는, 그럼에도 그것들은 쇠퇴와 소멸의 운명을 벗어날 수 없는 결여의 존재라는 것, 그래서 김수영은 '요강, 망건, 장죽, 종묘상……'을 현재적 가치를 지닌 아름다움이 아니라 회고 미학적 성격이 다분한 언어로 평할 수밖에 없었다는 점이다. 한편 이로부터 유추되는바 현재에 대한 응전력이 결여된 과거가 전통일 수 있는지, 비록 지금 전통으로 인식될지라도 그러한 응전력이 부족하다면 그것은 단지 "잠정적인 과오" "수정될 과오"[22]가 아닌가라는 의문이 남는다 전통이 역사적 기억의 가치화와 밀접히 연관된 것이라면, 김수영에게 그것은 곧 역사를 역사로서 가치화하고 평가하는 일과 결부된 것일 수밖에 없다. 왜냐하면 과거와 현재의 역사적 가치를 밝히고 해명하는 일이란 과거-현재-미래를 연관짓는 시간적 구조 내에서, 그리고 미래적 관점의 보유를 통해서만 판단될 수 있는 것이기 때문이다.[23]

김수영이 전통으로서 긍정하고자 했던 것은 결코 과거의 것이 아니다. 김수영의 전통 의식이 전환되고 있음을 확인하려면 「거대한 뿌리」가 아니라 「現代式 橋梁」을 참조하는 것이 더 유효하다.

---

22) 김수영, 앞의 글, p. 374.
23) 이것은 김수영이 혁명을 '다른' 시간의 지평으로 사유하면서 형성된 시간의 전유 방식과 깊이 관련되어 있다.

現代式 橋梁을 건널 때마다 나는 갑자기 懷古主義者가 된다
이것이 얼마나 罪가 많은 다리인줄 모르고
植民地의 昆蟲들이 二四시간을
자기의 다리처럼 건너다닌다
나이어린 사람들은 어째서 이 다리가 부자연스러운지를 모른다
그러니까 이 다리를 건너갈 때마다
나는 나의 心臟을 機械처럼 중지시킨다
(이런 연습을 나는 무수히 해왔다)

그러나 문제는 이러한 反抗에 있지 않다
저 젊은이들의 나에 대한 사랑에 있다
아니 信用이라고 해도 된다
「선생님 이야기는 二十년 전 이야기이지요」
할 때마다 나는 그들의 나이를 찬찬히
소급해가면서 새로운 여유를 느낀다
새로운 歷史라고 해도 좋다

이런 驚異는 나를 늙게 하는 동시에 젊게 한다
아니 늙게 하지도 젊게 하지도 않는다
이 다리 밑에서 엇갈리는 기차처럼
늙음과 젊음의 분간이 서지 않는다
다리는 이러한 停止의 증인이다
젊음과 늙음이 엇갈리는 순간
그러한 速力과 速力의 停頓 속에서

다리는 사랑을 배운다
정말 희한한 일이다
나는 이제 敵을 兄弟로 만드는 實證을
똑똑하게 천천히 보았으니까!

──「現代式 橋梁」전문

이 시의 주요 모티프는 '나'와 '젊은이들'로 대표되는 구세대와 신세대 간의 대화라 할 수 있다. 이들은 지금 '나'의 기억에 대해 이야기를 나누고 있다. '나'의 기억이란 제1연으로 짐작건대 '다리'와 관계된 것임을 알 수 있다. '현대식 교량'을 가리켜 "죄가 많은 다리"라고 칭하고, "식민지의 곤충들이 24시간/자기의 다리처럼 건너다닌다"고 말하고 있으니 이 다리는 일제 때 세워진 제1인도교일 확률이 높다(제2인도교는 이 시를 쓸 당시 준공되지 않았다). 그렇다면 지금 '나'는 '다리'를 모티프 삼아 자신이 체험했던 식민지 시절에 대해 말하고 있는 중일 터이다. 그런데 "젊은이들의 나에 대한 사랑" 혹은 '신용'의 태도로 보건대, '나'의 이야기를 듣는 '젊은이들'은 꽤나 공손한 태도로 경청하고 있는 모양이다. 하지만 그들은 말한다. "선생님 이야기는 20년 전의 이야기이지요"라고. 아직도 생생한 기억이어서 '나'는 "다리를 건너갈 때마다" "나의 심장을 기계처럼 중지"시키는 '반항'을 되풀이하는데, '젊은이들'은 '나'의 이야기를 20년이나 지난 옛날이야기로 치부하고 있는 것이다.

그렇다면 이 시는 역사적 기억을 둘러싼 세대 간의 몰이해를 말하고 있는 것일까? 김수영이 자신이 살아온 시대와 역사를 "잘못된 시간의/그릇된 瞑想"(「사랑의 變奏曲」)이라 칭하며 미래의 아들들에게

"아버지같은" 잘못된 시간을 되풀이하지 말 것을 당부한다는 점은 잘 알려진 바지만, "선생님 이야기는 20년 전의 이야기이지요"라는 말에 "새로운 여유"를 느끼는 대목에는 미래 세대에 거는 김수영의 희망과 기대와 믿음이 잘 나타나 있다. 그런데 주목할 것은 '젊은이들'의 이 같은 태도, 즉 자신들의 현재를 어른 세대의 과거와 단절시키는 태도를 가리켜 "새로운 역사"라고 칭한 부분이다. 왜 그것을 "새로운 역사"라고 지칭한 것일까? 김수영이 보기에 '젊은이들', 즉 미래의 이 아들들은 지금 '나'를 과거로 만들고 있다. 어른 세대에게는 섭섭할 수 있지만, "새로운 역사"란 현재가 과거의 질곡에서 벗어나는 출발점이 될 때 비로소 시작될 수 있다. 어른 세대를 과거로 여기는 '젊은이들'의 말속에는 그런 과거와의 단절이 내포되어 있다. 그런데 '젊은이들'의 이러한 단절 의식을 '나'는 기쁘게 받아들인다. 이 새로운 아들들이 행하는 과거와의 절연은 곧 이들에 의해 과거에 대한 해석과 평가가 이루어질 것이라는 징조로서, 이러한 과정을 거쳐 과거가 됨으로써 자신은 역사의 일부가 되고 자신의 기억은 비로소 역사적 기억으로 가치화될 것이기 때문이다.

　김수영이 '젊은이들'과의 대화 속에서 얻는 깨달음은 자신이 어떻게 역사화되는가, 어떻게 전통이 되는가에 대한 문제이다. 그의 직관에 따르면 그것은 현재('나')란 미래('젊은이들')에 의해 과거('20년 전 이야기')가 됨으로써 역사가 되고, 현재의 의의는 과거가 아닌 미래로부터 부여되며, 현재를 되돌아보는 일은 지나온 과거와 연관되는 것이 아니라 미래적 시선으로 응시할 때 가능해지는 것이다. 이는 현재적 시점에서 과거를 역사화하고 그렇게 역사화된 과거를 현재와 연결시킴으로써 현재의 역사적 의의를 성찰하는 것과는 다른 방식의 역사화이다. '나'의 현존이 역사가 되고 '나'의 기억이 역사적 기억이 되는 일은 현재를 과거로 조망할 수 있는 미래의 아들들에 의해서만 가능하다. 그러므로 문제는 "저 젊은이들의 나에 대한 사랑" 혹은 "신용"이 아니라 '저 젊은이들에 대한 나의 사랑' 혹은 '신용'에 있다. '나'를 '옛날'로 만드는 그들을 '내'가 신용하고 사랑하지 않는다면, '내'가 '나'의 아버지를 부정하고 싶은 과거로 여겼듯(「아버지의 寫眞」), '나'는 그들에 의해 또 그렇게 부정될 터이기 때문이다. "젊은이들의 나에 대한 사랑"과 '젊은이들에 대한 나의 사랑'이 동시에 병행될 때 '나'는 상처가 아닌 "놋주발보다도 더 쨍쨍 울리는 추억"(「거대한 뿌리」)이 될 것이고, 그때에야 비로소 '나'의 현재와 과거는 '젊은이들'의 전통이 될 수 있을 것이다.[24]

역사와 전통에 대한 이 같은 깨달음을 김수영은 '경이'라는 말로 표현한다. 기실 그것은 경이일 수밖에 없다. 미래의 사후적 평가에 의해 역사와 전통의 위상을 부여받는 이러한 방식은 '나'를 시간을 넘나드는 존재로 만들기 때문이다. 이 '경이' 속에서, 즉 미래의 아들들에

---

24) 최근 글에서 황현산은 김수영의 원고를 확인해야 비로소 정확해지겠지만, "저 젊은이들의 나에 대한 사랑"을 "저 젊은이들의 나이에 대한 사랑"으로 바꿔 읽어야 뜻이 통한다고 적은 바 있다. (황현산, 「김수영의 현대성 또는 현재성」, 『창작과비평』, 2008년 여름호, p. 185) 하지만 필자의 견해로는 '나에 대한 사랑'을 '나이에 대한 사랑'으로 바꿔 읽는 것이 오히려 부자연스럽게 보인다. '20여 년'이나 지난 지루한 옛날이야기를 '젊은이들'이 '나에 대한' 신뢰와 사랑으로 경청하고 있다는 것이 '나'에게 오히려 여유를 갖게 한다는 뜻으로 읽히기 때문이다. 이 시가 세대 간의 이해와 신뢰를 통해 식민지 '다리'의 역사가 더 이상 '식민'의 역사가 아닌 '현대'의 역사로 변전되는 찰나를 직관하고 그러한 변전의 가능성을 발견하는 데서 새로운 깨달음과 놀라움을 접하게 되는 과정을 표현한 것이라면, 이 구절은 더욱이 젊은이들의 '나에 대한 사랑'으로 새기는 것이 옳다고 생각한다. '나에 대한 사랑'이 곧 '나의 그들에 대한 사랑'으로 전이되어가는 것이 시의 또 다른 숨은 뜻이기도 하다는 점에서도 그렇다.

의해 자신이 과거가 되기도 하고 미래로 이월되기도 하고, 그래서 "엇갈리는 기차처럼" 늙음과 젊음이 동시에 체험되는 이 놀라운 병존 속에서 '사랑'의 진정한 의미가 도출된다고 김수영은 말한다. 역사와 전통은 과거로부터 전해지는 것이 아니라 미래로부터 도래한다. '미래로부터 오는' 전통이 되는 것, 그것은 현재의 '나'가 아니라 미래의 타자들로부터 이루어진다. 때문에 그것은 현재의 '나'로서는 알 수 없는 미지(未知)이며, 미지이기에 아직 결정되지 않은 가능성이다. 이 가능성은 또한 '나'와 미래의 타자가 함께 만들어가고 채워나갈 미결정의 영역이라는 점에서 영원한 가능성이다. 전통이란 이렇게 미지의 형태로 현재에서 미래로 유예되는 것이라 할 수 있다. 적어도 김수영에게 전통은 그러한 의미와 위상을 지닌 것으로 유추된다.

「거대한 뿌리」로부터 「현대식 교량」에 이르는 이러한 독해 방식은 당연하게도 유일한 하나의 '정답'일 수 없다. 많은 다양한 해석의 갈래 중 하나에 불과할 뿐이다. 하지만 이러한 텍스트 읽기는 「거대한 뿌리」만을, 혹은 「현대식 교량」만을 외따로 놓고 풀이하는 것과는 분명 차이가 있다. 김수영의 시 세계를 관류하는 중요한 흐름을 전체적 배경으로 놓고, 그러한 넓은 밑그림 속에서 각각의 시편을 상호 텍스트적으로 엮어가는 방식은 고착화된 기존의 관념이 행간의 숨은 뜻을 말소시켜 시를 딱딱한 화석이나 비석으로 고정시키는 구태를 거부하고 해석의 다양성 속에 시가 새롭게 숨을 쉴 수 있도록 현재화하는 길이 된다. 무엇보다 당대의 이념적 필요에 의해 시가 비평적 입론의 증거나 증빙 서류처럼 활용되는 것은 본래의 의도와 상관없이 작품의 다의성을 가리고 은폐하는 길이 되기 쉽고, 그만큼 실제 분석에서 많은 오류를 양산한다. 문제는 오류가 정전으로 굳어질 때 발생한다.

김소월이 한의 시인이고, 윤동주가 저항 시인이며, 신동엽은 민족 시인이고, 김춘수는 순수 시인이라는 레테르는 그야말로 도식이다. 니체는 분류란 악덕이라고 말한 바 있지만 분류와 도식만큼 시의 생명을 말살하는 것도 없다. 게다가 부인할 수 없는 사실은 그러한 악덕의 기원이 엄연히 존재한다는 점이다. 그것은 대체로 지금까지 누적되어온 많은 2차 텍스트와 비평에서 연유한다. 그렇기 때문에 더더욱 과거의 텍스트를 비판적으로 읽을 필요가 있다. 하지만 그보다 선행해야 할 것은 원전을 편견 없이 자세히 읽는 일이다.

그렇다면, 지금 읽은 대로의 「거대한 뿌리」와 「현대식 교량」은 어떤 선험적 편견으로부터도 자유로운 것일까? 적어도 김수영이 인식한 바로서의 전통의 의미와 존재 형태를 그가 시는 "미지(未知)의 정확성이며 후퇴 없는 영광"(「시작 노우트 2」)이라고 했을 때의 그러한 '미지'로 돌려놓았으니, 그리하여 영원한 미결정의 사건으로 만들었으니, "나는 여지껏 나의 작품에 대해서 정확한 판단을 내린 비평을 본 일이 없다"고, "좌우간 시단월평이라는 것이 10년 동안만 신문이나 잡지에서 완전히 자취를 감춘다면, 나의 생각같아서는 시의 질이 에누리없이 한 백년은 진보할 것같다"(「시작 노우트 2」)고 말한 그로서는 지하에서 입꼬리를 올리며 살짝 웃을 일인지도 모르겠다. 다만 김수영의 시에서 도출된 바로서의 전통은 '미래로부터 도래하는' 것이라고 규정했을 때의 비평적 욕망은 전통이 그것을 필요로 하는 자들에 의해 고안되고 창출된 근대의 산물일 뿐 오랜 옛날부터 엄연한 실체로서 존재해온 것이 아니라는 역사적 지식[25]을 접하면서 전통에 대한 관습화된 인식을 부정하는 몸짓이 이미 시적 직관의 형태로 김수영의 시 속에 내재되어 있었던 것은 아닌가라는 의구심을 객관적으로 밝히고 싶었던 데서 비롯한다. 설령 이것이 또 다른 선험적 틀로 작용한다 해도, 「거대한 뿌리」와 「현대식 교량」에 접근하는 길을 새롭게 튼다면 김수영 시에 대한 고루한 정전화의 방향이 조금은 달라질 수 있지 않을까? 그런 점에서 「풀」을 둘러싼 민중주의적 해석 방법을 극복하는 일도 필요할 터이다. 이에 대해서는 강웅식의 『해석의 갈등— 김수영의 「풀」 다시 읽기』(청동거울, 2004)와 정과리의 「 '발목까지/ 발밑까지'의 의미— 김수영의 「풀」」(『네안데르탈인의 귀환』, 문학과지성사, 2008)이 좋은 참조 틀을 제공하고 있다.

---

25) 에릭 홉스봄 외, 『만들어진 전통』, 박지향·장문석 옮김, 휴머니스트, 2004.

4부 앓는 자의 노래

사랑을 주었으나 똥으로 받는 이에게
—시코쿠의 편지

*

'한국의 시인들'이라는 동영상이 있다. 송승환 시인의 첫 시집을 축하하며 모인 자리를 황병승 시인이 휴대전화로 찍은 뒤 직접 편집까지 한 것인데, 소식을 듣자마자 그의 블로그를 찾아갔다. 그런데 보름 전쯤 흥겹게 놀다 헤어진 화면 속의 우리는, 놀랍게도, 이미 죽어 없어진 자들이었다. 50여 년쯤 전에 살다가 오래전 죽은 자들, 그들의 어느 하루를 담아둔 낡은 영상물을 먼 훗날 추억처럼 되돌려 보는 느낌…… 환히 웃고 있지만, 먼 과거로부터 불려나온 유령처럼, 우리는 살아 있는 자가 아니었다. 이렇게 버젓이 살아 있는데, 그 웃음은 불과 보름 전의 것인데! 화면 속의 나를 현실에 없는 무(無)로, 헛된 환영으로 맞닥뜨린 것은 뜻밖이라는 표현으로는 형용할 수 없는 강한 심리적 충격을 주었다. 분명히 나인데, 나 이상의 '어떤 것' '낯선 이', 불가해한 심연이 내 안에서 번져나와 나를 둘러싸고 있음을,

몰락과 파국 직전에 놓인 자가 그것을 모른 채 순진한 무지 가운데 제 얼굴을 말갛게 보이고 있는 것을, 쓸쓸한 듯 불길하게 드러난 그 맨얼굴을 내 눈으로 바라봐야만 했다. 자신의 생전 모습을 살아 있으면서도 죽은 자가 되어 감상하는 기괴한 역설이 거기 있었다. 무언가에 얻어맞은 듯 이상한 감정에 사로잡혀 어두워지는 화면을 바라보던 나는 문득, 황병승 시의 비밀 하나를 엿보게 되었음을 깨달았다.

*

1

떠나기 전, 집 담장을 도끼로 두 번 찍었다
그건 좋은 뜻도 나쁜 뜻도 아니었다

h는 수첩 가득 나의 잘못들을 옮겨 적었고
내가 고통 속에 있을 때면 그는 수첩을 열어 천천히 음미하듯 읽어주었다

나는 누구의 것인지 모를 커다란 입속으로 걸어 들어갔다 깊이 더 깊이

아버지와 어머니 사랑하는 누이가 식사를 하고 있었다 큰 소리로 웃고 떠들며 더 크고 많은 입을 원하기라도 하듯 눈이 있어야 할 자리에 귀에 이마에 온통 입을 달고서

입이 하나뿐인 나는 그만 부끄럽고 창피해서 차라리 입을 지워버리고 싶었다

2

입 밖으로 걸어 나오면, 아버지는 입이 없는 거나 마찬가지로 조용한 사람이었고 어머니와 누이 역시 그러했지만,
　나는 입의 나라에 한번씩 다녀올 때마다 가족들과 함께하는 침묵의 식탁을 향해
　'제발 그 입 좀 닥쳐요' 소리가 목구멍까지 올라왔다

집을 떠나기 전 담장을 도끼로 두 번 찍었지만
정말이지 그건 좋은 뜻도 나쁜 뜻도 아니었다

버려진 고무 인형 같은 모습의 첫번째 여자친구는 늘 내 주위를 맴돌았는데
　그때도(도끼질 할 때도) 그 애는 멀찌감치 서서 버려진 고무 인형의 입술로 내게 말했었다

"네가 기르는 오리들의 농담 수준이 겨우 이 정도였니?"

해가 녹아서 똑 똑 정수리로 떨어지는 기분이었다
h는 그 애의 오물거리는 입술을 또박또박 수첩에 받아 적었고

첫번째 여자친구는 떠났다 세수하고 새 옷 입고 아마도 똑똑한 오리들을 기르는 녀석과 함께였겠지

3

나는 집을 떠나 h와 단둘이 지내고 있다 그는 요즘도 나를 입의 나라로 안내한다
   전보다 더 많은 입을 달고 웃고 먹고 소리치는 아버지와 어머니 사랑하는 누이가 둘러앉은 식탁으로
   어쩌면 나는 평생 그곳을 들락날락 감았다 떴다, 해야 할지도 모르지만
   적어도 더는 담장을 도끼로 내려찍거나 하지 않게 되었으니 얼마나 다행인가

4

이제부터는 연애에 관한 이야기뿐이다
악수하고 돌아서고 악수하고 돌아서는,
슬프지도 즐겁지도 않은 밴조 연주 같은…… 다른 이야기는 없다, 스물아홉
이 시점에서부터는 말이다 부작용의 시간인 것이다

그러나 같이 늙어가는 나의 의사 선생님은 여전히 똑같은 질문으로
나를 맞아주신다
"이보게 황 형, 자네가 기르는 오리들 말인데, 물장구치는 수준이
어느 정도라고 생각하나?"
낡고 더러운 수첩을 뒤적거리며 말이다.

—「주치의 h」 전문

「주치의 h」의 '황'은 집을 떠나기 전, 담장을 도끼로 "두 번" 찍는
다. 왜 "두 번"일까? '황'의 가족은 양면적 모습을 하고 있다. "아버
지는 입이 없는 거나 마찬가지로 조용한 사람이었고 어머니와 누이
역시 그러"하지만, '황'이 "입의 나라"로 들어가면 "더 크고 많은 입
을 원하기라도 하듯 눈이 있어야 할 자리에 귀에 이마에 온통 입을
달고서" "웃고 먹고 소리치는" 이들로 둔갑한다. 그가 병리적으로 위
험한 상태에 있음은 분명하다. 그가 보는 가족 형상은 주체를 내적으
로 와해시킬 수 있는 외상이 주체의 중심에 있음을 가리키기 때문이
다. 적절히 언어화되지 못한 환상의 형태로 회귀할수록 외상적 중핵
의 견고함과 심각함은 크다. 외상(가족)의 언표화에 해당하는 "오리"
가 얼마나 뜬금없고 엉뚱한 표현인지, 그 단어로 인해 증세가 희화화
됨을 생각한다면, 게다가 안다고 가정된 주체('주치의')와 자신과 하
나라고 믿는 타자('여자 친구')가 부적절하게 말을 건네는 상황은 외
상의 상징화가 애초부터 불가능함을 시사한다. 그러나 사정은 정반대
여서, 집에서 키우는 "오리"를 '가족'으로 착각하는 망상증이 '황'이
앓고 있는 실제 병인지 모른다. "가족"과 "오리"를 둘러싼 상반되는
이중적 해석의 가능성은 '황'이 처한 현실의 정체를 모호하고 불투명

하게 만든다. "가족"에서 "오리"로, "오리"에서 "가족"으로, 기표 아래로 미끄러지는 기의의 끊임없는 순환은 실제 사실을 알 수 없는 미궁에 빠뜨려 현실을 불안한 공백으로, 커다란 균열로 이끈다.[1] 어떤 경우든, '황'은 외상의 틈입으로 인해 현실과 실재의 경계가 무너질 위기에 놓여 있다. 쉽게 말해, 미치기 일보 직전이다. 그러므로 필요한 조치는 불충분한 언어의 발화가 아니라 기호적 몸짓의 수행이다. 두 번의 도끼질이 그것이다. 한 번은 실재의 침입을 봉쇄하여 현실과의 경계를 지키는 것, 또 한 번은 외상의 근원으로 간주되는 가족과의 단절을 실행하는 것. 따라서 도끼는 두 번 휘둘러야 한다. 하지만 이 상징적 행위는 여전히 병리적 차원 내에 있다.

'황'의 환상은 현실 세계에 깊이 반향한다는 점에서 부인하기 힘든 사실성을 담지한다. 큰 소리로 "웃고 먹고 소리치는" 아버지, 어머니, 누이는 즐거운 사람들이다. 그런데 "즐거운 사람들이…무서운 사람들이"(「시코쿠 만자이」)다. 왜 그런가? "즐거운 사람들"은 즐기는 사람들이다. '즐겨라'라는 초자아의 명령에 충실한 자들, 욕망에 대한 맹목적 명령인 잔인하고 방탕한 외설적 초자아에 부끄럼 없이 복종하는 자들, 억압된 것은 금지 자체여서 즐기는 일에 아무런 억압을 느끼지 않는 자들, 그럴 수만 있다면 '더 많은 입'을 달기를 소원해 마지않는 자들, 그들이 "즐거운 사람들"이다. 더불어, 즐기기 위

---

[1] 부유하는 기표들의 연쇄와 의미화 과정의 지연으로 인해 황병승의 시는 '기표들의 지옥'이 된다. "이 글은 지옥에서 적는 글"(「How does it feel?」)이라고 할 때, "지옥"은 단순한 비유가 아니라 언어에 의해 떠받쳐지는 현실과 그것을 텅 빈 "입의 나라"로 만드는 언어 내부의 벌어진 틈을 동시에 가리킨다. 항간의 오해와 달리, 현실을 이루는 언어에 대해 황병승이 얼마나 엄밀한 자의식과 직관적 통찰을 가지고 있는지 알 수 있는 대목이다.

해서라면 자신까지 수단화하는 사디즘적 충동에 언제든 자기를 내줄 수 있기에 "무서운 사람들"이기도 하다. 이들은 오늘날 쾌락과 행복 추구를 삶의 목표로 삼고 있는 '즐기는 자'로서의 우리 모습과 너무도 닮아 있다. 압제적 권위의 몰락과 '민주/독재'의 정치적 이분법을 둘러싼 이념 체계의 붕괴 이후, 큰타자의 부재가 표면적으로는 '모든 것이 허용되는' 세계를 형성한 듯하지만, 한국 사회의 현재에 비추어 볼 때 그것은 단순한 논리임이 명확해지고 있다. 즐기지 못하면 무능력자로 낙인찍히고, 내가 누려야 할 향락을 다른 이가 소유하고 있다고 의심되면 가차 없는 비난을 퍼부으며, 모두가 모두의 심판자가 되어 도덕적 질타를 일삼고 사회적 초자아로 행사하는 것, '원해야 함'을 강요하는 향락의 과도한 요구에 따라 자신을 응시의 대상으로 노출하기를 마다 않는 포르노그래피적 도착이 문화적 다반사로 나타나는 현상은 큰타자의 죽음이 '모든 것이 금지되는' 세계를 초래하고 있음을 뚜렷이 지시한다.

프로이트는 원초적 아버지의 신화에서 오이디푸스적 아버지의 두 형상을 제시하면서, 아이의 욕망을 법에 종속시키는 아버지가 주체의 욕망을 규제하는 상징적 구조로서의 초자아라면, 절대적 힘으로 모든 여자와 부를 차지하는 폭압적이고 방탕한 아버지 또한 초자아의 기능임을 암시한 바 있다. 욕망의 주체에게 즐기라고 강요하는 것이 이러한 초자아임을 라캉은 "초자아는 주이상스에 대한 명령이다—즐겨라!"라는 말로 표현하는데, 욕망의 규제이자 그 규제를 위반하고 훼손하는 명령이기도 한 초자아의 역할을 지젝은 불법적 쾌락에 지원을 요청하는 '외설'의 작인으로 지목한다. 한국 사회의 경우, 외설적 초자아의 지배는 '도덕'이라는 이름의 가면을 쓰고 여론의 단죄를 빌미로 삼아 사디즘적 충동을 표출하며 강박적으로 누리는 자들의 대중적 만연을 통해서도 드러난다. 리얼리티 프로그램의 도착적 응시와 인터넷 판 뉴스에 연일 오르내리는 각종 '죄지은 자'들의 스펙터클한 나열은 도덕성의 강조와 여론의 처벌을 빌미로 '즐겨라'라는 초자아의 명령에 따라 자신의 향락을 위해서라면 자신도 타자도 수단화하는 폭력을 서슴지 않는 수치심을 잃은 공동체의 치부를 그대로 보여준다. 금지가 강해질수록, 금지마저 금지될수록, 욕망의 법을 따르지 못한 자아를 압박하고 비난하는 맹목적인 초자아의 힘은 더욱 커진다. 그래서 우리는 큰 소리로 웃고 먹고 소리치는 동안 얼마든지 잔혹하고 파괴적인 끔찍한 자가 될 수 있다. 아니, 실제로도 끔찍하고 잔인하다.

'황'은 이러한 우리의 실체('가족')가 "그만 부끄럽고 창피해서"[2] 도끼로 내리찍는 상징적 행위를 통해 현실과의 연관을 끊으려 한다. 그의 말처럼, 그것은 "좋은 뜻도 나쁜 뜻도 아니"고, 단지 필요한 일이다. 미치지 않고 살기 위해서는 말이다. 그러나 외설적 초자아가 지배하는 사회 현실이라 해도 그 내부로의 진입이 포기되는 이 같은 절단은 상징적 질서와의 동일시가 불가능해지는 결과를 낳는다는 점에서 거세의 일종이자 '정상적인'—상징계에 종속되는 과정이 무리 없이 이루어진다는 뜻에서—주체화의 가능성이 사전에 차단되는 곤경을 동반한다. 초자아와의 동일시가 이루어지지 않는 한, 그는 거세된 채 정상성을 초과하는 비정상적 존재로 상징계 '바깥'을 떠돌 수밖에 없다. 현실과의 절연이 실재의 틈입을 막아주지도 못한다. '나는

---

2) 황병승 시에서 '부끄러움(수치)'이 갖는 의미와 기능, 그 위상에 대해서는 강동호의 「수치심이 한 시인의 내장(內臟)으로 내장(內藏)되기까지—황병승 시의 탄생 근원을 탐사하며」(『시와 반시』, 2009년 가을호)에서 정치하게 설명된 바 있다.

무엇을 원하는가?'를 묻지 않고 '다른 사람들이 내게 원하는 것이 무엇인가? 나는 그들에게 무엇인가?'를 끊임없이 묻는 자, 자신의 욕망에 도달하기 위해 동일화해야 할 주체의 위치를 잡지 못하는 자, '황'은 그러한 히스테리 환자의 자리를 벗어날 수 없다. 집을 떠난 뒤에도 그는 또 다른 "부작용의 시간"(「주치의 h」)으로 옮겨간다.

그런데 '주치의 h = 황(나)'이라면 시의 내용 층위는 한층 복잡해진다. 자신의 비밀을 안다고 생각되는 주체가 분석가이고, 환자는 무의식 속에서 자신이 알고 있는 것을 분석가에게 전가함으로써 그를 통해 앎의 확신을 체현하는 것이라면, 그리고 안다고 가정된 주체에 의해 환자가 자기 증상의 무의식적 의미에 비로소 도달하는 것이라면, 앎을 둘러싼 이 둘의 관계는 다음과 같은 사실을 시사한다. '주치의 h'가 나 자신인 것은 나의 비밀을 알려줄 것이라 기대되는 타자가 주체 외부에 있지 않고 주체 내부에 있음을 의미한다. 이는 '황'에게는 상징적 동일시의 대상이 부재함을 암시한다. 한편 '내'가 행하려는 것이 자기 분석이라면, 가면을 쓴 분신 alter-ego을 빌려 '나'는 내 증상의 비밀을 알고 있음을 주관적 착각이 아니라 객관적 지식으로 대면할 필요가 있다. '주치의'라는 배역은 그래서 필수적이다. 그런데 이러한 형식이 자아의 분열상(像)에 대한 반영이 아니라 외설적 초자아와의 동일시를 거부하는 특이한 주체화의 무대로 제시되려면, 주체는 '고백하는 발화자'와 '응시gaze'로 이원화되어야 한다. 고백의 형식을 통해 언어(타자)적 상징체계로 들어가면서 동시에 자신의 말이 타자의 초점에서 응시되도록 해야 하는 것이다. 이는 큰타자와의 동일시가 이루어지자마자 그러한 동일시를 주체 내부에서 깨뜨리는 것과 같다.

응시란 내가 나를 본다는 뜻의 자기 반사 self-mirroring를 의미하지 않는다. 응시는 그것의 있음이 '나'에 의해 인식되지 않는 상태, 즉 내가 볼 수 없는 지점에서 이미 나를 주시하는 시선이 작동함을 말한다. 그것은 나를 보는 무엇인가가 있음을 내가 알면서 모르는 척 하는 것이 아니라, 나를 보고 있는 것을 설령 내 눈으로 본다 해도 그 것이 나를 주시하고 있음을 의식하지 못하는 시선이다. 주체가 응시 가 된다는 것은 큰타자의 시선이 된다는 뜻이기도 하다. 이것은 흔히 이야기되는 주체의 타자화와는 성격이 크게 다르다. 주체는 타자의 욕망의 실재를 알 수 없다. 주체가 타자화된다는 것은 타자(의 욕망 으)로 상상된 바와 자기를 동일시하는 일이다. 그러므로 큰타자의 시 선이 된다는 것은 주체로선 알 수 없는 어떤 것으로 바뀌는 심각한 변화다. 마치 주체가 된 그 지점—소외와 분리의 지점—으로 자신 이 찾아들어가는 것과 비슷하다. 가령 「주치의 h」에서 'h'는 자아의 또 다른 형상이지만, 정작 '나'는 이를 알지 못한다. 'h'가 '나'를 주시 하는 응시로 존재하기 때문이다. 우리는 모종의 의심을 품은 채 'h'를 '나'와 별개의 인물로 읽는다. 그가 '황'과 동일 인물인지도 끝까지 확신할 수 없다. '나'의 환상이 증상으로 굳어지는 것은 'h'의 말에 의 해 그것이 "오리들"이 "물장구치는 수준"으로 등치되는 순간이다. 그 순간 가족을 외상으로 제시한 '나'의 고백은 참된 지식이 아니라 거짓 된 착각으로 변한다. 외상의 근원이 가족이라고 믿고 싶은 '내'가 가 족이 외상인 양 환상의 형식을 빌려 꾸며낸 것일 수도 있다. 그러나 진실이 무엇인지는 알 수 없다. 마주 선 거울이 끝없는 반사상을 만 들듯, 반복되는 응시의 교차 속에 우리는 모든 것이 불분명해지는 미 궁에 빠질 뿐이다. 주체의 자리를 이처럼 이원화하는 일은 결코 쉬운 작업이 아니다. 나 자신을, '나'라는 (무)의식의 존재를, 응시 자체로 만들거나 응시의 대상으로 삼는 일은 보이지 않는 것을 보는 것과 같다. 응시는 주체의 시각 너머에 있는 몰인식일뿐더러, 자기 성찰의 진지함이나 고통스러운 자기 적발로 닿을 수 있는 지점이 아니다. 그렇다면 이 같은 구조화는 어떻게 가능한가? 이를 관장하는 이는 누구인가? 우리는 이 '누구'를 시적 주체로 불러야 할 것이다. 자아를 분석가의 자리에 위치지으면서 분석가의 환자로도 만드는 주체, *안다고 가정되는 주체의 타자성*— 'h'는 안다고 가정된 주체라고 하기엔 많은 것을 모른다. 그는 결여된 타자다— 을 응시하는 주체. 우리는 이 명명하기 힘든 주체 또한 상상된 허구임을 고려해야 한다. 황병승은 이러한 허구의 구축을 시로서 완성한다.[3]

불가능하다고 생각되는 자기 응시의 구조는 그의 시를 결정짓는 핵심 원리 중 하나나. 『어쩡님자 시코루』의 주인공들을 주체의 분열이나 다성적 복수(複數) 주체로 간단히 개념화할 수 없는 이유는 기존의 분석적 틀로는 설명하기 힘든 응시의 주체화가 매우 복잡한 형태로 전개되기 때문이다. 텍스트의 이런 복잡한 무의식의 구조는 초자아의 외설적 명령을 따르길 거부하는 존재의 '비정상적이고'—전형적 과정을 따르지 않는다는 뜻에서—괴이쩍은, '정상적인' 우리로서는 이해하기 힘든 주체화 과정이 시적 직관을 통해 구현된 데서 비롯한다.[4] 세계의 파탄을 서사화하면서 그것을 의식의 편에선 불가능한 응시의 응시로 구조화하려는 것을 볼 때,[5] 시인 황병승은 괴물과도

---

3) 이 말은 오해의 여지가 있다. 시인이 이 모든 것을 목적의식적으로 주조하는 것은 아니다. 이렇게 쓰일 수밖에 없는 어떤 필연이 텍스트의 무의식으로 작동한다고 봐야 한다. 그러한 무의식의 작용이 어떻게 시라는 최종적인 언어적 결과물로 나타나는가를 묻는 것이 황병승의 시 세계를 이해하는 열쇠일 터이다.
4) 황병승 시의 주된 특징으로 꼽히는 퀴어적 정체성 또한 소재의 특이성보다 향락을 강요

같다. 그는 보이지 않는 것을 보는 불가능을 수행하려 한다. 그 결과 황병승 시의 주체는 그가 지닌 욕망의 정체를 파악할 수 없을 만큼 타자의 욕망에 대한 자신의 위치가 유동적인 단속적 순간으로만 나타난다. 이 시의 '나'는 '누구'인가를 찾아다니던 우리는 곧바로 심한 현기증을 느낄 수밖에 없다. 이러한 불가능성의 이행을 위해 그는 어떤 고통을 겪고 어떤 대가를 치르는 것일까? 그것은 안전한 착각의 자리 ―자아의 위치―를 이탈한 탓에 끝없는 불안에 시달리며, 현실과 실재의 경계가 위태롭게 유지되는 시공간을 떠돌면서 자기 파멸이란 광기에 맞닿는 일일 것이다. 파멸은 사회 현실의 실제 붕괴가 아니라 주체로 하여금 정상 상태를 유지케 하는 최소한의 조건이 무너지는 것이다. 시코쿠들의 힘겨운 주체화를 위해 상징적 현실이 은폐하고 있는 실재의 귀환을 시인 쪽에서 반복적으로 요구하고 그것에 점근선적으로 다가가는 노력을 철두철미 지속하는 것은 현실을 살아가야 하는 이상 개인에게는 자기 실존 전부를 거는 위험천만한 모험이다. 감히 말하건대, 황병승은 한국 시가 낳은 가장 큰 괴물이자 한국 시를 거대 괴물로 만든 극한의 (무)의식이다. 극한은 형용할 수 없다. 형용 불가능한 '것Das Ding'의 출현이라는 점만으로도 『여장남자 시코쿠』의 탄생은 한국 시사에서 전무후무한 사건이다.[6]

하는 초자아의 명령을 수용하지 않을 경우 초래되는 다른 형태의 주체성의 현현으로 볼 필요가 있다.
5) 서사성이 강한 대부분의 시가 이 계열에 속한다. 대표적으로 「사성장군협주곡」을 꼽을 수 있다.
6) 황병승의 시에 의해 한국 시에는 시적 '자아'가 아닌 시적 '주체'가 등장하고 있음을 강조할 필요가 있다. 서정시의 주인공인 시적 자아의 부재만으로도 그의 시는 장르의 본질을 근본에서 되묻게 만드는 질문의 발원지다. 동일성의 시학을 견지하는 구조이자 통합된 자기에 대한 이미지인 자아의 존재는 황병승의 시에서 죽음을 맞고 있다 해도 과언이 아니

*

'수첩'은 분석의 모티프로 단연 눈에 띈다. "나의 잘못들을 옮겨 적"고, "내가 고통 속에 있을 때면" "수첩을 열어 천천히 음미하듯"(「주치의 h」) 그 내용을 읽는/듣는 행위는 이중-자아의 장치나 응시의 위치에 있는 주체의 지식보다 더 근본적인 자기 분석으로 보인다. '글쓰기'는 타자의 담론이 주체의 욕망으로 구조화되게끔 무의식이 활동을 개시하는 장(場)이자 그것의 은밀한 내용을 의식할 수 있게 하는 매개이다. 매일 밤 꾸는 꿈처럼, '수첩'에 적힌 글자들의 흔적은 욕망의 실재를 알아챌 수 있도록 해녹되기를 기다리는 암호와 같다. 언어야말로 주체를 말하는 무의식의 구조이며, 언어를 통해 타자의 욕망이 조직되고 주체의 욕망이 구성되도록 강제된다는 점을 고려할 때, '글쓰기'는 큰타자와의 동일시가 이루어지는 과정이자 자아를 주체로 탄생시키는 역할을 한다. 특히 '수첩'에 쓰인 것을 자기가 다시 읽는/듣는 것은 언어를 통해 스스로를 보는 일이므로 '수첩'은 곧 타자적 응시이다. 그런데 여기에는 모종의 환영이 개입되어 있다. 수첩에 쓰인 글은 양식상 일기에 속한다. 일기가 자기 성찰적인 글쓰기임은 누구나 아는 사실이다. 자기 성찰은 흔히 주체가 '보고 있는 자기를 보는 것'을 의미한다. 그러나 자기반성의 순수성을 신뢰하는 주체는 자기 반사의 완벽함을 의심하지 않는 순진한 믿음을 근거로 한다

다. 이 때문에라도 『여장남자 시코쿠』의 출현은 한국 시사에서 중요한 분기점 중 하나다.

는 점에서, 오인(誤認)이며 환영이다. 응시가 타자 쪽에 있는 한, '나'는 제대로 볼 수 없다. '나'의 시각장 안에 타자가 마주 응시해오는 초점을 담을 수도 없다. 데카르트적 주체는 응시 자체를 보고 있다는 환영 속에서 존재의 통일성을 얻고자 하는 시도이다. 그러므로 '수첩'은 외상의 중핵에 접근하기에는 한계가 있다. 「혼다의 오·세계 살인 사건」에서 서로의 일기를 써주는 사이인 '혼다'와 '렌'이 살인 사건에 대한 진술을 일기로 쓰다가 서로의 뺨을 갈기는 것은 데카르트적 환영을 부수는 행위라 할 수 있다. 뺨을 때리는 순간, 그들의 글쓰기는 일기가 아닌 인터뷰가 되고 사건의 실체가 점점 드러난다. 진실에 접근하기 위해서는 데카르트적 주체성의 환영을 깨뜨리는 타자의 응시가 주체에게 자각되어야만 한다. 그래서 시코쿠는 일기가 아닌 편지를 쓴다.

열두 살, 그때 이미 나는 남성을 찢고 나온 위대한 여성
미래를 점치기 위해 쥐의 습성을 지닌 또래의 사내아이들에게
날마다 보내던 연애편지들

(다시 꼬리가 자라고 그대의 머리칼을 만질 수 있을 때까지 나는 약속하지 않으련다 진실을 말하려고 할수록 나의 거짓은 점점 강렬해지고)

어느 날 누군가 내 필통에 빨간 글씨로 똥이라고 썼던 적이 있다

(쥐들은 왜 가만히 달빛을 거닐지 못하는 걸까)

미래를 잊지 않기 위해 나는 골방의 악취를 견딘다
화장을 하고 지우고 치마를 입고 브래지어를 푸는 사이
조금씩 헛배가 부르고 입덧을 하며

도마뱀은 쓴다
찢고 또 쓴다

포옹을 할 때마다 나의 등 뒤로 무섭게 달아나는 그대의 시선!

그대여 나에게도 자궁이 있다 그게 잘못인가
어찌하여 그대는 아직도 나의 이름을 의심하는가

시코쿠, 시코쿠,

붉은 입술의 도마뱀은 뛴다

장문의 편지를 입에 물고
불 속으로 사라진 개를 따라
쓰러진 저 늙은 여자의 침묵을 타 넘어

뛴다, 도마뱀은

창가의 장미가

검붉은 이빨로 불을 먹는 정오

숲 속의 손은 편지를 받아들고
꼬리는 그것을 읽을 것이다

(그대여 나는 그대에게 마지막으로 한 번 더 강렬한 거짓을 말하련다)

기다리라, 기다리라!

—「여장남자 시코쿠」 부분

전자 통신망이 고도로 발달한 현실과 비교하면, 편지는 어딘가 시대착오적이다. 데리다는 우편엽서의 체계를 가리켜 정보의 흐름을 통제하면서 메시지들이 목적지에 도달하는 것을 보장하는 규정 체계라고 말한다. 응대의 규칙을 무시한 어떤 메시지도 배제하고 주변화함으로써 이 체계의 견고함은 유지된다. 지식의 공유된 합리성 안에서만 전달 가능한 의미가 결정되고, 고전적인 담론 체계와 긴밀하게 공모한다는 점에서 19세기적 체계를 대표하는 원거리 통신에 포스트모던 시대의 문화적 혼종 인물이 기대고 있다는 것은 어울리지 않는다. 손수 적은 필체에 정성과 개성을 담아 진정한 마음을 전한다는 낭만적 향수에 대한 꿈이 편지/엽서를 쓰게 하는 힘일 터이다. 어쩌면 시코쿠는 과거 지향적인 감수성의 글쓰기를 사랑을 고백하기에 적합한 양식으로 생각하는지도 모른다. 그/녀는 여성적인 것으로 간주되는 환상과의 동일시, 그것의 반복적인 모방을 통해 젠더화되는 주체이기에, 사랑의 고백을 편지에 담는 행동은 스스로를 노스탤지어적 매혹을 불러일으키는 대상으로 여성화하는 방식일 수 있다. 그러나 "날마다 보내던 연애편지들"에 대한 답신이 "똥"이란 글씨로 되돌아온 것을 보면, 편지는 본래 목적을 달성하지 못한 실패한 글쓰기다. 최악의 낙서가 대답으로 도착했으니, 수신자와 발신자가 지켜야 할 응대의 규칙은 지켜지지 않은 채 '깨어진 규칙'이 답신 자체가 되어 돌아온 셈이다. 시코쿠의 편지는 받아야 할 이에게 제대로 수신되지 못한 까닭에 상호 규약이 지켜져야 하는 체계 '바깥'으로 튕겨나간 것이다. 하지만 그/녀는 자신이 체계의 '바깥'에서 편지를 쓰고 있음을 알고 있다. "어느 날 누군가 내 필통에 빨간 글씨로 똥이라고 썼던 적이 있"음에도 불구하고, 받아야 할 '그' 수신자에게 편지가 도착하지 않으리라는 것을 알면서도 그/너는 "쓴다/찢고 또 쓴다". 그/녀의 편지는 처음부터 우편엽서의 체계를 따르지 않는, 그 체계에 종속되지 않는 글쓰기다.

다른 시코쿠들도 사정은 마찬가지다. 「커밍아웃」「니노셋게르미타바샤 제르니고코티카」「사성장군협주곡」「시코쿠 만자이」「불쌍한 처남들의 세계」등의 주인공들은 엽서를 쓰겠다고 하면서 쓰지 않거나, 쓰고도 부치지 않거나, 쓰겠다고 생각하는데 그치거나, 아니면 써서 부쳤는데 수신자에게 도착하지 않는다. 모두 부치지 않을/않은 엽서들이다. 우편엽서의 체계를 따르지도 않으면서 반복적으로 쓰이는 이 많은 부치지 않은 편지/엽서는 대체 무엇인가?

쓰지도 않고 보내지도 않은 편지도 특이하지만 (우리는 자주 편지 초안을 썼다가 구겨버리곤 한다) 부칠 생각 없이 편지를 간직하는 것은 정말 특이하다. 편지를 간직함으로써 어떤 의미에서 우리는 그 편지를 결국 '부쳤다'고 할 수 있다. 그 때 우리는 (편지를 찢어버리는 경우처럼) 편지에 담긴 생각을 포기하거나 말소시키는 것이 아니다. 반대로, 우리는 그것에 과도한 가치를 부여하는 것이다. 그렇게 함으로써 우리는 자신의 생각이 현실 속 수신자의 응시에 내맡겨지기에는 너무나 소중하다고 말한다. 현실의 수신자는 편지의 의도를 파악하지 못할 수도 있기 때문이다. 그래서 우리는 편지의 가치에 걸맞은 환상 속의 상대자, 가장 잘 이해할 수 있고 제대로 가치평가를 해주리라 간주하는 사람에게 '보낸' 것이다.
——Janet Malcolm, *The Silent Woman*, London, Picador, 1994, p. 172. (슬라보예 지젝, 『How to read 라캉』, 박정수 옮김, 웅진지식하우스, 2007, p. 22에서 재인용)

위 인용문을 참조한다면, 황병승 시의 시코쿠들이 편지/엽서를 쓰(지 않)는 것은 수신자가 편지/엽서의 내용, 의도, 가치를 파악하지 못하리라는 점을 예견하기 때문에 쓰지 않거나 부치지 않는 것이지만, 부치지 않음으로써 역으로 '과도한 가치'를 부여한 것이다. 그러한 역설적 방법으로 편지/엽서를 제대로 읽어주고 이해해줄 사람, 그것의 중요성에 동의하고 공감할 사람, 내가 준 사랑을 사랑으로 받아들이고 사랑으로 되돌려줄 사람, 그러한 '환상 속의 상대자'에게 이미 '보낸' 것이라 할 수 있다. 시코쿠들의 편지/엽서는 현실의 수신자는 본래의 수신자가 아니라는 불신의 제스처이며, 수신자인 타자의 현실적 부재를 재확인하는 과정이고, 진정한 수신자를 바라는 그들의 내밀한 욕망의 표현이자 환상 속에서 그러한 수신자를 불러내어 사랑의 대상으로 만나는 유일한 형식이다. 그런데 이들의 불행은 "도마뱀은 쓴다/찢고 또 쓴다"에서 중의적으로 암시되듯, 편지/엽서 쓰기가 자발적 거세의 반복과 동일한 의미를 지닌다는 데 있다. 환상 속에서 사랑하기인 이들의 글쓰기는 거세 없이는 불가능하다. '여장남자 시코쿠'의 경우에는 특히 그러한데, 그/녀에게 사랑-글쓰기는 자신의 성기를 자르는 육체적 거세와 기존의 언어 체계에 수용되지 않는 상징적 거세—부치지 않은 편지란 표현되지 않은 말이므로 언어의 부재를 가리킨다—를 통해서만 가능하다. 글쓰기-사랑-거세가 그/녀에게는 같은 위상을 지닌다. 사랑의 대상이 되기 위해, 타자의 욕망의 대상이 되기를 욕망하는 시코쿠가 치르는 몫은 고통과 상징적 죽음 외에는 없다. 하지만 이들의 사랑은 현실에선 '똥'이 된다. 그 자신을 선물로 주었으나 '불가해하게도 똥의 선물로 변해버린 것'(라캉)이다. 왜 그럴까?

시코쿠들의 편지/엽서는 타자, 즉 우리의 환상을 깨뜨리는 편지다. "나에게도 자궁이 있다 그게 잘못인가." 잘못이다. (우리 중 한 명임이 분명한) '누군가'에게는 그렇다. 시코쿠의 '자궁'은 이성애 중심주의가 지배 이데올로기로 자리 잡은 공동체 내에서는 그것의 있음 being이 부정되어야 할 외상적 중핵이다. 우리는 시코쿠의 '자궁'을 현실에 없는 무(無)로 만들어 그/녀의 진실이 상징적 질서 안으로 포섭될 위험을 방지한다. 그/녀의 '자궁'은 현실 세계의 유지를 위해 가려져야 할 상징계의 구멍인 것이다. 그렇게 불편한 실재가 사랑의 고백을 통해 베일을 벗고 타자에게 내보여졌을 때, 그가 보일 반응은 뻔하다. '나의 자궁을 받아줘'라고 말하는 시코쿠의 편지는 타자에게는 어떤 외설적인 '것Das Ding'이 자신의 세계에 침입했다는 불쾌한 느낌을 불러일으킬 뿐이다. 그것은 사랑에 대한 타자의 환상을 느닷없이 무너뜨리는 난폭한 충격이며, 타자의 내부에 있는 구멍의 심연을 들여다보게 하는 일이다. 타자의 환상을 부수는 이 같은 불법적인 무례에 대한 앙갚음이 시코쿠의 사랑을 '똥'으로 변질시킨다. 그/녀의 사랑을 저속하고, 더럽고, 냄새나는 부패물로 바꿔야만 타자는 자신의 환상을 다시 안전하게 유지할 수 있다. 그러나 시코쿠에게는 '똥'으로 되돌아온 사랑의 훼손이야말로 견딜 수 없는 폭력이다.

사랑은 본질적으로 환상의 무대다. 사랑이란 내가 갖지 않은 '어떤 것objet a'을 상대에게 주는 것이며, 상대는 '어떤 것'을 내가 가지고 있다는 환상을 가질 때 비로소 나를 사랑의 대상으로 받아들인다. 그런 환상이 서로 간에 충족될 때에만 사랑은 상대에 대한 매혹에서 깨어나지 않고 유지될 수 있다. 시코쿠의 편지 또한 자신의 사랑을 받아줄 누군가를 향한 환상을 기반으로 한다. 하지만 그/녀의 계속되는 편지 쓰기는 우리로 하여금 사랑의 진실, 즉 '원치 않는 사람에게 그것을 주는 것'이 사랑이라는, 사랑에 관한 심리적 현실에 점점 더 다가가게 한다. "나에게도 자궁이 있다"는 선언은 우리의 환상을 분쇄하며 실재가 모습을 드러내는 순간이다. 시코쿠의 편지와 사랑과 자궁이 불편한 이유는 우리로 하여금 감춰진 외상적 중핵에 너무 가까이 다가가게 함으로써 우리의 주체성이 파괴되거나 소거될지도 모르는 위협을 가하기 때문이다. 아니, 더 엄밀히 말해, 시코쿠의 존재만으로도 현실의 구멍에 덮어씌운 베일이 벗겨진다. 시코쿠는 무덤 속에 들어가 다시는 나오지 말아야 할 우리의 외상이다. 자신의 처지를 직감하듯, 그/녀는 "미래를 잊지 않기 위해" "골방의 악취를 견딘다". 그/녀에게는 지나간 과거의 상처보다 되풀이해서 쓰는 사랑의 편지가 가져올 미래가 더 큰 문제다. 그러나 외상은 반드시 귀환하는 법이다. "기다리라, 기다리라!"는 그/녀의 마지막 말이 더 의미심장한 이유는 계시 같은 이 외침이 그/녀가 죽지 않은 시체로, 유령으로, '안 죽음undead'으로 언제든 지상으로 돌아올 것임을 암시하기 때문이다. 타자의 사랑에 대한 그/녀의 욕망은 현실 유지를 위해 우리가 견지하고 있는 환상의 복사본인 탓에 그러한 환상 없이는 이 세계가 온전히 떠받쳐질 수 없음을 역으로 환기한다. 그리고 이 같은 환상의 보존이야말로 우리가 이 세계의 안전한 지탱에 공모하고 가담하는 형식이다.

한편 시코쿠들의 편지/엽서가 상징적 거세와 동일한 위상을 지닌 글쓰기라는 점은 이들이 죄의식을 지니지 않은 까닭에 대해 생각하게 한다. 횡병승 씨의 주인공들이 외설적 초자아의 명령에 복종하지 않는 주체임은 이미 이야기한 바 있다. 이들 대부분이 범법자라는 점을 떠올릴 때, 이는 앞뒤가 맞지 않는 모순 어법처럼 들린다. 공동체의 도덕법을 위배하는 이들의 행태는 원초적 아버지가 보여주는 불법성과 닮았기 때문이다. 살인자, 불량배, 동성애자, 정신병자, 루저, 도착증자, 근친 살해범, 자살자 등 이들은 양심의 심급인 초자아의 규제를 따르지 않은 죄인들이다. 하지만 이들이 원초적 아버지의 향락과 동일한 향락을 누렸으리라 여기고 이들을 '너무 즐기는 자'들로 보는 것은 우리의 환상에 불과하다. 이들에게 죄의식이 감지되지 않는다는 점이야말로 이들이 초자아의 외설적 명령을 따르는 외설의 수행자가 아님을 방증한다. 죄의식은 초자아의 명령에 복종할수록 더 커지는 역설적 심리이다. 죄의식이 없다는 것은 이들의 위법이 외설적 쾌락의 충족을 겨냥하지 않는다는 점을 역으로 가리킨다. 시코쿠들에게 법의 이탈은 오히려 죽음의 이행에 가깝다. 우리의 환상에 침입한 자로서 이들이 치르는 대가는 상징적 죽음의 자리에 자신의 삶을 두어야 한다는 징벌이다. 이들은 산다는 것, 목숨을 연명한다는 것을 부끄러워하며 상징적 질서에서 배제된 삶을 받아들인다. 그것은 삶 자체가 한계인 상황이다. "죽을 때까지 어떠한 이름으로도 불려지지"(「시코쿠」) 않고, "이름을 의심"받으면서 사는 삶, 그러한 무화(無化)를 용인하는 것, 찢고 또 찢고, 찢고 또 찢고…… 자꾸만 거세를 되풀이하는 것. 위법에 대한 인과적 몫으로 자신의 죽음을 지불하는 것은 라캉의 말처럼 '유일하게 진정한 행위'일 것이다.

무엇보다 시코쿠들의 갖가지 죄는 금지된 욕망을 지녔다는 이유만으로도 이미 유죄인 우리의 잘못을 언어적으로 수행하는 실제적 모방이다. 법의 금지는 저질러선 안 되는 욕망이 우리에게 있음을, 법이 욕망에 선재하는 것이 아님을 거꾸로 지시한다. 금지를 위반하는 시코쿠들은 그런 점에서 부인할 수 없는 우리의 무의식적 욕망의 실재적 형상이다. 이들을 견디기 힘든 진짜 이유는 이것이다. 그/녀들의 도덕법 위반은, 마치 죽지 않은 자가 자신의 죽음을 보듯, 우리의 무의식에 억압된 근원적 환상에 근접케 하는 불가해한 '것Das Ding'의 출현이자 현실로 솟아오른 실재의 파편이다. 우리는 '시코쿠'라는 기분 나쁜 악몽에서, 내부의 외부로 접혀 있어 언제든 느닷없이 펼쳐져 우리 자신을 "죽음도 삶도 아닌 세계"(「에로틱파괴어린빌리지의 겨울」)로 만드는 악몽에서 서둘러 깨어나고 싶다. 우리에겐 차라리 현실이 꿈이다. 그러나 그/녀들만큼 우리 스스로가 세계의 파탄과 구제되지 않는 타락을 '나도 잘 알고 있어. 그래도 그렇지만……'이라는 분열적 제스처와 기만적인 가장으로 은폐하고 있음을 적발하는 존재도 없다. 시코쿠들은 왕이 벌거벗었다는 진실을 소리쳐 말하는 어린아이의 죄의식 없는 입과 같다. 아이의 입을 통해 왕의 벌거벗음을 모른 척 했던 어른들이 부끄러움을 느꼈듯, 그/녀들에 의해 우리는 비로소 부끄러움을 느끼지 못하는 자신을 부끄럽게 느낀다. 그/녀들이 아니라 우리가 들여다보고 싶지 않은 어두운 심연인 것이다. 만약 『여장남자 시코쿠』를 읽는 일이 괴롭다면, 심연의 정체와 무한한 크기를, 그 미정형의 지옥이 내 안에서 번져나와 나를 둘러싸는 광경을 자기 눈으로 봐야 하기 때문이다. 우리의 무의식에 대고 하는 말, 무의식을 움직이게 하는 말, 그것이 황병승의 시다. 부정적인 것을 모르는, '아니요No'라는 말을 모르는 이 거대 심연이 움직이는 일을 대체 어떻게 견딜 수 있겠는가?

*

부치지 않은 편지/엽서일수록 '과도한 가치'가 부여된다는 역설은 이러한 편지에 더 중요하고, 더 진실한 내용이 쓰여 있으리라는 추측을 불러일으킨다. 하지만 이 편지/엽서의 궁극적 형식은 침묵이며, 독해할 수 없는 미지(未知)다. 심지어 잘못 도착한 엽서의 경우에도 마찬가지다. 「니노셋게르미타바샤 제르니고코티카」의 엽서는 의미 파악이 불가능한 상징으로 가득하다. 「사성장군협주곡」에서 찢기는 'H'의 엽서 또한 정신 나간 자의 헛소리로 읽힌다. 「시코쿠 만자이」의 경우 악몽에서 깬 소년 곁에 "눈부신 엽서 한 장"이 놓여 있지만, 꿈에서 현실로 건너온 엽서란 지하에서 지상으로 올라온 불길한 전언과 같다. 시코쿠의 편지가 '똥'으로 전락한 또 다른 이유에는 수신자로선 도무지 판독 불가능한 내용 탓도 있다. "나에게도 자궁이 있다"는 말의 뜻은 정확히 무엇인가? 여장남자의 자궁은 우리의 상상력을 초과하는 사물이다. 더구나 황병승 시의 '나'의 고백은 쓰인 그대로 믿을 수 있는 이야기가 아니다. 시코쿠들의 편지/엽서는 진실한 이야기의 가능성이나 진정한 의사소통에 대한 갈망보다는 오히려 그것의 불가능성과 좌절을 가리킨다. 그러므로 부재하는 수신자를 향해 우편엽서의 체계에 종속되지 않은 언어를 발신하려 한다면, 부치지 않은 편지/엽서 외의 다른 형식이 필요하다. 『여장남자 시코쿠』를 일관하는 묵시적 어조는 이런 사정을 배경으로 전경화된다.

데리다는 묵시적 어조를 가리켜 응대의 규칙을 무시함으로써 우편엽서의 체계를 붕괴하려 위협하고, 직접적인 대화적 발화의 한계를 벗어나는 예외로 설명한다. 그것은 목소리, 장르, 기호 체계의 혼합에 의해 수신자들을 뒤죽박죽으로 만들어 지배적인 계약이나 협약을 해체하며, 메시지의 수신자가 확정되어 있다는 사실과 수신자들을 통제하는 체계에 대한 도전이라고 말한다.[3] 이러한 설명은 B급 하위문화와의 장르적 접목에도 불구하고 비애에 찬 묵시적 목소리가 황병승 시의 배면에서 울려나오는 이유를 짐작게 해준다. 한편에는 귀 기울여 듣는다면 누구든 수신자로 만드는 예언의 말이 지닌 엄숙함과 장중함이 있다. 이 말은 상징적 체계 너머에서 발신되므로 의미의 한계를 시험한다. 다른 한편에는 탈성화(脫性化)된 대상의 숭고한 분위기와는 정반대로, 성차(性差)가 뒤죽박죽으로 뒤섞여 역겨움을 유발하고 저속한 성적 이미지로 가득한 음란하고 천박한 말이 있다. 이

---

3) 맬컴 불 엮음, 『종말론』, 이운경 옮김, 문학과지성사, 2011, p. 300의 재인용 참조.

말 또한 귀 기울여 듣는 이에게 은밀한 성적 쾌락의 기대를 불러일으키는 유혹의 힘을 지닌다. 황병승의 시는 이 두 가지 어조의 놀라운 브리콜라주이다. 이야기의 저급성과 비감 어린 음성의 혼합과 혼재는 기묘한 부조화를 형성하면서 "잊지 못할 이여, 가구처럼 있다가 노루처럼 튀어 오르는/가지도 오지도 않는 당신이여/속삭이는 두려움이여, 나를 풍차의 나라로 혹은 정지"(「시코쿠」)와 같은 의사(擬似) 계시적인 잠언풍을 주조한다. 혁명의 노래(「버찌의 계절」)가 일본 아오이 만화의 주인공인 듯한 게이들의 사랑 노래로 샘플링될 때는 고풍스럽고 애상적인 톤이 너무나 진지해 비극적 파토스마저 띤다. 진지함이 '너무 지나치기'는 어느 쪽이든 마찬가지인데, 이 과잉된 스타일은 황병승 시에 캠프camp적 요소를 부여하지만, 더 특징적인 사실은 묵시적 어조의 고유성을 텍스트 내적으로 뒤집는 효과를 낳는다는 점이다.

묵시적 어조는 기원, 현존, 진리에 대한 은유를 기반으로 한다. 자기 내부의 신탁에 귀 기울임으로써 진리의 현전을 선취했다는 자각이 남들이 보지 못하는 것, 가령 미래와 앞으로의 운명 등을 볼 수 있는 힘을 갖게 한다는 묵시적 담론의 논리는 신비로운 분위기의 형성을 위해서가 아니더라도 기원에 대한 은유들에 기대지 않고는 묘사되기 힘들다. 그런데 이것이 '너무 지나치게' 표명되고 그러한 지나침을 전혀 숨기지 않는다면, 더구나 허무적 기질이 농후한 대중적 묵시주의의 오락물과 양식적으로 결합함으로써 어조의 진지함이 볼거리 spectacle로 전시된다면, 묵시적 어조는 그 내부에 자기 조롱의 태도와 함의를 품게 된다. 황병승 시의 묵시적 어조가 비극적 파탄을 예감하는 강한 비애감과 그러한 파탄을 지루하기 짝이 없는 평범함으로 파악하는 지독한 권태의 감정이 내포된 양가적 분위기를 띠는 것은 필연적이다. 묵시가 그의 시에서는 은연중 나타난 뜻인 동시에 뜻 없는 공허이다. 가령 "기다리라, 기다리라!"는 시코쿠의 음성은 진실을 함축하지만 "강렬한 거짓"(「여장남자 시코쿠」)이기도 하다. '너무 지나친' 탓에 맥락 따위에 구애받지 않는 자유를 얻는 이 어조는 수신자들을 갈피 잡을 수 없게 뒤섞을뿐더러, 기호 체계를 지탱하는 지배적 계약을 토대에서부터 완전히 해체한다. 이 과정에서 기존 언어의 질서는 무너진다. 이것이야말로 거대한 크기의 몰락이자, 몰락의 거대한 수행이다.

한국 시가 대규모의 죽음을 치른 것은 지난 세기말이었다. 그 무렵 시의 많은 죽음의 상징들은 한 시기의 역사를 이끈 거대 상징체계의 몰락을 애도하는 형식이었다. 그리고 그 형식은 담론을 지탱해온 언어 규범에서 크게 벗어나지 않았다. 애도는 상실에서 비롯하지만, 상실된 대상을 대체하는 '다른' 대상 objet a이 나타난다는 기대로부터 가능해진다. 그렇기에 애도란 불가능하다고도 한다. 그러나 거대한 몰락의 수행인 시코쿠의 세계에는 애도도 '다른' 대상도 없으며, 그에 대한 기대 또한 없다. 황병승의 시는 불가능한 애도에 전전하지 않는 몰락 이후의 몰락, 파탄 이후의 파탄이다. 그의 시에서 몰락은 더 이상 전조도 예견도 아니며, 과도한 하나의 전체이다. 이러한 세계에서 말하는 모든 것은 살아 있는 몰락의 들숨과 날숨이다. 그의 시에 의해 우리가 속한 상징적 우주의 대기(大氣)는 돌이킬 수 없는 데카당의 기운으로 자욱해진다. 도덕은 종종 데카당보다 더 깊고 어둡고 심오한 데카당으로 불린다. 데카당에 대한 감지와 이해가 도덕을 융성하게 하기 때문이다. 그러므로 도덕의 강조는 파탄과 몰락을 감지할 때 더욱 강해진다. 도덕이 자연이 된 곳에서의 '큰 목소리'는 데카당의 한복판에서 나온다. 도덕이 크게 자신을 부르짖을수록, 현실은 이미 데카당이다. 한국 시에 데카당의 출현은 이전에도 있었지만, 그럴듯한 포즈나 제스처가 아니라 이렇게 철저한 데카당의 이행과 실천으로 등장한 적은 없었다. 황병승의 시가 현실적으로, 현재적으로 우리 시대의 가장 두려운 심리적 징후이자 정신적 징표로 읽혀야 할 이유로 이보다 더 분명한 것은 없다. 세계에 임박한 몰락을 자축하듯 종말의 위협을 오락으로 바꿔 우리의 죄의식을 감하려는 대중적 묵시가 판치는 시대에, 도덕의 외설적인 도착이 점점 사회적·문화적 영역을 지배하는 정신적 기제가 되어가는 이 수상한 시절에, 황병승의 시는 파국은 도래하는 것이 아니라 내재하는 것이라는 세계의 '진짜' 종말 앞으로 우리를 데려간다. '즐겨라'라는 명령에 충실하고 싶은 우리로서는 결코 알고 싶지 않은 그 진실과의 조우로. 그의 시 앞에서, 혹시 당신은 눈을 감고 싶지 않은가? 그의 시를 읽는 일은 눈을 감고 싶은 욕구와의 싸움에서 시작된다. 적어도, 내게는 그렇다. 그리고 그 싸움에서 질 때마다, 기쁘고 고통스럽다. 이것이 사랑을 주었으나 '똥'으로 받은 내가 시코쿠의 편지에 대한 응답으로 변명 대신 적어 보내는 답신의 일부이다.

간절하지, 돌고래처럼
─시로 쓴 자화상

> 내 행동에 대한 반성의 의미로 자화상을 그리기로 마음먹었다.
> ─고흐, 「귀에 붕대를 감은 자화상」의 메모 중

　예민한 자의식은 섬세한 감수성의 동력이지만, 마르지 않는 괴로움의 원천이기도 하다. 제 것이면서도 다룰 수 없는 칼날이 되어 남과 나를 해치는 상처의 근원이 되기도 하고, 치명적인 광기의 연원이 되어 불가항력의 병을 유발하기도 한다. 채찍질 당하는 말을 끌어안고 울다 발작을 일으킨 니체의 마지막 의식의 정처와 행방을, 그 순간 육체와 정신을 덮친 고통의 깊이와 질감은 짐작조차 힘들다. 질병으로의 도피는 아픈 자가 자신을 지키려는 방어책이지만, 자기 정신을 희생의 값으로 치러야 도피할 수 있는 고통은 인간을 비인간으로 만든다. 고갱과의 결별을 견디지 못해 귀를 베어내고, 격렬한 자학의 흔적을 그림으로 옮기기 위해 거울 앞에 선 고흐는 어떠했을까? 붕대에 감긴 한쪽 귀를 보며 모멸감에 휩싸였거나 수치심에 괴로웠을 것이고, 광인으로 돌변했던 찰나를 되짚으며 스스로가 무서웠을지 모른다. 혹은 자기 꼴이 한심하고 우스워 과장하기 좋아하는 광대처럼 웃었을 수도 있다. 그 모든 감정의 소용돌이를 오가며, 거센 내면의 파고(波高)를 바라보는 자신의 눈을 초점이 어긋난 불안한 녹색으로 칠하는 고흐를 떠올리면, 자기 내부에 도사린 광기를 하나의 객관체로 응시하는 또 다른 냉정한 '화가-고흐'가 어느덧 자화상 앞에 선다. 그러나 그것은 어딘가 소스라치게 놀랍고 섬뜩한 데가 있다. 미친 자가 미쳐버린 자신을 미치지 않은 자의 시선으로 바라보는 이상한 비범함은 정상의 범주를 이탈한 만큼 낯설고 기이한 것일 수밖에 없다.

기묘한 느낌을 뿜어내는 「귀에 붕대를 감은 자화상」에 얽힌 사연을 알게 되는 순간, 자신의 모습을 그려본 사람은 누구나 제 귀를 제 손으로 잘라낸 모습을 화폭에 담는 일의 기괴함에 두려움을 느낄 것이다. 행태의 기이함 때문이 아니라 자신의 증후를 똑바로 응시하려는 초인적 의지에, 자기 본성을 피하지 않고 마주하려는 치열한 대결 의식에 입도되기 때문이다. 하지만 이 자화상의 진정한 놀라움은 다른 데 있다. 코에서 뿜어져 나온 담배 연기가 파이프의 연기와 어우러져 몽실몽실 허공을 향해 올라가는 디테일의 유머러스함은 병적 심각성이 주는 괴물 같은 기묘함을 끌어안는 긍정의 힘을 만들어낸다. 여기서 '화가-고흐'의 형상은 다시 한 번 바뀐다. 자기 부정의 방식이 아니라 '다시 또 한 번!'을 외침으로써 되풀이되는 생을 긍정하는 자의 웃음, 그 정신의 여유가 고흐의 담배 연기에는 배어 있다. 반성을 요구하는 초자아의 도덕적 엄격성이 아니라 고삐 풀린 무의식의 어두운 돌출을 유머로 수긍하려는 유연한 자기 분석의 가능성이 그림의 고백적 가치를 빛나게 한다. 그러나 고흐도 결국 니체의 운명을 뒤따랐다. 예민하고 섬세할수록 자기 자신에 대한 의식은 크든 작든 영혼의 고통을 일종의 숙명처럼, 필연처럼 스스로에게 짊지운다. 여기 실린 83편의 자화상에서 마주치는 내밀한 아픔의 정체는 그 숙명에 대한 뼈아픈 토로다. 그리고 이 고백을 지지하는 공통의 토대는 시인으로서의 자기 정체이며, 시와 삶이 하나가 되길 희구하는 예술적 지향의 다종양한 교차이다.

역사적으로 자화상은 근대의 산물로서 근대적 개인의식의 탄생을 가리키는 증거이다. 뒤러와 렘브란트의 많은 자화상은 자아에 대한 자부심과 '화가'로서의 자기 인식이 스스로를 화폭에 담을 수 있게 한 심리적·정신적 배경이었음을 보여준다. 그런데 지금 우리 앞에 있는 것은 시인이 시로 쓴 자기 초상이다. 시인의 자화상이란 시인으로서의 이미지화가 언어적 재현을 거쳐 시로 완성되어야 하며, 이는 자아상을 그릴 때 자기 표상이 시가 되는 사태로 경험되어야 함을 뜻한다. 화가의 자화상이 하나의 완성된 미술품이듯, 시로 쓴 시인의 초상은 그 자체로 이미 시여야 한다. 여기서 예술가의 자의식은 한 번 더 괴로움과 고통을 겪는다. 자기에의 지나친 몰입—비탄과 절망이든 찬탄과 기쁨이든, 그 무엇이든 간에—은 예술을 해친다. 이를 먼저 경계해야 하는 것이 예술 창작 제1의 규칙이다. 이는 시인도 예외가 아니다.

자기 재현의 경우, 창작 과정에서 대상과의 거리 두기는 미적 자의식에 이중의 자각을 끊임없이 요구한다. 생활의 영역에 속한 경험적 자아의 성찰도 시로 완성되기 위해서는 시적인 것의 현현으로 화하는 도약을 거쳐야 한다. 그런데 문제는 이러한 도약이야말로 산문화가 불가능한 시의 비밀이다. 시인들의 많은 초상이 그들 각자가 생각하는 시적인 것의 처소에 뿌리를 두고 솟아나는 까닭은 이 때문이다. 무엇보다 시인에게 내적 성찰의 거점은 시를 길어 올리는 맹아적 보고(寶庫)이다. 워즈워스가 시란 "내면의 힘찬 감정의 저절로 넘쳐흐름"이라고 선언했을 때, 그리고 그 감정을 가라앉혀 찬찬히 관조하는 과정에서 시가 태어난다고 덧붙인 이래, 감정조차도 주관적 발산의 자유보다 반성적 되새김의 경로를 밟을 때 시로 탄생할 가능성을 얻는다는 시사는 시를 만드는 주인이 누구든 무엇이든 시적인 것의 발견과 주조는 자기 성찰의 기초 없이 세워질 수 없음을 의미한다. 그렇기에 시인의 얼굴을 보는 일은 시의 몸을 더듬는 길이며, 시에 이르는 첩경은 시인의 내면을 가늠하는 데서 출발한다. 시로 쓴 시인의 초상이 때로 더 큰 감동과 울림을 주는 이유는 이로부터 기인한다. 거기에는 산문의 세계에 종속된 존재가 시의 바깥에서 시의 비밀스러운 중심으로 틈입하여 스스로 시적인 것의 발현이 되려는 고투가 있다. 시인이 곧 시이고, 시가 곧 시인인 불가능한 사건의 도래, 그 고통스러운 꿈의 실현 말이다!

정확히는 해안이 아니었어.
북해를 하염없이 내려다보고 있는 능선,
그 언덕에 핀 지천의 은빛 억새꽃이
며칠째 메아리의 날개를 내게 팔았지.
저녁 바람을 만나는 억새의 황홀을 정말 아니?

그래도 가을 한 자락이 황혼 쪽에 남았다고
암술과 수술을 구별하기 힘든 억새꽃이
뺨 위의 멍 자국만 남은 내게 다가와
만발한 집착은 버려야 한다고 중얼거렸다.

[……]

변하지 않는 시야에 서 있는 귀향의 끝,
평범하게 말없이 살자고 약속했던 그대여,
끝없는 추락까지 그리워하며 잠들던 그대여,
나도 안다, 우리는 아직 여행을 끝내지 않았다.
내가 찾던 평생의 길고 수척한 행복을 우연히
넓게 퍼진 수억의 낙화 속에서 찾았을 뿐이다.

— 마종기, 「북해의 억새」 부분

자연과의 우연한 조우를 마음의 투영으로 빚은 시가 자주 감탄을 자아내는 까닭은 자연이 더할 수 없는 아름다움의 적소임을 환기하는 데서 비롯한다. 그러나 자연미의 의존이 시의 아름다움과 감동을 약속하지는 않는다. 은빛 억새꽃을 '황홀'로 느끼고 구현하고 체험하는 것은 언어의 힘이며 시인의 몫이다. 눈부신 황홀경 속에 헛된 집착의 미망과 불귀(不歸)의 영원한 슬픔을 감득하는 혜안은 오직 '나'에게 속한 능력이다. 평생의 삶을 "길고 수척한 행복" 찾기였다는 몇 마디로 함축하는 성숙한 통찰이야말로 억새꽃의 낙화를 눈부신 수려함으로 만든다. 하지만 이 시의 진정한 미덕은 초로에 이룬 귀향의 끝이 기쁨의 낙원이 아니라 안타까운 명멸의 시작임을 깨닫는 '나'의 담담한 시선의 깊이에 있다. 자기 미화와 이상화를 온전히 걷어낸 묵묵한 성찰의 심연은 시의 본질이 시적 관조이며, 시인의 투명하고 맑은 조응 없이 시는 쓰일 수 없음을 적시한다. 되돌아보는 자로서의 이러한

'나'의 모습은 시의 성찰이 시인의 성찰과 한 몸이며, 시를 형성하는 시원(始原)에 무엇이 있(어야 하)는가를 말해준다. 그런데 자연에 의지한 의식적 반추가 시와 시인에게 언제나 눈 밝은 지혜와 윤리적 겸손을 선사하는 것은 아니다.

모래폭풍이 땅을 뒤집는 순간 황야가 떠오르기 시작했다. 어두운 몸으로는 감당할 수 없는 푸른 하늘, 붉은 흙먼지, 야생의 숨결을 받은 것들은 숨 돌릴 새 없이 몸부림쳤다. 무엇에 쫓겨 가는지 짐승들이 미친 듯이 달렸다. 밤새 살아남은 발자국들은 거대한 먼지 굴 속에서 굴러 나와 먼지를 끌고 달렸다. 황야에 들어갈수록 긴 꼬리가 생기고 몸이 팽창했다. 달궈진 시간만 소멸하면서 생성되었다. 나는 내가 인간노 짐승노 아니라는 것 말고는, 내가 없는 곳에서 내가 무수히 태어난다는 것 말고는, 무엇이 소멸 속에서 생성되고 있는지 알 수 없었다.

지평선은 둥글고 향긋해도
그 중심은 깊고 황막한 곳

다시 황야로 들어간다면 모래폭풍 넘어 타마리스크 나무 아래 서 있고 싶다.

—신대철, 「타마리스크 나무 아래」 전문

모래폭풍에 뒤덮인 황야는 죽음의 시간으로 터질 듯하다. 그 안에서 모든 것은 어두운 몸이 되어 죽음을 향해 내달린다. "내가 없는 곳에서 내가 무수히 태어난다는 것 말고는, 무엇이 소멸 속에서 생성되고 있는지 알 수 없"는 이 세계의 이름은 절대적 혼돈이다. 여기서 '나'는 "인간도 짐승도"도 아니다. 정체를 헤아릴 수 없는 탓이다. 고요한 내적 침잠 또한 불가능하다. "지평선은 둥글고 향긋해도/그 중심은 깊고 황막한 곳", 이곳의 무한한 침묵과 감당할 수 없는 카오스의 난무는 파스칼의 공포를 연상시킨다. 숭고로서의 자연이 가공할 두려움을 체험케 한다는 점은 잘 알려진 사실이지만, 자기 소멸의 체험은 죽음의 대면과 같다. 그렇기에 여기는 오직 '깊고 황막한' 어둠으로만 지칭된다. '나'는 이 중심의 복판에서 원초적인 자기 보존과 평안에 대한 염원만이 반성과 성찰 이전에 선행하는 본능이라는 듯 폭풍 너머의 타마리스크를 떠올릴 뿐이다. 타마리스크가 자라는 사막의 시작과 끝은 죽음을 내재한 채 죽음을 관통한 존재만이 다다를 수 있는 평정의 시간이다. 아마도 이 시간으로 스밀 때에야 폭풍을 건너는 지금 이 순간에 대한 '나'의 사후적 되새김은 가능할 것이다. 죽음의 폭풍이 이는 한복판의 이름 없는 무엇, 실존에 대한 감각조차 망실한 혼란, 의식의 한 자락을 간신히 지탱하는 존재의 위기, 치명적인 위험을 건너며 깨치는 소멸과 생성에 대한 자각, 짧지만 기나긴 그 찰나의 명멸. 이 시가 표상하는 이러한 자기 이미지는 시인이 감지하는 시적인 것의 근원적인 형상이기도 하다. "타마리스크 나무 아래"는 그래서 이 모든 것을 묵묵히 정관하는 응시의 공간으로 읽힌다. 시와 시인은 그곳에서 일어선다.

   그런데 자연미의 관찰에 힘입은 성찰의 빛이든, 죽음의 그늘에 휩싸인 현존의 어둠이든, 이러한 자기 재현에는 삼중고(三重苦)가 요구된다. 삼중고란 가령 이런 것이다. 감정과 이성과 행동의 주인공, 그 주인공이 자신임을 반성하는 주체, 그리고 그러한 주체를 바라보는 응시, 이 세 가지 층위의 충돌과 교호와 통합과 분열을 자발적으로 관조하고 경험할 것을 요청받는다는 점이다. 특히 응시는 의식의 이면으로 주체를 옮기는 작업인데, 이는 자신을 타자의 자리에 위치시키는 과정일뿐더러 이를 예술적 재현의 대상으로 삼는 일은 자기-표상으로 객체화될 때 비로소 완성된다. 이때 타자화의 방식은 크게 두 가지 갈래를 띤다. 하나는 모든 응시가 자기 응시가 되는 방식, 즉 자신을 타자의 자리에 두었다고 가정하고 응시된 것들에 자신을 투사하는 방식이다. 바깥의 외현(外現)이 '나'의 대리 표상이 된다는 점에서 이러한 방식은 투사의 기회를 무한대로 넓히고, 응시하는 자의 적극성에 따라 성찰의 폭과 넓이가 좌우된다. 그런데 이 같은 형태의 타자화에서 응시는 주체에게 인식되지 않는다. 응시 자체가 포착 불가능한 몰인식이다. 그로 인해 '나는 나의 바라봄을 본다'는 사실을 고통 속에서도 기꺼이 상징화할 수 있다. 은빛의 억새와 타마리스크로 표상되는 자기 응시가 반드시 고통의 소산은 아니며, 주체의 희열을 담고 있다고 말할 수 있는 것은 이 때문이다.

다른 하나는 공감의 능력에 기대는 이러한 감정 이입의 형태와 달리, 눈에 주어진 것과 응시는 불일치한다는 것, 보라고 주어진 것과 보고 싶어 하는 것은 동일하지 않으며, 보고 싶은 것을 보고자 하는 주체의 눈에는 주어진 것이 언제나 포착 불가능한 결여임을 인식함으로써 몰인식 상태에 있는 응시의 있음being을 전면에 부각하는 방식이다. 즉 응시 자체를 타자화하는 것이다. 무슨 뜻인가? 복음서가 "눈이 있어도 보지 못하니"라고 말할 때, 보지 못한다고 한 바로 그것을 보여주는 것이다. 라캉의 말을 빌리면, 사물/타자들이 주체를 응시한다는 사실을 주체가 보지 못함을 드러내는 것, 사물의 응시가 있음을 보여주고 사물의 응시에 의한 주체의 보임을 가시화하는 방법이 그것이다. 이는 '나'의 응시가 타자의 장에서 상상해낸 응시regard imagine일 뿐이며, 의식이 눈치채지 못하는 환영 속에 있음을 드러낸다. 이에 따라 주체는 더 이상 데카르트적인 절대적 조망의 위치에 있지 않고 원근법을 벗어난 여러 겹의 눈들에 의해 표상된다. 자화상을 형성하는 내적 원리는 이렇게 타자화의 방법에 따라 두 가지 형식으로 나뉜다. 회화와 달리, 시는 언어의 경유를 거쳐야 하지만 사물의 응시에 따른 주체의 형상은 이전에 없던 시인의 자기 인식을 새롭게 재현하는 데 기여한다.

　　길은 바닥에 달라붙어야 몸이 열립니다
　　나는 바닥에서 몸을 세워야 앞이 열립니다
　　강둑의 길도 둑의 바닥에 달라붙어 들찔레 밑을 지나 메꽃을 등에 붙이고
　　엉겅퀴 옆을 돌아 몸 하나를 열고 있습니다
　　땅에 아예 뿌리를 박고 서 있는 미루나무는 단단합니다
　　뿌리가 없는 나는 몸을 미루나무에 기대고
　　뿌리가 없어 위험하고 비틀거리는 길을 열고 있습니다 엉겅퀴로 가서 엉겅퀴로 서 있다가 흔들리다가
　　기어야 길이 열리는 메꽃 곁에 누워 기지 않고 메꽃에서 깨꽃으로 가는
　　나비가 되어 허덕허덕 허공을 덮칩니다
　　허공에는 가로수는 없지만 길은 많습니다 그 길 하나를
　　혼자 따라가다 나는 새의 그림자에 밀려 산등성이에 가서 떨어집니다

산등성이 한쪽에 평지가 다 된 봉분까지 찾아온 망초 곁에 퍼질러
앉아
여기까지 온 길을 망초에게 묻습니다
그렇게 묻는 나와 망초 사이로 메뚜기가 뛰고
어느새 둑의 나는 미루나무의 그늘이 되어 어둑어둑합니다
— 오규원,「둑과 나」전문

'나'의 현시는 바닥에 달라붙은 길에 의해 이루어진다. 길의 바라봄은 '나'의 가시화이다. 강둑의 길은 '나'를 살아 있는 몸으로 일으키는 소리 없는 주목이자 내 몸에 부재하는 내용을 드러내 '나'를 기습하는 눈이다. 길의 눈이 바라볼 때, '나'도 길을 마주 본다. 이때 비로소 '나'는 길에는 있으나 나에겐 없는 것이 무엇인지 알아챈다. '나'에겐 뿌리가 없다…… 뿌리 없음을 눈치챈 것은 비단 길만이 아니다. 강둑에 달라붙은 들찔레, 메꽃, 엉겅퀴, 미루나무가 "뿌리가 없어 위험하고 비틀거리는" '나'를 본다. 미루나무에 기대고, 엉겅퀴로 가서 흔들리고, 나비가 되어 허공을 나는 노력은 뿌리 없는 정체를 만회하려는 가상의 소망 충족이자 상상력 실험이다. 그런데 실험은 어느덧 실행이 되어 망초에게 답을 물으며 "미루나무의 그늘"이 된 '내'가 남는다. 실험이 실행이 되는 비밀은 상상의 '나비'는 "새의 그림자"도 될 수 없다는 진실의 대면, 그로부터 자기 한계를 인식하는 과정에 숨어 있다. 길과 길에 뿌리를 둔 사물들의 응시에 의해 둑에서 일어설 수 있었던 내 몸은 허공의 길이 아닌 강둑에 있을 때 상상이 아닌 실재가 된다. 미루나무 그늘에 묻힌 '나'는 환상도, 환영도 아닌 날것의 사실이다. '나' 또한 사물인 셈이다. 주목할 것은 사물인 '나'란,

'나'의 실재란 통일된 하나의 총체가 아니라 각각의 사물이 나누어 가진, 사물에 복속되어 그 일부가 한데 겹쳐진 다층적 집합이란 점이다. 통합적인 자아의 동일시에 의해서가 아니라 이미 타자인 '나'의 중층적인 외재화가 '둑과 나'를 둑이면서 나이고, 나이면서 둑인 비변증법적인 전체로 만든다. 이것이야말로 불가능한 세계의 즉각적 실현이며 시적 이미지만이 누릴 수 있는 자유의 구가이다. 시인이란 이러한 자유를 향유jouissance하는 자일 터이다. 이 시에 의해 시인의 시인 됨은 사물의 응시와 응시의 있음을 이미지의 자유로 수행하는 주체의 태도와 용기에 의해 형성된다는 점이 재삼 확인된다. 그런데 이러한 사물의 응시가 주체의 가시화를 지향하지 않고 사물의 있음을 말하는 데로 정향된 세계가 있다. 그 세계는 사물의 움직임으로 존재한다. 세계란 다만 사물들이다.

휘파람새가 왔다
휘파람새는 휘파람새에게 의지하고 있었다
휘파람새가 왔다
휘파람새는 휘파람새에게 의지하고 있었다
휘파람새가 왔다 휘파람새는
휘파람새에 의지하여
회양목에서 목련 쪽으로
목련에서 왕벚나무 쪽으로
왕벚나무에서 계수나무 쪽으로
계수나무에서 느릅나무 쪽으로
느릅나무에서 떡갈나무 쪽으로

〔……〕
버즘나무에서 아까시나무 쪽으로
아까시나무에서 명자나무 쪽으로
명자나무에서 박태기나무 쪽으로
돌고래처럼 날아갔다
휘파람새는
휘파람새에게 의지하고 있었다
휘파람새가 왔다
─이준규,「휘파람새」부분

휘파람새가 온다, 의지한다, 날아간다. 나무도 있다. 그냥 나무가 아니다. '나무'라는 단어는 개념의 추상성을 벗어나지 못하므로, 개별적으로 존재하는 나무 각각을 불러야 한다. 왕벚나무, 계수나무, 느릅나무, 떡갈나무 등. 그러나 이마저도 유일무이한 '그 나무'를 가리키지 못한다. 노란빛을 띤 왕벚나무, 막 움트는 왕벚나무, 가지 마른 왕벚나무, 한 아름 자란 왕벚나무, 벌레 먹은 왕벚나무 등의 고유한 단독성은 언어를 통해서는 '있는 사실' 그대로 현전하지 못한다. 그것은 언어 쪽에서는 영원히 불가능한 숙제다. 대신 나무가 거기 있음을 증명하는 나무의 타자를 통해, 그 타자가 옮아가는 나무를 명명함으로써, 나무의 현존과 사물성과 독자성은 사실이 된다. 나무의 타자는 휘파람새이다. 휘파람새의 타자는 저 많은 나무들이다. 버즘나무, 아까시나무, 명자나무, 박태기나무가 있는 곳에서 휘파람새는 나무 사이를 오가며 하늘을 나는 '새'가 되고, "버즘나무에서 아까시나무 쪽으로/아까시나무에서 명자나무 쪽으로/명자나무에서 박태기나무 쪽으로" 날아갈 때, 그 새는 다른 무엇도 아닌 '휘파람새'이다. 그러므로 이렇게 말할 수 있다. 나무는 휘파람새의 타자일 때 나무이고, 휘파람새는 나무의 타자일 때 휘파람새이다. 그리고 세계는 타자들로 존재하는 '타자들의 세계'이다…… 이는 '휘파람새는 휘파람새에게 의지하고 있다'는 명제에 의해 더 분명해진다. 이 문장은 외양을 벗어나 본연의 본질에 의지할 때, '새'의 본성이 발휘된다는 의미를 담고 있지 않다. 본질과 현상, 이데아와 형상의 이분법을 내포하지 않는다는 뜻이다. 존재는 응시된 사물(타자)로서 존재할 때, 사물(타자)로서의 자신에 의거할 때, 살아 있는 생생한 현존이 된다. 비유컨대 휘파람새는 '휘파람새'라는 사물로서 제 자신을 내재적으로 벗어날 때, 휘파람새가 되어 날아갈 수 있다. 그리고 그 순간, 놀랍게도 휘파람새는 정말 다른 것이 된다. 그것은 "돌고래처럼" 날아간다!

시인이 휘파람새를 자아상의 상관물로 제시했을 때, 진정한 자기 정체로 에둘러 가리킨 것은 날렵하게 상승하는 비상의 물체, 가벼운 탄성으로 수면을 박차고 파란 하늘에 정지의 순간을 도래시키는 단 하나의 정점, 지상의 수직과 천공의 수평이 검푸른 일점으로 섬광처럼 교차하는 '돌고래'의 이미지이다. 키츠가 "시적 성격에 관하여 말하자면, 그것은 그 자체가 아니다. 자기라는 게 없다. 모든 것이며 아무것도 아니다"라고 했을 때, 엘리엇이 "시는 개성의 표현이 아니라 개성으로부터의 도피이며, 개성과 감정을 가진 이만이 그렇게 도피하는 것이 무엇을 뜻하는지 안다"고 말했을 때, 이들이 공통적으로 지목한 바는 시인의 개성은 자기의 특이성과 개별성을 비우고 다른 것, 즉 타자로서 존재할 때 실현된다는 사실이다. 그런 점에서 돌고래처럼 날아가는 휘파람새의 형상은 '모든 것이며 아무것도 아닌' 시인의 표상에 가깝다. 하지만 이 시에서 정작 눈여겨볼 것은 휘파람새를 돌고래에 비긴 단순한 비유가 아니다. 휘파람새가 돌고래처럼 날아가는 것을 본 것은 무엇/누구인가? 바라보는 '나'이겠지만, '나'의 정체를 섣불리 단언할 수 없다. 이 시의 '나'는 응시 자체라고만 말할 수 있다. 응시로서 철저히 타자화된 까닭에 풍경 속 사물 전부가 응시의 주체일 수 있으며, 그 결과 모두 '나'이기도 하고 '내'가 아니기도 하다. 만일 '내'가 시인이라면, 시인은 응시로서만 존재한다. 달리 말해 시인은 휘파람새, 온갖 나무들, 돌고래이면서, 그 어떤 것도 아니다. 휘파람새가 돌고래로 재탄생하는 시적 도약의 과정에서, 이 놀랍고도 경쾌한 이미지의 변전으로부터 유추되는 새로운 방법적 시학의 내용은 이로써 분명하다. 이러한 세계에 '인간'으로서의 시인은 없으며, 시인의 몰개성은 응시의 성취에 달려 있다. 무한한 사물들과 사실들이 오히려 세계를 풍요롭게 한다. 그럼에도 불구하고 "돌고래처럼 날아갔다"에 담긴 숨은 마음이, 휘파람새를 돌고래로 발견하는 데서 전해지는 섬세한 수줍음이 환기하는 것은 무한한 타자의 세계에 또 하나의 현존으로 자신이 있음을 인식하고 안도하는 시인의 정서이다. 그래서 이 이미지에는 가만히 응시하는 자로서 존재 이유를 허락받고자 하는 모종의 간절함이 담겨 있다. 극사실로 소묘된 풍경이 시인의 자화상을 대신할 수 있는 까닭이기도 하다. 한편 '인간'이 부재할 때 사물들의 풍부함이 보장되는 세계를 사는 시인의 간절함을 이야기하려면, 아래의 장면을 빼놓을 수 없다.

표지판이 가리키는 곳은 모두 이곳이 아니야
이곳 너머야 이 시간 이후야

나는 표지판은 믿지 않아
달리는 속도의 시간은 지금 여기가 전부야
기우는 오토바이를 따라
길도 기울고 시간도 기울고 세상도 기울고
내 몸도 기울어
기울어진 내 몸만 믿는 나는
그래 절름발이야
삐딱한 내게 생이란 말은 너무 진지하지
내 한쪽 다리는 너무 길거나 너무 짧지
그래서 재미있지
삐딱해서 생이지 절름발이여서 간절하지
길이 없어 질주하지

달리는 오토바이에서 나도 가끔은 뒤를 돌아봐
착각은 하지 마 지나온 길을 확인하는 것이 아니야
나도 이유 없이 비장해지고 싶을 때가 있어
생이 비장해 보이지 않는다면
대단해 보이지 않는다면
어느 누가 온몸이 데는 생의 열망으로 타오르겠어
그러나 내가 비장해지는 그 순간
두 개의 닳고 닳은 오토바이 바퀴는 길에게
파도를 만들어주지
길의 뼈들은 일제히 솟구쳐오르지
길이 사라진 곳에서 나는

파도를 타고 삐딱한 내 생을 관통하지

—이원, 「영웅」 부분

오토바이의 속도가 길이 없는 곳에 길을 열고, 열린 길의 파도가 오토바이에 실린 몸을 "삐딱"하게 만드는 곡예의 시간, 흔들리는 오토바이를 따라 "길도 기울고 시간도 기울고 세상도 기"우는, 원근법이 사라진 초현실의 공간. '나'를 향한 생의 직접적 엄습과 강타가 밀물처럼 닥치기에 "이곳 너머" " 이 시간 이후"로 나아가는 시공간의 접점 지대는 생의 열망이 타오르고, 열망의 위험만큼 비장해지는 격렬한 자기 인식의 집산지다. 그러나 열망과 비장의 열도(熱度)에 비해, 도로는, 도로 위의 오토바이는 놀라울 만치 조용하고 차갑다. 길이 열리는 순간만을 포착해야 하는 집중력이 과거도 미래도 없는 현재만을 요구하므로, 열망은 차가워야 하고 비장은 조용해야 한다. 그래야만 몸이 기울어도 한쪽으로 쏠리지 않는 힘이 유지된다. 그 힘이 바로 "내 생의 중력"이다. 아니, 지면 위를 살짝 떠오른 채 질주하는 "중력을 이탈한 내 생"(「영웅」)의 에너지이자 원료이다. 이러한 힘의 구현으로서 도로를 달리는 짜장면 배달부와 낡은 오토바이는 진정한 '영웅'이라 할 수 있다. 한밤 어두운 도로를 박차 오르는 '돌고래'가 이(것)들이 아니면 무엇일까? 더 정확히 말해, 이(것)들은 물리적·현실적 중력으로부터의 이탈이 삶의 원동력이자 강력한 인력으로 작용하는 시인의 표상이다. 타고난 시인치고, 시인으로서의 삶의 영위가 현실 세계로부터의 탈주와 동의어가 아닌 경우는 없다. 몸이 위태롭게 기울어야 중심을 찾을 수 있는 역설은 시인을 시인이게끔 만드는 존재 형식이다.

그러나 오해는 말자. 중력을 벗어나서 생의 중심을 이루는 일은 자기 전부를 거는 위험한 작업이며, 적합하고 알맞은 균형의 소유는 애초부터 가능하지 않다. 그래서 '나'는 말한다. "기울어진 내 몸만 믿는 나는/그래 절름발이"라고, "삐딱해서 생"이고 "절름발이여서 간절하"다고. 이러한 간절함에는 섣불리 짐작할 수 없는 고통이 새겨져 있다. 온몸이 데는 열망과 죽음을 감수하는 비장을 한데 둘 수밖에 없는 사정은 형용할 수 없는 고통의 정도를 간접적으로 대변한다. 하지만 그러한 간절함의 비원을 승화하는 방법 역시 이 시에는 암시되어 있다. 간절함과 열망과 비장이 하나로 용해되고 오토바이의 무서운 속도가 현실의 한계를 뚫고 나가려는 순간, 그리고 몸을 기울임으로써 길을 열 수 있는 중심을 찾아내는 유연성이 발휘되는 찰나, "길의 뼈들은 일제히 솟구쳐오르"고, "길이 사라진 곳에서 나는/파도를 타고 삐딱한 내 생을 관통"한다. 삶의 극복은 삶을 정면으로 사는〔生〕데 있다. 그렇다면 시인의 자기 정체는 시를 온전히 사는 데 있지 않은가? 시인에게 생의 중력은 바로 시이다! 시인은 시로써 자신의 중력을 견지한다. 이 장면이 암시하는 전언을 이렇게 받아들여도 좋을 것이다.

  이제 우리는 시인이 시로 존재하는 상태, 시가 시인과 떼려야 뗄 수 없는 하나로 결합된 경지를 이해하고 수긍할 수 있다. 시의 끼어듦과 스밈과 호흡은 시인의 외로움과 눈물과 숨결과 바람이다. 시의 얼굴은 시인의 얼굴이다. 그리고 그 얼굴에서 우리는 우리와 닮은 얼굴을, 희로애락을, 눈부신 광휘를 본다.

발표 지면

1부 투영
'되삶'의 고통과 우울의 내적 형식   한강, 『여수의 사랑』, 문학과지성사, 2012(개정판), 해설
'언어의 죽음' 이후의 소설   『문학과사회』(2008년 겨울호)

2부 자기 응시
우울아, 놀자!   『문학과사회』(2012년 봄호)
그녀, 그림자 되다   신영배, 『오후 여섯 시에 나는 가장 길어진다』, 문학과지성사, 2009, 해설
지우는, 지워지는 나르키소스   이우성, 『나는 미남이 사는 나라에서 왔어』, 문학과지성사, 2012, 해설
두 개의 플레이아데스   『문학과사회』(2012년 가을호)
'우리'라는 이름의 낯선 공동체   『문학들』(2009년 가을호)
'시의 정치성'을 말할 때 물어야 할 것들   『문학과사회』(2009년 가을호)

3부 멀리 보기 혹은 되비추기
그들이 '현대'의 기치를 높이 들어 올렸을 때   『시와 반시』(2008년 겨울호)
김수영은 왜 시작 노트를 일본어로 썼을까?   『현대시』(2005년 8월호)
'미적 전위'의 탄생   『문학과사회』(2009년 겨울호)
'미래로부터 오는' 전통   『문학수첩』(2008년 겨울호)

4부 앓는 자의 노래
사랑을 주었으나 똥으로 받는 이에게   황병승, 『여장남자 시코쿠』, 문학과지성사, 2012(개정판), 해설
간절하지, 돌고래처럼   홍정선·강계숙 엮음, 『내 생의 중력』, 문학과지성사, 2011, 해설